地域研究のファーストステップ

現代オーストラリア政治

杉田弘也 編
Hiroya Sugita

法律文化社

はしがき

なぜいまオーストラリア政治を学ぶのか

 みなさんは,「オーストラリア」と聞いて何を思い浮かべるだろうか。おそらく,哺乳類なのに卵を産む単孔類(カモノハシ,エキドナ)やおなかの袋で子育てをする有袋類(カンガルー,コアラ,ウォンバット,ポッサム,タスマニアン・デビル,クオッカなど)といった他では見られない動物を挙げる人が多いのではないだろうか。ウルルーやグレートバリアリーフ,ブルーマウンテンズ,あるいはシドニー・オペラハウスなど多くの世界遺産を連想する人もいるだろう。熱狂的ファンの多いスポーツ大国であるオーストラリアは,数多くのスター選手を生み出してきた。スターといえば,オーストラリアはケイト・ブランチェット,ニコール・キッドマン,ヒュー・ジャックマン,ヒューゴ・ウィーヴィング,ラッセル・クロウ(ニュージーランド出身であるがオーストラリアで成長し役者としてのキャリアを積んだ)など多くの銀幕のスターを生み出している。高校の地理の教科書を紐解くと,先住民(世界でもっとも古くから継続した文化を誇る),多文化主義社会,都市化,農業・鉱物資源といった項目が並んでいる。オーストラリアの食品といえばオージービーフ,だけでなく Tim Tam を連想する人もいるだろう。街中ではオーストラリア風のカフェも目に付くようになってきた。

 このように多様なイメージのあるオーストラリアではあるが,政治を連想することはあまりないかもしれない。ことによると,オーストラリアの政治制度は,英国とあまり変わりがないと思われているのかもしれない。しかしオーストラリアは,世界に先駆けて男性普通選挙,秘密投票,女性普通選挙を次々と実現してきた民主的な選挙制度のパイオニアである。投票率の低下とともに注目を集めつつある強制投票制度や,少数政党や無所属候補への投票をむだにしない優先順位付き投票制度など,独特で優れた選挙制度を有している。日本で近年問題となる政治分野におけるジェンダー・ギャップに関しては,オーストラリアは世界のトップを行く国ではないが,日本にとって良いお手本となるのではないか。特に,女性クオータ制度の有無が二大政党における女性参加に大

きな差をもたらしていることは示唆に富む。

　オーストラリアが（国際）政治分野で近年注目を集めているのは，中華人民共和国との付き合い方であろう。オーストラリアは，米国との軍事同盟関係（ANZUS同盟）に安全保障を依存しているが，経済面では最大の貿易相手国であり大きな貿易黒字を有している中華人民共和国に依存してきた。これは日本の状況ともよく似ているが，2016年ごろまで米中のいずれかを選ぶ必要はないとの姿勢を取ってきた。しかしながら，米中対立が深まりまた習近平政権が強硬姿勢を示すにつれ，オーストラリアは対米同盟側に立つことを明確にしてきた。

　近年日本の大学生の間でオーストラリアが脚光を集めているもう一つの点は，両国間で生じている賃金格差（過去30年間にオーストラリアの平均週給は3倍近くに上昇しているのに対し，日本では減少している）と円安を大きな理由として，日本人の若者が多くワーキングホリデイ・メーカー（WHM）としてオーストラリアに滞在していること，しかしそれは必ずしも明ばかりでなく暗の部分も生じていることであろう。

　オーストラリアの政治を考察していくと，2024年は多くの記念すべき年に当たっていることがわかる。強制投票制度が連邦で法制化されたのは1924年であるから，まさに100周年である。カウラの収容所から日本人戦争捕虜が集団脱走事件を起こしてから80年，現在の自由党が結党されてからも80年，ウィットラム政権下で史上唯一の両院合同議会が開かれて50年，オーストラリア市民権の要因が出生地主義から血統主義に代わって40年，労働党が勝ち目のある選挙区の候補者の女性35％を女性とすると定めた女性候補者クオータを導入して30年を迎えた。このような記念すべき年に本書を執筆できたことは，日本における数少ないオーストラリア政治の専門家としてたいへん喜ばしい。

本書の構成と内容

　本書は，大学においてオーストラリア政治を初めて学ぶ学部生を対象として編集されているが，共著者一同はオーストラリア政治に関心のある一般の読者や研究者にも十分耐えられるものとして執筆した。

　本書は3部構成となっている。第Ⅰ部は，オーストラリアの基礎知識を提供

する。第1章は，福島大学教授の村上雄一が，オーストラリア政治史を概観する。こんにちオーストラリア史を著述する際は6万年から6万5千年に遡る先住民の歴史から書き起こすことが通例であるが，本書では政治史ということで英国の植民地となって以来の記述となっていることをここで触れておきたい。第2章は，オーストラリアの地理的な特徴を筑波大学教授の堤純が記述する。オーストラリアの地理的な条件とそれに起因する産業構造は，政治にも大きな影響を及ぼしている。第3章は，現代オーストラリア社会の多様性に焦点を当て，2017年から21年まで4年にわたって朝日新聞シドニー支局長を務めた現役ジャーナリスト小暮哲夫が執筆している。従来の学術書とは違った視点が期待できる。

　第Ⅱ部は，オーストラリアの政治，経済，社会政策について記述している。第4章から第8章までは，神奈川大学教授の杉田弘也が，オーストラリア憲法の特徴と2023年の先住民に関する（失敗した）憲法改正の試み（第4章），オーストラリアの選挙制度（第5章），議会制度（第6章），政党制度（第7章），オーストラリア政治における先住民・エスニックマイノリティ・女性の参画拡大に伴う多様化（第8章）について詳述している。第9章は，九州大学准教授の藤田智子が，「男性稼得者モデル」から新自由主義的な政策を経てより公正な制度を目指すオーストラリア型福祉国家の変容について記述している。第10章では，成城大学教授の花井清人が，1980年代以降の経済改革とそれがオーストラリア経済にもたらした影響について詳述している。

　第Ⅲ部は，オーストラリアを取り巻く国際関係について3つの視点から検証している。第11章では，獨協大学教授の永野隆行が，オーストラリアの外交政策について，リアリズム，リベラリズム，コンストラクティビズムという3つの視点から分析する。第12章では，独立系オーストラリア研究者である原田容子が，同盟国（第一次世界大戦），敵（第二次世界大戦），最良の友（現在）と変遷してきたオーストラリアと日本との関係の変化について，これまでの両国関係史とは違った視点から描写している。第13章では，東京外国語大学講師の片岡真輝が，オーストラリアとその隣人である南太平洋島嶼国との関係について，示唆に富んだ論旨を展開する。この地域においてオーストラリアは他を圧倒する超大国であるが，島嶼国は米中対立を巧みに利用した外交を展開して

いるようにもみえる。

　本書の冒頭にオーストラリアの歴代首相（これまで31人）のリストを掲示している。そのため本文中ではファーストネームを省略し，初出から例えばマルカム・フレイザーではなくフレイザーと表記している。首相のフルネームについてはリストを参照していただきたい。

　最後に先住民の呼称について説明しておきたい。オーストラリアの先住民は，日本では一般的に「アボリジニ」と呼ばれ，現在でも数多くの高校の教科書で，そのように表記されている。しかしこれにはいくつかの問題がある。まず第1に，オーストラリアの先住民は大陸とその周囲の島に居住するアボリジナルの人々とオーストラリアとパプアニューギニアとの間のトーレス海峡に点在する島々に居住するトーレス海峡島嶼の人々に分けられる。また，アボリジナルの人々は，数多くの民族と言語集団に分かれており，「アボリジニ」という単数で表現するのは間違っている。さらに，過去において「アボリジニ」という言葉は侮蔑的に用いられていたこともある。一部の教科書は，「アボリジニ」ではなく「アボリジナル」という形容詞を名詞として表記している。しかしながら，先住民の人々は，「アボリジナルの人々」「アボリジナルの女性」，「アボリジナル・アート」といったようにあくまで形容詞として使ってほしいと要請している。「オーストラリア先住民をさす総称としては，『アボリジナル』が用いられるようになりつつある」（『世界史探求』東京書籍，2023年）との記述は，明らかな誤りである。オーストラリア国内では，先住民の人々の呼称として Indigenous peoples，あるいは First Nations peoples を用いるようになっており，多様性やマイノリティを尊重するうえで，当事者が希望する呼称を用いることが重要であると本書の著者たちは考えている。このため本書では，オーストラリアの先住民の呼称として「オーストラリアの先住民」あるいはファースト・ネイションズ・ピープルを用いている。

目　次

はしがき

第Ⅰ部　基礎知識

第1章　歴　史……………………………………………………………………2
▶オーストラリア政治史概説
1　初期植民地時代からゴールドラッシュ前まで　2
2　ゴールドラッシュから連邦国家成立前まで　6
3　オーストラリア連邦成立から第二次世界大戦前まで　8
4　第二次世界大戦からグローバル化時代の前まで　12
5　グローバル世界のなかのオーストラリア　15

コラム1　オーストラリアの国旗と国歌　19

第2章　地　理……………………………………………………………………21
▶唯一無二の自然環境と特色ある産業構造はいかにして作られたか？
1　オーストラリアの自然環境　21
2　オーストラリアの人文・社会環境　28
3　オーストラリアの貿易構造の変化と脱炭素化への動き　34

第3章　多様性と社会……………………………………………………………36
▶オーストラリアは誰の国か？
1　多文化社会のオーストラリア　36
2　オーストラリアは誰の国か――先住民からの視線　43
3　より多様な社会を目指して――性・ジェンダーをめぐって　46

コラム2　オーストラリアとスポーツ　50

v

第 II 部　政治社会

第 4 章　オーストラリア憲法 …………………………………………… 54
▶現実を反映していない憲法？
1　オーストラリア憲法の奇妙な特徴　54
2　連邦制　56
3　君主制か共和制か　58
4　人種条項　59
5　憲法改正要件　60
6　先住民と連邦憲法　61

第 5 章　選挙制度 ………………………………………………………… 70
▶オーストラリア政治最大の特徴？
1　民主的選挙制度の先駆者としてのオーストラリア，その光と影　70
2　オーストラリア選挙制度の仕組み　72
3　強制投票制度　74
4　優先順位付き投票制度　77
5　下院の選挙制度　82
6　上院の選挙制度　83

第 6 章　議会制度 ………………………………………………………… 87
▶強力な上院とどう付き合うか？
1　議院内閣制　87
2　オーストラリアの二院制　90
3　委員会制度　93
4　両院解散と両院合同議会（憲法57条）　94
5　総督の自主裁量（憲法58条）　100

第 7 章　政党制度 ………………………………………………………… 103
▶二党制の終焉？
1　オーストラリアの政党制度に対する一般的な見方　103

2　オーストラリアの政党制度の流れ（1）——二党制　104

3　オーストラリアの政党制度の流れ（2）——多党制へ？　108

4　オーストラリアの主要政党　110

5　二党制の終焉？　116

第8章　オーストラリア政治の多様性　120
▶多様性を可能にする秘訣とは？

1　ファースト・ネイションズ・ピープル（先住民）　120

2　エスニック・マイノリティと憲法44条　122

3　女性議員　128

4　ジェンダーと議会改革　133

第9章　オーストラリア福祉国家　136
▶公正な社会政策のあり方とは？

1　オーストラリア福祉国家を捉える視点　136

2　「賃金稼得者の福祉国家」の成立と展開——1970年代初めまで　139

3　「男性賃金稼得者の福祉国家」の解体——1970年代から1990年代半ば　142

4　新自由主義的福祉改革の断行と福祉国家の再編
　　——1990年代半ば以降　146

5　より公正な福祉国家を目指して　149

コラム3　オーストラリアの大学生活　152

第10章　経済と政策運営　154
▶オーストラリアの成長戦略を支えたものは何か？

1　オーストラリア経済の推移　154

2　オーストラリア経済の成長を支えた政策力学　159

3　残された政策課題——財政健全化に焦点をおいて　163

コラム4　オーストラリアのメディアと巨大IT企業——ジャーナリズムの行方　170

第 III 部　国際関係

第 11 章　オーストラリアの外交政策 …………………………… 174
▶どのような自画像を描き国際社会に関わってきたか？
1　オーストラリア外交をみる眼
　　──リアリズム，リベラリズム，コンストラクティビズム　174
2　第二次世界大戦後のオーストラリア外交　177
3　米中対立時代のオーストラリア外交　184
4　オーストラリアのアイデンティティと外交　187

第 12 章　日本との関係 …………………………………………… 190
▶日本はどのように「最良の友」となったのか？
1　「最初は同盟国」──第一次世界大戦期　190
2　「次は敵」──第二次世界大戦アジア太平洋地域編　194
3　「最良の友」──第二次世界大戦後　197
4　「最良の友」──新しい世紀に　202

コラム 5　オーストラリアの日系人社会──増える 2 世の若者たち　207

第 13 章　南太平洋とオーストラリア ………………………… 209
▶太平洋島嶼国との適切な関係とは？
1　歴史的文脈からみる南太平洋との関係　209
2　「支配」するオーストラリアと「場」としての南太平洋　211
3　地域秩序の形成と戦後の南太平洋島嶼諸国との関係　214
4　試されるオーストラリア　219
5　南太平洋諸国との良好な関係を維持するために　222

引用・参考文献　225
人名索引　233
事項索引　237

地図①　オーストラリアと周辺諸国

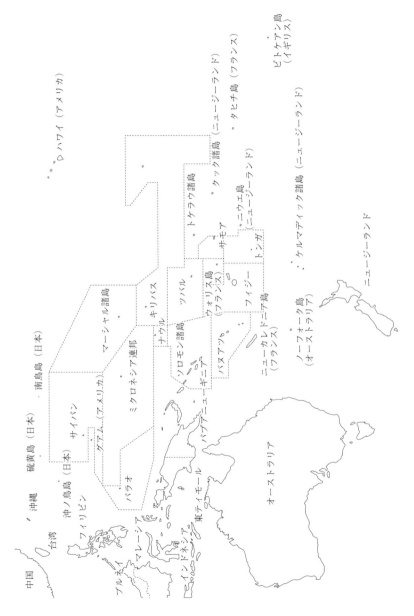

地図② オーストラリア

資料① オーストラリアの歴代首相

	氏 名	派閥・政党	在任期間
1	エドマンド・バートン (Edmond Burton)	保護貿易派	1901/01/01〜1903/09/24
2	アルフレッド・ディーキン (Alfred Deakin)	保護貿易派	1903/09/24〜1904/04/27
			1905/07/05〜1908/11/13
			1909/06/02〜1910/04/29
3	クリス(ジョン・クリスティアン)・ワトソン (Chris (John Christian) Watson)	労働党	1904/04/27〜1904/08/18
4	ジョージ(ジョージ・ヒューストン)・リード (George (George Houstoun) Reid)	労働党	1904/08/18〜1905/07/05
5	アンドルー・フィッシャー (Andrew Fisher)	自由党	1908/11/13〜1909/06/02
			1910/04/29〜1913/06/24
			1914/09/17〜1915/10/27
6	ジョー(ジョゼフ)・クック (Joseph Cook)	自由党	1913/06/24〜1914/09/17
7	ビリー(ウィリアム・モリス)・ヒューズ (Billy (William Morris) Hughes)	労働党	1915/10/27〜1916/11/14
		国民労働党	1916/11/14〜1917/02/17
		ナショナリスト党	1917/02/17〜1923/02/09
8	スタンリー(スタンリー・メルボン)・ブルース (Stanley (Melbourne) Bruce)	ナショナリスト党・地方党	1923/02/09〜1929/10/22
9	ジム(ジェイムズ・ヘンリー)・スカリン (Jim (James Henry) Scullin)	労働党	1929/10/22〜1932/01/06
10	ジョー(ジョゼフ・アロイシャス)・ライオンズ (Joe (Joseph Aloysius) Lyons)	統一オーストラリア党・地方党	1932/01/06〜1939/04/07
11	アール(アール・クリスマス・グラフトン)・ペイジ (Earle (Christmas Grafton) Page)	地方党・統一オーストラリア党	1939/04/07〜1939/04/26

12	ロバート（ロバート・ゴードン）・メンジーズ (Robert (Gordon) Menzies)	統一オーストラリア党・地方党	1939/04/26～ 1941/08/29
		自由党・地方党	1949/12/19～ 1966/01/26
13	アーティー（アーサー・ウィリアム）・ファドゥン (Artie (Arthur William) Fadden)	地方党・統一オーストラリア党	1941/08/29～ 1941/10/07
14	ジョン（ジョン・ジョゼフ・アンブローズ）・カーティン (John (Joseph Ambrose) Curtin)	労働党	1941/10/07～ 1945/07/05
15	フランク（フランシス・マイクル）・フォード (Frank (Francis Michael) Ford)	労働党	1945/07/06～ 1945/07/13
16	ベン（ジョゼフ・ベネディクト）・チフリー (Ben (Joseph Benedict) Chifley)	労働党	1945/07/13～ 1949/12/19
17	ハロルド（ハロルド・エドワード）・ホルト (Harold (Edward) Holt)	自由党・地方党	1966/01/26～ 1967/12/19
18	ジャック（ジョン）・マキュアン (Jack (John) McEwen)	地方党・自由党	1967/12/19～ 1968/01/10
19	ジョン（ジョン・グレイ）・ゴートン (John (Grey) Gorton)	自由党・地方党	1968/01/10～ 1971/03/10
20	ビリー（ウィリアム）・マクマーン (Billy (William) McMahon)	自由党・地方党	1971/03/10～ 1972/12/05
21	ゴフ（エドワード・ゴフ）・ウィットラム (Gough (Edward Gough) Whitlam)	労働党	1972/12/05～ 1975/11/11
22	マルカム（ジョン・マルカム）・フレイザー (Malcolm (John Malcolm) Fraser)	自由党・地方党・国民地方党・国民党	1975/11/11～ 1983/03/11
23	ボブ（ロバート・ジェイムズ・リー）・ホーク (Bob (Robert James Lee) Hawke)	労働党	1983/03/11～ 1991/12/20
24	ポール（ポール・ジョン）・キーティング (Paul (John) Keating)	労働党	1991/12/20～ 1996/03/11
25	ジョン（ジョン・ウィンストン）・ハワード (John (Winston) Howard)	自由党・国民党	1996/03/11～ 2007/12/03
26	ケヴィン（ケヴィン・マイクル）・ラッド (Kevin (Michael) Rudd)	労働党	2007/12/03～ 2010/06/24 2013/06/27～ 2013/09/18
27	ジュリア（ジュリア・アイリーン）・ギラード (Julis (Eileen) Gillard)	労働党	2010/06/24～ 2013/06/27

28	トニー（アンソニー・ジョン）・アボット (Tony (Anthony John) Abbott)	自由党・国民党	2013/09/18〜 2015/09/15
29	マルカム（マルカム・ブライ）・ターンブル (Malcolm (Bligh) Turnbull)	自由党・国民党	2015/09/15〜 2018/08/24
30	スコット（スコット・ジョン）・モリソン (Scott (John) Morrison)	自由党・国民党	2018/08/24〜 2022/05/23
31	アンソニー（アンソニー・ノーマン）・アルバニージー (Anthony (Norman) Albanese)	労働党	2022/05/23〜

資料② オーストラリア国歌

【タイトル】
Advance Australia Fair

【歌　詞】
1番：
Australians all let us rejoice,
For we are one and free;
We've golden soil and wealth for toil;
Our home is girt by sea;
Our land abounds in nature's gifts
Of beauty rich and rare;
In history's page, let every stage
Advance Australia Fair.
In joyful strains then let us sing,
Advance Australia Fair.

2番：
Beneath our radiant Southern Cross
We'll toil with hearts and hands;
To make this Commonwealth of ours
Renowned of all the lands;
For those who've come across the seas
We've boundless plains to share;
With courage let us all combine
To Advance Australia Fair.
In joyful strains then let us sing,
Advance Australia Fair.

第I部
基礎知識

第1章 歴 史
▶オーストラリア政治史概説

　現在，オーストラリアは世界で最も多文化な社会の1つであり，その政治は多様な人々の高い生活水準確保に焦点を当てている。しかし，第二次世界大戦以前のオーストラリアは圧倒的にアングロ・ケルト系白人で構成された植民地社会であり，入植後の政治史は先住民集団の追放から始まった。入植当初は自然資源の分配，後には政治的権力をめぐる争いによってオーストラリアの政治史は彩られた。最初は英国の政治制度を取り入れ，その後，移民や集団による公共領域へのアクセス要求を受け入れ，新たな課題や要求に対応する独自の制度的発展や適応をさせてきた。これによりオーストラリアは，独立戦争や内戦のような大規模な政治的対立や崩壊なしに，移民国家建設に対処してきた。

1　初期植民地時代からゴールドラッシュ前まで

❶　アボリジナル・ピープルとヨーロッパからの入植者

　諸説あるが，アボリジナルの人々は遅くとも約6万年前にオーストラリアに到着した。彼らは独自の慣習法を形成し，オーストラリア最初期の政治体制を築いていった。慣習法は集団ごとに異なったが，共通の要素もあった。慣習法は口承伝統の一部で，先住民の宗教的信念や土地とのつながりを反映しており，長老から子どもたちに代々受け継がれている。アボリジナルの法は，社会的な規範や制裁を通じて強制される。彼らの慣習法には秩序を維持し，紛争を管理するための内部および外部の仕組みが含まれており，血縁関係を考慮し，個々の役割に基づいて権利と責任を定めている。意思決定はしばしば集団的かつ審議的なもので，慣習法は先住民の生活を形成し，結婚の時期や方法，社会集団が抗争に出る時期や方法まで，多岐にわたっている。ヨーロッパ人と初めて接触があった時点で，先住民社会は慣習法によって統治されていたのである（図1-1）。

図1-1　コロボリー（先住民の集会）(1864年制作)

出典：サウスオーストラリア州立美術館。

　しかし，1788年に最初の入植団（初代総督アーサー・フィリップ，1788～92年）が英国からシドニー入り江の南方にあるボタニー湾に到着した際（図1-2），先住民の土地への主張や法は入植者たちからは認められなかった。この植民地は軍隊的要素（ニューサウスウェールズ軍団）をもとに設立され，軍人や囚人として男性が主導的役割を社会で果たしていた。当時ロンドンまでは船旅で9カ月もかかり，他に通信手段がなかったため，このような孤立状態は英国政府から全権委任を受けた総督を事実上の独裁者と変わらないものにした。

　ニューサウスウェールズ植民地が設立された当時，英国政治は理性や科学について知識をもたない人々を無知から解放してあげようという「啓蒙主義思想」の影響を受けていた。それは植民地拡大においても影響を与え，初期のシドニーに存在していた先住民集団にキリスト教文明を付与しようとする試みは，善意と同時に強制行為でもあった。初期の総督たちはしばしば抑制的役割を果たしたが，牧畜利権の拡大に伴い，先住民族に対する公認・非公認の暴力が広まっていった。先住民たちは土地を維持しようと抵抗を続けたが，闘争や虐殺，そして，入植民が持ち込んだ疫病のため，過酷な苦難を経験した。

　初期ニューサウスウェールズの政治は，総督，軍団，土地へのアクセスをめ

図1-2 ボタニー湾上陸（1937年制作）

出典：ニューサウスウエールズ州立図書館。

ぐる自由入植者，そして，解放された囚人（エマンシピスト）の対立によって支配されていた。軍団と植民地政府間の争いは，ラム酒反乱（1808年）で現れた。この事件は，ブライ総督（1808〜10年）が軍団のラム酒密売取引を阻止しようとしたことに端を発する。これに対し英国政府は，マクウォリー総督（1810〜21年）と新たな部隊を派遣して秩序を回復させた。マクウォリーは，初期のニューサウスウェールズが流刑植民地から自由植民地へと社会が変化する過程において重要な役割を果たした。彼は主要な公共建築事業を行い，最初の銀行と通貨も導入した。マクウォリーはエマンシピストに同情的で，彼らに土地を与えたため，自由入植者たち（多くは元将校）の反感を買った。彼の政策は英国から派遣されたビッグ調査官による報告書で否定され，最終的に辞任した。[1]

2 植民地政府

1820年までに，ヨーロッパ人入植者はわずか3万3000人ほどであった。この初期ニューサウスウェールズの男性中心の市民社会は代表権を求めるようになり，英国の責任内閣制の概念に基づき，植民地政府モデルが段階的に発展して

表1-1　オーストラリアにおける主な政治改革年表

	NSW	VIC	QLD	SA	WA	TAS	連邦
入植年	1788	1834	1824	1836	1829	1803	
NSW からの分離		1851	1859			1825	
囚人流刑制度廃止	1840				1868	1853	
代議制政府	1842	1851		1851	1870	1851	
自治政府	1855	1855	1859	1856	1890	1856	
無記名投票制	1858	1856	1859	1856	1877	1858	
3年ごとの議員改選	1874	1859	1890	1856	1900	1891	
男性普通選挙権・議員財産資格廃止	1858	1857	1859	1856	1893	1900	
女性選挙権	1902	1908	1905	1894	1899	1903	1902
女性被選挙権	1918	1923	1918	1894	1920	1921	1902
初の女性議員	1929	1933	1929	1959	1921	1948	1943

注：NSW：ニューサウスウェールズ，VIC：ヴィクトリア，QLD：クインズランド，SA：サウスオーストラリア，WA：ウェスタンオーストラリア，TAS：タスマニア。
出典：村上雄一・杉田弘也作成。

いった。1823年には助言を目的とする，総督から任命された7人の議会評議会が設立され，1828年にはさらに議員7人が追加された。1842年には評議会がより多くの任命議員を含む形で拡大され，1850年には英国議会がオーストラリアの諸植民地に限定的な民主的自治を法制化した。

　サウスオーストラリアは1836年に自由植民地として設立された。設立法には政治的および宗教的自由の原則が盛り込まれ，囚人労働者なしでの発展を決意していた。土地販売利益を利用して熟練労働者移民の渡航を資金化し，独裁的な政府を防ぐために総督と「居住地長官」（土地測量とその売買，移民手続きとその資金調達等の責任を担う）の間で政治的統治を分割した。しかし，この試みはすぐに崩壊し，サウスオーストラリア議会はニューサウスウェールズと同じような形態で発展していった。サウスオーストラリアは民主的革新の典型でもあり，1856年憲法で先住民を含む男性普通選挙権を採用，議員立候補資格として低い資産要件を設けた。1861年には資産をもつ女性にも選挙権を与え，1876年には大英帝国内で初めて労働組合を合法化した。1894年には，先住民女性を含む，すべての成人に選挙権と被選挙権を与えた（表1-1）。

第Ⅰ部　基礎知識

2　ゴールドラッシュから連邦国家成立前まで

1　金の発見と人口急増

　1851年にヴィクトリアはニューサウスウェールズから独立し別の植民地となったが，それは同年，大規模な金鉱床が発見されゴールドラッシュが始まった結果，人口急増が起きたことに端を発している。このゴールドラッシュでの富を財源確保に利用しようと，ヴィクトリア政府が鉱業免許を導入したため，多くの入植者は反感を高め，バララットの金鉱地では「ユリーカ砦の反乱」が起きた。1854年12月，青の背景に白十字星が描かれたユリーカ旗のもとで，鉱夫たちは彼らの権利と自由を主張した。警察との間で短期の激しい戦闘が行われ，少なくとも鉱夫22人が死亡した。後の裁判で，メルボルンの陪審員は反乱者を有罪とすることを拒否している。この市民感情は入植者たちに広く共有され，ヴィクトリアの自治論争に民主主義の風潮をもたらした。

　金の発見がもたらした最も重要な影響は，ヴィクトリアの発展にある。1851年から1861年の間に，オーストラリアの人口は約41万人から約115万人と3倍に増加したが，同時期ヴィクトリアの人口は約8万人から約54万人へと7倍に増加，ニューサウスウェールズの人口を上回った。1880年代にはメルボルンがシドニーを抜き，オーストラリア最大の都市となった。羊毛や小麦と並んで金は主要輸出品の1つとなり，輸出による収益と若い労働力の流入が経済を拡大，オーストラリア初の長期好景気を引き起こし，1890年代まで続いた。

2　自然資源の分配と選挙権

　大陸の自然資源をどのように分配するかが，初期オーストラリアにおける政治闘争の中心であった。この闘争はオーストラリアの民主主義の原則や制度を確立するうえで重要であった。法律上は英国王室がオーストラリア全土の土地を所有し，その分配方法を決めることができた。しかし，牧畜業の急速な拡大によって，植民地政府が認めるよりも先に内陸部に羊牧場を拡大した「スクオッター」(「不法占拠者」の意)が台頭した。スクオッターたちは急速に富と権力をもつようになり，「羊毛王」と呼ばれることもあった。自由入植者の数が

増えるにつれて，土地分配に関する紛争が生じた。スクオッターたちは占拠した土地への法的権利を確保したいと切望したが，土地所有による農業を望む「セレクター」（自由入植民）たちは，彼らが希望する土地での就農を求めていた。スクオッターたちは影響力を利用して，いくつかの植民地において高い不動産所有要件に基づく選挙投票権を規定し，一般入植民を立法府上院から締め出した。

　ニューサウスウェールズでは，スクオッター派に対立するリベラル派たちが自治政府の初期から下院を支配することができた。リベラル派はスクオッターだけが政治を行う「スクオッタクラシー」を解体し，スクオッターの土地を有望なセレクターたちに提供することを望んだ。彼らは英国政府に嘆願し，年間10ポンドの借地代を支払うすべての男性に選挙権を拡大するよう求めた。これは英国では高額な借地代であり，労働者階級を除外するものであったが，インフレ率が高かったゴールドラッシュ時代のオーストラリアでは，一般的な借地代であった。1855年，英国はオーストラリアの諸植民地にほぼ同様な男性選挙権を法制化，各植民地は順次，男子普通選挙権へと移行していった（表1-1）。

　その結果，スクオッターたちに拡大された選挙権等の特権は，彼らに敵対的な総督や英国植民省の政策優先順位によって制限され，彼らの牧場の一部が分割された。またリベラル派勢力は1850年代の英国との合意により，囚人流刑制度を終了させることに成功した。ただし，サウスオーストラリアは初めから囚人を受け入れておらず，1829年に自由植民地として始まったウェスタンオーストラリアは労働力不足等から経済が停滞したため，1850年から囚人を受け入れ始めたばかりで，1868年まで囚人流刑制度を存続させた（表1-1）。

　当時のオーストラリア経済は圧倒的に農村を基盤としていた。スクオッターたちは最良な土地を自らのものとして保持，セレクターたちに与えられた土地は小さすぎて収入は改善しなかった。農村が貧困にあえいだ結果，ネッド・ケリーなどのブッシュレンジャー（野盗）の台頭をもたらした。1891年には，鉱業や羊毛産業の労働組合を中心にしたオーストラリア労働党が結成され，同年，労働党はサウスオーストラリアで4議席，ニューサウスウェールズで35議席を獲得した。これは世界で最初の労働者のための政党であり，植民地レベルではニューサウスウェールズから1859年に分離したクインズランドで1899年に

第Ⅰ部　基礎知識

1週間，連邦レベルでは1904年に4カ月間，初めて労働党が政権を獲得した。

3　オーストラリア連邦成立から第二次世界大戦前まで

1　連邦国家建設へ

　連邦国家建設の推進は，経済的および政治的状況の変化によるものであった。1890年代の恐慌はオーストラリア全土に1つの経済圏を作ることを促し，広大な大陸を防衛するためには，連邦化による結束が必要だという主張もあった。

　1891年にシドニーで開催された憲法制定会議で連邦憲法草案が採択された。広大な土地をどのように管理し，人口の多い植民地と少ない植民地の利益をいかにバランスよく調整するかが焦点となった。上院の権限について激しい議論が行われたが，最終的には上院に下院とほぼ同等の権限（財政法案の提案権を除く）が与えられた。人権を体系的に整理した権利章典についても議論は行われたが，導入されなかった。最終的なモデルは英国の二院制を基にしており，さらにアメリカとスイスから連邦制度要素を取り入れた。憲法草案は1899年の2度目の住民投票において僅差で承認され，英国議会でも基本的に認められた。その後，投票に参加していなかったウェスタンオーストラリアも投票を実施，加わることが決まり，1901年にオーストラリアは連邦国家化を実現した。だが，この憲法制定会議には労働者階級，労働党，多くの女性，先住民が参加しておらず，先住民に至っては1967年まで国勢調査の対象とされなかった。

2　選挙制度改革と女性参政権

　19世紀の選挙運動は乱れており，選挙における勝利は，しばしば贈賄や大量のアルコール提供に依存していた。オーストラリアも例外ではなく，「オーストラリア式投票」（無記名投票）とアルコール提供禁止を先駆けて導入した。このような介入により選挙は安全で尊厳のあるものへと変わり，女性も参加できる社会的イベントになっていった（図1-3）。

　すでに述べたように，サウスオーストラリアは女性参政権において先駆的であり，ウェスタンオーストラリアも1899年にその変革に続いた。連邦国家制度

図1-3 ヴィクトリアにおける無記名投票（1880年）

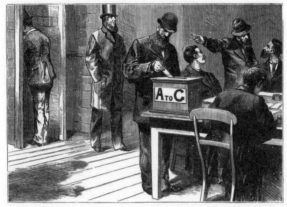

出典：ヴィクトリア州立図書館。

は植民地における既存の選挙権を受け入れることに基づいていたため，1902年からすべての白人女性に連邦選挙での投票権と立候補権が与えられた。しかし，女性議員はすぐには誕生せず，最初にオーストラリアの議会に選出された女性は1921年のウェスタンオーストラリア州議会選挙でのイーディス・カウアン（ナショナリスト党）であり，女性の連邦議会議員が誕生するのは1943年の下院議員イーニド・ライオンズ（統一オーストラリア党）と上院議員のドロシー・タングニー（労働党）であった。さらにオーストラリア初の女性首相が誕生するのは2010年のギラード（労働党）まで待つことになる。

3 政党政治への道

連邦国家成立当時（初代首相バートン，1901～03年），政治勢力はヴィクトリアを中心とする「保護貿易派」，ニューサウスウェールズを中心とする「自由貿易派」，そして，労働者階級の「労働党」の3つに分かれていた。労働党議員は「誓約」によって党の方針に従うよう義務づけられ，保護貿易派と自由貿易派は緩やかな連合体だったため，労働党の規律に対抗するのに苦戦した。労働党議員は政策に応じて，両派と自由に手を組んだ。

連邦レベルでは1909年までにいくつか短命な少数派内閣が3派のなかの連立

から生まれたが，植民地議会の2大党派制に慣れていた，保護貿易派で3度の首相経験があるディーキン（1903〜04年，05〜08年，09〜10年）はこの政治状況を「3つのクリケットチーム」と表現し，議会で過半数の議席をもつ政党の党首が首相として内閣を組織する，多数決型民主主義の政治（ウェストミンスター・システム）には不向きであると指摘した。これを打開するためにディーキンは，自由貿易派で反社会主義の指導者であるクック（首相在職：1913〜14年）と共に両派を合同，労働党に対抗する保守勢力を作り上げた。この保守系党派は，後のオーストラリア自由党（1945年〜）の前身となった。

4 社会・民主主義の実験場

連邦制成立後の10年間，オーストラリアは先進的な社会・民主主義の「実験場」だったといわれることが多く，女性参政権に加えて，高齢者年金，子ども手当，労働争議における強制仲裁制度，男性労働者に対する指数連動型の生活賃金制度など，社会政策の先駆者であった。これらが「オーストラリアは労働者の楽園」というイメージを確固たるものにしたが，同時に女性を不利な立場に置いた。たとえば生活賃金制度は，男性の賃金が妻と3人の子どもの「尊厳ある」生活を支えることができるように制度設計された結果，女性の法定賃金が低く設定されたため，男女同一賃金への取り組みは1969年まで阻害された。

1901年の移民制限法は，「白人労働者を守る」とする労働党以外にも，すべての党派によって支持された。「白豪主義」を具現化したこの移民制限法は，自分たちはアジア・太平洋に帰属するのではなく，大英帝国の一員であるという自己認識を内外に示した。この認識は「白人のためのオーストラリア」というナショナリスト的な感情と人種差別主義に裏打ちされていた。この法により，入国管理官は人種的に望ましくないとされる人々には「言語テスト」を課すことで，排除ができるようになった。白豪主義は，北部クインズランドで太平洋諸島からの契約労働者（強制的に連れてこられた労働者を含む）に依存していたプランテーション形式によるサトウキビ栽培を終焉させ，アジアからの移民流入を制限した。この白豪主義政策は，1973年に正式に廃止されるまで続いた。

5　第一次世界大戦

　第一次世界大戦が勃発すると，労働党の首相フィッシャー（1908～09年，10～13年，14～15年）はオーストラリアが「最後の1人と最後の1シリングになるまで」英国を支援すると宣言した。総人口500万人（当時）のなかから41万人もの男性が志願兵となり，「母国」のために参戦した。一方，戦争反対派も組織化され，ヴァイダ・ゴールドスタインなど元女性参政権活動家らが平和運動団体を結成した。国内の経済状況は悪化し，低賃金や物資不足に関する労働争議も起こった。戦争反対の抗議活動を行った者たちはしばしば戦時警戒法によって処罰され，多くの活動家が公に戦争への異議を唱えたことで収監された。

　第一次世界大戦により，オーストラリアは心理的にも経済的にも打撃を受けた。大英帝国内の貿易にも影響が及び，輸出品を売ることも製品を輸入することもできなかった。戦争中に亡くなった多くの男性は若く，教育を受けた人々であった。開戦前から重い対外債務を抱えていたが，戦争資金を調達するためにさらに借金を重ねた結果，経済回復は1920年代まで待つことになった。

6　戦間期

　戦間期において，オーストラリアはヨーロッパから距離が離れていたため，ほとんど移民を引きつけられず，製造業を保護するために関税を引き上げた。多くのオーストラリアの人々は戦争によって引き起こされた政治的な動き，すなわち，社会主義や共産主義，アイルランドでのナショナリズム運動（フィニアン運動）に恐れを抱いていた。連邦結成初期に特徴的だった楽観的な進歩主義は深い悲しみに取って代わり，RSL（退役軍人連盟）は政治における重要勢力となった。RSLが唱えた帰還兵士定住計画は，農業経験の浅い元兵士にわずかな支援・限られた農地を提供した結果，しばしば失敗に終わった。

　戦間期には政治上の重要な進展があった。第1に，右派の新党創設があり，地方党（1919年～，現在は国民党），ナショナリスト党（1911～31年），およびその後継である統一オーストラリア党（1931～45年）が出現した。1922年にナショナリスト党と地方党の連立が形成され，その後100年以上にわたる右派政党間の協力関係が始まった。第2に，1924年から連邦選挙で義務投票制度が導入された。第3に，連邦最高裁判所が憲法上の権限を明確にしたいくつかの裁判

で，連邦政府への権力集中化を支持する判決を立て続けに下した。

　戦間期において，労働党は連邦レベルでは野党としての地位を維持し，1929年の大恐慌前夜，スカリン労働党政権（1929〜32年）が誕生した。しかし，1931年には大恐慌への政府対応策について労働党内の意見が分裂した結果，労働党内閣の大臣であったライオンズが離党，新政党の統一オーストラリア党党首として1932年の総選挙に勝利した（1932〜39年）。このころのオーストラリアは大恐慌の影響が特に厳しかった時期であり，同年には失業率が32％に達していた。そのため，完全雇用の原則と公正な富の分配に基づく政治という，第二次世界大戦後の政治的な合意形成基盤がこの時期に築かれていった。

4　第二次世界大戦からグローバル化時代の前まで

1　第二次世界大戦と戦後復興

　第二次世界大戦は，新たな政治の時代を切り開いた。戦争の財源確保のため，連邦政府は各州政府に対して一時的に州の所得税徴収を停止するよう要請した。各州政府は連邦最高裁判所まで争ったが，連邦政府が所得税徴収に優先権をもつとの判決が下された。1946年，チフリー労働党政権（1945〜49年）は連邦による一元的な課税を継続する代わりに，州が放棄した所得税収入分を補填すると発表した。この一連の出来事は，現代オーストラリア政治の紛争の根本となっている。なぜなら，州は健康，教育，交通などのサービス提供に責任をもつ一方，連邦政府の方が必要な税収を多く得ているからである。連邦最高裁判所の判決は1957年に覆されたが，既存の制度を変更することは非常に困難で，州首相や連邦首相による何度かの試みにもかかわらず，変更実現はできていない。

　戦後復興では，より平等な社会と大きな国家建設が実現されると期待された。カーティン（首相在職：1941〜45年）とチフリー労働党政権は，計画経済である戦時指令経済を継続し，公共事業を統制することで，完全雇用の原則と公正な富の分配を実現しようとした。労働党は，この国家の役割拡大を憲法に明記するために，1944年に「14権限憲法改正投票」（14 powers referendum）[2]を実施した。この投票はヨーロッパ式の福祉国家の導入を可能にするものであった

が，銀行の国有化を試みたこともあり，国民投票では否決されたが，1946年の憲法改正で，社会福祉に関する連邦政府権限が拡大・集中していった。

2 東西冷戦と戦後政治

　戦争は地政学的な地図を再編，資本主義の西側と共産主義の東側に分かれた。冷戦以前から疲弊していた英国は帝国内の安全保証ができず，オーストラリアは米国との同盟に向かった。第二次世界大戦中の日本による軍事的な侵略は，人口のまばらなオーストラリアの脆弱性を浮き彫りにし，また戦後の復興計画を実現するためには，より多くの労働者を必要としたため，1947年に大規模移民が開始された。援助付きの英国移民を誘致するだけでは十分ではなく，ヨーロッパの数百万の難民のなかから募集することで対応し，この初期移民は国民の不安を和らげるために慎重に管理され，若い金髪男性を中心に選ばれた。1973年までに，17万人の難民を含む，約300万人がオーストラリアに移住した。

　戦後の長期的な好景気により，オーストラリアはより平等な社会となった。チフリー労働党政権と第二次メンジーズ自由党・地方党（現国民党）政権（1949～66年）の両政権は，相対的な所得格差を縮小し，完全雇用を維持する政策を広く実施した。この時期，連邦政府は経済を管理するために相当な権限を行使した。1949年に選出されたメンジーズ率いる自由党は，カトリック学校への連邦政府資金援助の拡大や日本との貿易開放など，党自体の基盤を分断する可能性のあるリスクを取る一方，規制された民間部門と補助金制度などの経済政策や英国との関係は現状維持を目指した。

　戦後政治は，国内とアジア内部での共産主義の脅威によって形成されていた。海外でオーストラリア軍は朝鮮（1950～52年），マレーシア（1964～66年），ベトナム（1962～72年）で戦った。メンジーズは1951年の国民投票で共産党の禁止を果たせなかったが，1954年のソヴィエト連邦（当時）の駐豪書記官とその妻の亡命事件を利用し，続く総選挙で勝利した。労働党内部では，共産主義者と反共産主義者間の深刻な対立が勃発した。労働党の組織部門は代表者モデルで運営されており，労働組合が最も多くの代表を占めていた。反共産主義グループは党内の支配的影響力を得ようと争った結果，1955年に分裂が起きた。

この分裂により，カトリックの反共主義者からなる民主労働党（DLP）が結成された。

DLPは1949年に上院が比例代表制に変更されたことを活かし，上院での第一党が必ずしも多数派を形成できることにはならないという変化を生み出した。この変化は，上院の権限を活用するうえでも重要であった。また，連邦下院議会選挙においてDLP支持者に，労働党ではなく，自由党に第二の優先投票をするよう指示することで，連邦議会選挙の結果に影響を与え続けた。これにより，自由党は連邦レベルで23年間も政権を維持できた。

3 ウィットラム政権

1960年代には戦後に合意されてきた経済および社会的基盤が蝕まれ，今日まで続いている政治的議論が始まった。ウィットラム労働党政権（1972～75年）のスローガン「今がその時」（It's Time）は，女性やLGBT解放運動，環境運動，民族運動，先住民運動などから生まれる政治的な力を象徴し，先取りしていた。ウィットラム首相は混乱を伴いながらも変革的な政権を率い，「メディバンク」（公的健康保険制度），大学教育無償化，多文化主義，同一労働同一賃金，家庭裁判所の設立，無過失離婚の導入，関税削減，ウェーブ・ヒル牧場の先住民グリンジの人々への土地の返還，中絶の合法化などを実施した。また外交面ではベトナム戦争からの全面撤退や中国との国交樹立を成し遂げた。変化は非常に速く，連邦支出も増大，オイルショックもあり，インフレーションを引き起こした。

1974年，野党だった自由党・地方党連合は上院の多数派を利用して連邦政府の正統性を攻撃，早期の解散総選挙を要求した。自由党が連邦政府を追及し続けた1年後，スキャンダルにまみれていたウィットラム政権は経常支出法案をめぐって上院と対立，法案は採決先送りとなった。この政治上・経済上の危機をウィットラム首相は連邦総督ジョン・カー卿に上院半数改選を求めることで解決しようと図ったが，カー総督はウィットラム首相を解任，上下両院を同時解散した。この解任に対する群衆の憤りにもかかわらず，フレイザー率いる自由党・国民地方党連合は，戦後の歴史でも最大の過半数を得て，1975年の総選挙に勝利した。

4 先住民の権利

　白人との接触以来，先住民の人々は絶えず自分たちの権利を主張してきた。実力行使によって自らの土地を守ったり，ヴィクトリア女王（1837〜1901年）や政府当局に嘆願したり，1920年代にはアドボカシー（権利擁護）連盟を組織した。1960年代には先住民と白人活動家がニューサウスウェールズ州の地方を回り，先住民が日常的に直面する人種差別を調査することで公衆の注目を集める形の抗議活動である「フリーダムライド」を行った。先住民の人々には1962年に連邦政府の選挙権が与えられ，1967年には国勢調査に含めること（すなわち市民権をもつこと）を禁止する憲法条項を削除するための憲法改正投票が行われ，圧倒的多数でオーストラリアの人々は賛成した。その結果，すでに州レベルで投票権をもっていれば，先住民でも連邦選挙での投票が可能となった。

5　グローバル世界のなかのオーストラリア

1 経済のグローバル化

　自由党のフレイザー首相（1975〜83年）は，オーストラリア政治において長期の経済成長と金融政策，規制緩和，グローバリゼーションなど，新たな政治への移行を推進した。彼はウィットラムの改革のほとんどを維持するか，または解除することができなかったが，メディバンクは民営化された。フレイザーは，多文化主義と反人種差別主義への取り組みを積極的に推進し，数万人のベトナム難民を受け入れた。その後，経済改革の道筋を立案・実行し，その果実を得たのは労働党のホーク−キーティング政権（1983〜96年）であった。

　1980年代に労働党政権は為替レートなどの経済政策の一部を手放し，オーストラリア経済をグローバルな競争に開放，労働組合と一連の「アコード賃金[4]」に合意した一方，福祉国家化を拡大し，「メディケア」（国民健康保険制度）を導入した。労働党は1980年代に戦後左派の社会主義と新しい右派の新自由主義の間の「第三の道」を歩むことを試み，連続して2期以上の連邦政権を獲得することに成功したが，労働党内の左派の多くは社会主義的信条が裏切られたと感じるようになっていった。さらに労働党は国家が市場や市民社会に介入することで成立する「後期資本主義」政治を目指し，女性，環境，同性愛者の権利，

先住民問題，多文化主義などにおいて進歩的な立場を取り入れた。

2 ハワード政権

しかし，1990年代には改革疲れが生じ，ハワード率いる自由党・国民党連合は，1996年の選挙で「私たち全員のために」を掲げ，エリート政治ではない，普通のオーストラリア人による政治を主張し政権交代を果たしたが，「全員」のなかに先住民は含まれていなかった。またハワードは，国の歴史と文化を称え，「リラックスした快適な」オーストラリアを提唱した。これが現在にも続く，伝統主義者・保守主義者と進歩主義者・自由主義者の間における価値観の衝突である「歴史・文化戦争」の先駆けとなった。ハワード自由党・国民党連合政権（1996～2007年）は，前半の数年間で重要な改革に着手し，厳格な銃規制，物品・サービス税の導入，労使関係の改革などを行った。2001年に起きた2つの事件がハワード政権の後半期に強い影響を与えた。1つ目はタンパ号事件であり，沈没する船から難民を救助した貨物船に対して海軍を出動させ，難民受け入れ拒否の姿勢を鮮明にした事件である。タンパ号事件は，キーティング政権が創設した移民収容制度の危機をもたらしたが，ハワード政権は太平洋南西部のナウル共和国が難民の審査と収容を引き受ける代わりに，オーストラリアから多額の経済援助を与える制度（パシフィック・ソリューション）を開始した。タンパ号事件は移民・難民問題を争点化し，人道支援団体などから批判された一方，難民の受け入れを明確に拒否したハワード政権の姿勢は世論から支持を得た。この制度は第一次ラッド労働党政権（2007～10年）時に一時廃止されたが，その後復活，現在でも自由党・国民党連合・労働党ともにパシフィック・ソリューションと難民船の送還支持を表明している[5]。2つ目はニューヨークでの9.11テロ事件であり，オーストラリアはアフガニスタンとイラクで「テロとの戦い」に参加した。

3 先住民の土地権と環境保護運動

先住民は土地の権利と自分たちの生活におけるより大きな自治権を求め続け，「マーボウ判決」（1992年）と「ウィク判決」（1996年）として知られる2つの画期的な連邦最高裁判所の判例により，オーストラリアは「無主地」（テラ・

ヌリアス[6]）であるという前提が覆された。後者の判決では，賃借契約が存在する牧場や鉱山等が含まれる公有地においても先住民の土地権が存続していることを認めた。しかし，地方を中心に判決に対する反発が起きたため，ハワード政権は法律を改正，認定手続きの複雑化と厳格化を行った。

環境運動は1970年代に台頭し，「オーストラリアン・グリーンズ」（Australian Greens，緑の党）結党へと具現化，最初は1972年にタスマニア州で，その後1992年に連邦レベルで議席を獲得した。1980年代には地球温暖化が政治的な問題として初めて提起されたが，オーストラリアは安価に石炭採掘ができる輸出国であるため，ハワード政権は気候変動対策の国際的な取り組み参加を拒み続けた。環境問題はオーストラリア政治を揺さぶり続けており，2007年以降，自由・労働両政党とも首相失脚要因の１つになっている。ラッド首相は環境問題に関心が高く，2007年の首相就任と同時に京都議定書を批准した。ラッド労働党政権はイラクから駐留豪軍を引き上げ，「盗まれた世代」（Stolen Generations，親から引き離された先住民）とその家族に対し公式に謝罪した。

図1-4 ジュリア・ギラード首相

出典：オーストラリア国立公文書館。

図1-5 憲法改正賛成を訴えるポスター

4 政権交代

ラッド労働党政権を引き継いだギラード首相（2010～13年，図1-4）は，2013年６月にラッド前首相の挑戦を受け首相を退くとともに政界から引退したが，同年の総選挙で労働党は大敗，政権交代が起こった。2022年まで自由党・国民党連合は３人の首相（アボット：2013～15年，ターンブル：15～18年，モリソン：18～22年）を出しながら政権を維持した。同年５月の総選挙で９年ぶりに労働党に政権が移り，アルバニージー首相（2022年～）が就任した。

オーストラリアの政治は，植民地時代から現代に至るまで，多様な課題に対

応しつつ発展してきた。植民地支配による先住民と入植者との衝突に始まり，連邦国家の成立，労働党と自由党による二大政党制の確立，そして経済的・社会的改革が，主要な政治的転換点となってきた。特に移民政策や土地権問題は，オーストラリアが多文化国家として歩むうえで大きな影響を及ぼしてきた。また，戦後の経済成長や社会福祉制度の整備により，平等で安定した社会を構築してきたが，近年では環境問題や先住民の権利など，新たな課題も浮上している。このようにオーストラリアの政治は，国内外の影響を受けながら，独自の政治・社会モデルを歴史のなかで形成してきたのである。

📖 おすすめ文献

①鎌田真弓編，2021，『大学的オーストラリアガイド——こだわりの歩き方』昭和堂.
　広大なオーストラリアの姿を重層的・多面的に描き出し，国境で分断されている既存の地域概念の再考をも問いかけている。

②藤川隆男編，2004，『オーストラリアの歴史——多文化社会の歴史の可能性を探る』有斐閣.
　アボリジナルの歴史から現代まで通して書かれているオーストラリア史。図版やコラムが多く読みやすく，用語辞典を CD-ROM で提供している。

【注】

1) 任命制による立法評議会の設立，ヴァンディーメンズランドの分離，司法制度などの改正，囚人の受け入れの増加，牧畜産業の奨励なども提言している。
2) 戦後5年間14の特定分野の立法全権を連邦議会に与えるかが問われた。
3) 優先順位付き連記投票制（preferential voting）によるもので，連邦レベルでは1918年から実施。候補者の一覧に優先順位をつけて投票し，1人の候補者が絶対多数を獲得するまで最小得票の候補者の票の再分配を繰り返す。
4) 協約で決められた最低賃金に加え，能率給も支払われる賃金。
5) 2023年現在，イギリスでは不法入国者を，デンマークでは難民申請者をルワンダに送る計画が，イタリアでは難民申請者や移民を一時的に収容する施設をアルバニアに建設する計画が公表されるなど，欧州各国にも影響を与えている。
6) ラテン語で，国際法では誰も住んでいない地域や，住民が政府組織を発展させず，土地を改良し耕作していない地域を指す。

コラム1 オーストラリアの国旗と国歌

国 旗 1992年にキーティング首相が共和制移行を提案すると，これに反対する野党自由党・国民党の議員は，議場の机にオーストラリア国旗の小旗を置いた。キーティングは国旗の変更には言及していなかったが，共和制の提案が国旗の変更につながるとのメッセージであった。当時の世論は共和制への支持が高く，自由党内にも共和制に賛成する議員がいる一方，現行国旗への支持は高いとの計算もあった。オーストラリアの国旗は，1953年の国旗法によって法的に位置づけられた。国旗法は，1998年にハワード政権下で国旗を変更する場合は全有権者による投票で過半数の支持が必要とするよう改正された。国旗に加え，オーストラリアでは6州2地域の旗，アボリジナルの人々の旗，トーレス海峡島嶼の人々の旗の合計11の旗が公式な旗とされている。

国旗と6州の旗は，英国の植民地であったという歴史を背景に英国国旗が1/4を占めている。こんにち，英国国旗の一部を国旗としている国は，オーストラリアのほかニュージーランド，フィジー，ツバルの4カ国のみであり，ニュージーランド国旗と間違えられたという話も（都市伝説の類かもしれないが）存在する。先住民にとって侵略者の表象であり，英国にルーツをもたないオーストラリア人が増えるなか，現在の国旗は植民地時代へのノスタルジーにすぎないとの声もある。ただし，国旗を変更することは，カナダのような成功例（1965年）はあるものの，ニュージーランドの失敗例（2016年）が示すように困難である。人々の好みや価値観が多様化している現代の市民社会において，圧倒的な支持を得ることができるデザインに到達することは難しい。オーストラリアで新たな国旗に変更するとなれば，先住民や多文化主義社会を表象するものが必要であると思われる。様々な提案はあるもののどれも決め手に欠く。

国 歌 現在のオーストラリア国歌 "Advance Australia Fair" は，1973年から10年余りの紆余曲折を経て，1984年に国歌として宣言された。それまでの国歌は英国国歌の "God Save the Queen (King)" であり，オリンピックの表彰式でも1972年のミュンヘン大会までこの曲が使用されていた。ウィットラム政権は，1974年に統計局を通じた大規模な調査で過半数の支持を得た "Advance Australia Fair" を新たな国歌と宣言した。翌年政権に就いたフレイザーは，国民的愛唱歌 "Waltzing Matilda" を国歌とすることを望んでいたとされ，いったんウィットラムの決定を覆し，1976年のモントリオールオリンピックの表彰式で "Waltzing Matilda" を流す手配を整えた。しかしオーストラリアは，この大会で金メダルゼロという惨敗を喫し，これは実現しなかった。結局フレイザーは，1977年5月に行われた憲法改正投票の際，国歌に関する任意の投票を4択で実施し[1]，1位となった "Advance Australia Fair" が1984年にホーク労働党政権下で正式な国歌として宣言された。

第Ⅰ部　基礎知識

オーストラリア国旗

トーレス海峡島嶼民の旗，オーストラリア国旗，アボリジナルの人々の旗（左寄り）

出典：筆者撮影。

"Advance Australia Fair"は，1878年にスコットランドからの移住者によって作詞・作曲された曲の一部を国歌としたものであり，たとえばgirtのように現在では使われない単語があるなど揶揄されてきた。著者が初めてオーストラリアを訪れた1987年，ほとんどのオーストラリア人が国歌の歌詞を知らないということがTVのコメディ・スケッチになっていた。1993年になっても，選挙前のTVインタビューのなかで野党党首ジョン・ヒューソンは，自由党が（国旗をデスクに飾るほど）愛国的ならばこの場で国歌を暗唱するよう促され，途中で詰まるほどであった。

こんにちではそのような光景はみられないが，この曲には先住民への配慮がないと指摘されている。"For we are young and free"の一節は，先住民の歴史が6万5000年とすればyoungという表現は適切ではない。全人口の3％強の先住民が受刑者の約30％を占めノーザンテリトリーの少年院に収監されている若者の100％が先住民である現状を鑑みるとfreeとは言い難い。2番の"For those who've come across the seas, we've boundless plains to share"は，移民・多文化主義社会を示しているといえるかもしれないが，そもそもその土地は誰のものかという問題にぶつかる。2021年にYOUNG and freeはONE and freeに変更されたが，根本的な問題は残っている。

ニュージーランドでは，"God Defend New Zealand"と"God Save the Queen (King)"の2曲が国歌とされているが，1977年以降セレモニーで使われているのは前者である。この曲も19世紀後半にアイルランドからの移住者によって作詞されたが，曲の完成とほぼ同時にマオリ語の歌詞が作られた。特に今世紀に入ってからはマオリ語の歌詞と英語の歌詞をセットにして演奏されている。オーストラリアでは，2020年12月にシドニーで行われたオーストラリア（ワラビーズ）対アルゼンチンのラグビーテストマッチにおいて，アボリジナルの歌詞と英語の歌詞を歌う試みがなされた。イオラ民族の高校生オリヴィア・フォックスとともに1週間かけてイオラ語の歌詞を練習したワラビーズのメンバーが熱唱する光景は感動的であったが，多くの言語集団からなるオーストラリアの先住民は，単一言語のマオリとは異なる。"Advance Australia Fair"にまったく新たな歌詞を付ける試みもなされているが，もう一度国歌の人気投票をやってみるのはどうであろう。1990年代以降の新たな国民的愛唱歌である"I Am Australian"が大きな支持を集めるのではないだろうか。

【注】
1) 選択肢は，Advance Australia Fair, Waltzing Matilda, Song of Australia, God Save the Queenであった。

第2章　地　理

▶唯一無二の自然環境と特色ある産業構造はいかにして作られたか？

　初めてオーストラリアに旅行で訪れる人は，空港の入国審査の際に果物などの生鮮品はもちろん，乳製品，肉製品，麦わら帽子や，さらには泥の付着した靴などの持ち込みがないかを警告する看板（"Declare it to Quarantine or dispose of it here"）があちこちに掲示してあることに戸惑うかもしれない。きちんと申告をすれば持ち込めるものも多いが，逆に，税関検査で上記のものが申告なしの状態で見つかった場合には高額の罰金が科せられることになる。ここまで厳しい検査が行われている理由は，コアラやカンガルーなどの固有種が多い独特な生態系を守るためである。また，1950年代までは旧宗主国のイギリスとの結びつきが強かったが，近年では地理的に近いアジア経済圏への接近が顕著である。現代オーストラリアの特徴を紐解くため，まずはオーストラリアの地理的な特徴をみてみよう。

1　オーストラリアの自然環境

　オーストラリアは1つの大陸に1つの国しか存在しない世界で唯一のケースである。「世界最大の島」とも，逆に「世界最小の大陸」とも呼ばれる。国土面積は約770万km^2に及び，これはアラスカ州を除くアメリカ合衆国（約811万km^2）に匹敵する大きさ，そして日本の約20倍の大きさである。

オーストラリアの「1人旅」と特殊な自然環境

　現在の地球上の5大陸がまだ1つの大きなパンゲア大陸だった1億5000万年以上前には，オーストラリアもその大陸の一部であったが，その後，約9000万年前に南極とともにパンゲア大陸から分離し，さらに約5500万年前には南極大陸とも分離した。それ以降は，オーストラリア大陸は他の陸地と衝突することなく，まるで「1人旅」のように移動を続けた。オーストラリア大陸の位置は，現在よりも20度から30度近く南に位置していた時期が長かったため，かつてのオーストラリア大陸の大部分は湿潤な森で覆われていた時期があり，この

時代に様々な生物が独自の進化を遂げた。その後、オーストラリア大陸は北上して現在の位置へ移動したが、この位置は地球上で最も乾燥の激しい亜熱帯高圧帯の影響を受ける緯度帯である。その結果、オーストラリア大陸の乾燥が厳しくなり、内陸の大部分が砂漠へと変化してしまった。しかし、後述するように、こうした厳しい乾燥は、オーストラリアの固有の動植物相を生み出すことになった（堤 2018a）。

オーストラリアの地形・地質

　大陸の東側には2000km以上にわたって連なるグレートディヴァイディング山脈が南北に走り、大陸の中央から北西にかけての一帯は砂漠が広がり、その面積は国土全体の約2/3に相当する（図2-1）。グレートディヴァイディング山脈の南東部に、オーストラリアの最高峰であるコジオスコ（Mt. Kosciuszko）山（2228m）がある。ここは冬季には積雪もみられ、辺り一帯はオーストラリアアルプス（Australian Alps）と呼ばれている。オーストラリアアルプスを水源とする河川はいくつかあるが、どれもみな積雪とその雪解け水のおかげで豊かな水量を誇っている。乾燥の激しいオーストラリアにとっては、オーストラリアアルプスの周辺は、まさに貴重な水源となっている。オーストラリアアルプスのニューサウスウェールズ州側はスノーウィーマウンテンズとも呼ばれ、積雪の多い冬季はスキーを楽しむ人々が集まるリゾートがあり、暖かい季節にはハイキングや乗馬、カヤックや釣りを楽しむ人々が集まる観光地になっている。

　オーストラリア大陸は、大きなオーストラリアプレートのほぼ中央に位置しており、ほかのプレート境界から数千km離れている。このため、地震の揺れそのものによる被害をほとんど受けることのない安定した地質構造をもっている。北側のユーラシアプレート側ではインドネシア、東側の太平洋プレート側ではパプアニューギニアやニュージーランドなどが位置し、マグニチュード8を超えるような大地震がたびたび発生して甚大な被害に見舞われることとは対照的である。

　オーストラリアは地質構造が安定しているため、日本やニュージーランドでみられるような激しい地殻変動が過去にほとんどみられなかった。そのため、古い地質構造で知られるグレートディヴァイディング山脈を除けば、大陸の大部分は起伏の少ない平地かなだらかな丘や高原が広がっている。オーストラリ

第2章 地理

図2-1　オーストラリアの位置と地形

出典：*Pearson Atlas*, Pearson Education Australia, 2006.

アの大部分の地域には雨雲を遮る高い山脈がなく，雨雲はオーストラリアに雨をもたらすことなく海上に出てしまうことが多い。また，オーストラリア大陸が位置する南緯10〜45度の範囲のうち，特に南回帰線を挟んだ南緯20〜35度のあたりは亜熱帯高圧帯とよばれる雨の少ない乾燥した緯度帯に相当する。オーストラリアの内陸の広大な砂漠が広がっている理由は，地形上の特徴から降雨につながりやすい山沿いの土地がほとんどないこと，また，地球上で最も雨の少ない緯度帯に位置していること，といった複数の理由が重なって極端に雨の少ない地域になっているためである（堤 2018b）。

オーストラリアの気候

1つの国で1つの大陸を「独占」しているのはオーストラリアだけである。オーストラリアは広大な国土をもつため，気候は多様である。

北部のダーウィンとケープヨーク半島北部は熱帯気候区に属し，雨季（夏季）と乾季（冬季）がはっきりしたサバナ気候である。そこから東海岸に沿ってケアンズ周辺のクインズランド州北部は1年を通して雨が多く降る熱帯雨林気候である（図2-2）。ケアンズの郊外に広がるキュランダ国立公園は，観光

図2-2 オーストラリアの気候

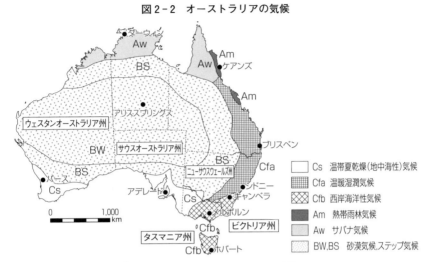

出典：*Jacaranda Atlas*, 6th Edition, John Wiley & Sons Australia, 2007.

用の列車（Kuranda Scenic Railway）に乗って豊かな植物相を楽しむ人たちからの人気が高い。クインズランド州南東部とニューサウスウェールズ州の東部は，最も過ごしやすい温暖湿潤気候である。たとえばシドニーの年平均気温は約18.1度，年降水量は1200ミリほどであるが，これは日本でいえば瀬戸内海沿岸の岡山や松山などの気候に近い値である。オーストラリアの東海岸に沿って南下すると，ヴィクトリア州やバス海峡を挟んで対岸に位置するタスマニア島などは，降水量には比較的恵まれるが気温がやや下がり，西岸海洋性気候となる。これは，西ヨーロッパの大部分が属する気候帯と同じである。

エルニーニョ現象とブッシュファイアー

エルニーニョ現象とは，太平洋赤道域の日付変更線付近から南米沿岸にかけて海面水温が平年より高くなり，その状態が1年程度続く現象である。逆に，同じ海域で海面水温が平年より低い状態が続く現象はラニーニャ現象である。オーストラリアの気候にとって大きな影響が及ぶのは，特に，エルニーニョ現象が顕著なときである。エルニーニョ現象は3～8年おきに起こり，ひとたびこの現象が発生すると，オーストラリアは深刻な旱魃に見舞われることが多い。エルニーニョ現象により南米沿岸にかけて海面水温が平年より高くなる

図2-3 オーストラリアにおけるブッシュファイアーの発生時期

出典：*Pearson Atlas*, Pearson Education Australia, 2006.

と，オーストラリア周辺の海水温との差が小さくなる。このことは，海面水温だけの変化にとどまらず，地球上の大気の大循環にも大きな影響を及ぼす。

前述のように，オーストラリアは地質構造的には極めて安定した大陸であり，大地震や津波の被害遭うリスクはほとんどない。また，サイクロン（熱帯低気圧）については，クインズランド州北部やウェスタンオーストラリア州北部の低緯度帯においてリスクはあるものの，南東部の人口密集地帯に甚大な被害を及ぼすことは稀である。このようななか，オーストラリア国民にとって最も「身近な」自然災害はブッシュファイアーである。

図2-3に示すように，図中の1～5の文字は，いつブッシュファイアーが起きてもおかしくない季節を表している。南半球が夏を迎える12月末には，南緯23.4度の南回帰線の位置を基準として，そこから20～30度南側が亜熱帯高圧帯の影響を強く受ける。南緯40度前後のヴィクトリア州とタスマニア州では1～3月，少し緯度が北に相当するニューサウスウェールズ州では1か月ほど早

25

い12〜2月，南回帰線の近くでは9〜12月あたりが最もブッシュファイアーの危険性が高い時期である。

このようにオーストラリアでは，夏の最も暑い時季に，地球上で最も雨の少ない気団の影響を受けてしまう。通常の年であれば東海岸の沿岸は比較的雨に恵まれるが，エルニーニョ現象の影響を受ける年は雨が極端に少なくなるため，夏の高温と乾燥が厳しくなる。人口密集地のシドニー〜キャンベラ〜メルボルンなどのオーストラリア南東部は，雨の少ない年の夏は常にブッシュファイアーの危険性と隣り合わせである。このように，ブッシュファイアーは，夏季に高温・乾燥の気象条件になりやすいオーストラリアでは，最も身近で起こりうる自然災害といえる（堤 2020）。

頻発するブッシュファイアー

ブッシュファイアーは，まさに野山を焼き尽くすものである。ひとたびブッシュファイアーが起こると，ほとんどの動植物は焼け出されて逃げ出すか，死滅するかのいずれかである。しかし，オーストラリアの森ではどこでも見かけるユーカリの木（呼び名は Gum tree や Eucalyptus，総称して Mountain Ash など）およびバンクシアなどのいくつかの耐乾性の植物は，ブッシュファイアーに関して他の植物と事情が異なる。それは，ユーカリやバンクシアはブッシュファイアーの手助けを借りて子孫を残す特徴があることである。

ブッシュファイアーは，長時間留まって一カ所を焼き尽くすというよりは，斜面を駆け下りながら高速で移動するものである。このブッシュファイアーに晒されている時間だけ種子を守ることができれば植物は子孫を残すことができる。ユーカリの木は，種子を包む固くて熱に強い殻をもっており，ブッシュファイアーの火勢を耐え凌ぐことができる。ブッシュファイアーの後の殻（seed pod）からは，1ヘクタールあたり推定で20万〜25万粒のユーカリの種子が播かれた状態になる。約60％はアリのエサとなるが，残りは自然界のなかで発芽して成長してゆく。ユーカリの種のなかには，ブッシュファイアーで焼かれなくても発芽するものもあるが，ほとんどのケースにおいて，高木に阻まれて十分な日照を得られなかったり，森のなかの菌類・微生物の環境に適応できなかったり，昆虫類に捕食されたりといった理由から，ユーカリだけが優先的に拡大することはできない。ブッシュファイアーにより「焼畑」の環境が作り

出され，動植物相が一度「リセット」された森に放たれる新たな種子から，ユーカリは子孫を拡大させている。これは，まさに，驚くべきユーカリの生存戦略である。オーストラリアの森はユーカリばかりが目立つ印象があるが，それはほかでもない。かつてその森がブッシュファイアーを経験した「証拠」である（堤 2018a）。

洪水被害

オーストラリアは干ばつに悩まされることが多い反面，広い国土ゆえに，亜熱帯高圧帯から外れる地域では雨に悩まされることも珍しくない。夏季にシドニーやメルボルンなどの大陸南東部がひどい乾燥ゆえにブッシュファイアーが頻発する一方で，北部のクインズランド州では大雨によって洪水被害が同時に発生する。また，上述の通り，亜熱帯高圧帯は季節的に移動するため，乾燥の時期が過ぎると今度は雨が比較的降るようになる。局地的に雨が集中して降った後には，道路のあちこちが洪水によって冠水し，しばらく通行不能になる。幹線道路であっても，洪水の危険性が予想される場所には "This road subject to flooding" という標識が掲げられているのをあちこちで見かける。

固有種の発達

ユーカリの葉には毒素があるため，カンガルーをはじめとする草食動物に食べられることはない。そんななか，コアラはユーカリの毒素を解毒できるように進化した動物である。ユーカリの森が優勢なオーストラリアの森林において，その葉を独占できるコアラはまさに，乾燥の厳しいオーストラリアの環境に適応した動物である。

代表的な有袋類であるカンガルーの妊娠期間は1カ月程度と短く，子どもは体長わずか数センチメートルの段階で生まれ，母親のお腹の袋のなかで育てられる。こうした子育て方法は，乾燥の厳しいオーストラリアにおいて，母体への影響が最低限に抑えられる優れた方法である。カンガルー以外にも，コアラやウォンバット，タスマニアデビルやポッサムなど，オーストラリアの固有の哺乳類動物のほとんどが有袋類である理由がここにある。オーストラリア以外の大陸では有袋類はほぼ皆無であり，哺乳類のほとんどは有胎盤類といわれる。有胎盤類の妊娠期間は有袋類に比べて長く，子どもは母親の胎盤を通して栄養を供給され，親と似た形になるまで母親の子宮のなかで大きく育てられて

から生まれる。子孫を残すという生物学上の理由からは，世界的には有胎盤類の方が進化を遂げたといえるだろう。しかし，オーストラリアでは哺乳類のほとんどが有袋類であるという事実は，乾燥の厳しいオーストラリアの自然環境下においては，有袋類の繁殖方法の方が有胎盤類よりも優位に作用した結果といえる（堤 2018a）。

2 オーストラリアの人文・社会環境

オーストラリアの都市と人口

　オーストラリア全土の人口は2021年の最新のセンサスによれば約2542万人である。しかし，オーストラリアがまだ白豪主義を堅持していた1969年には1226万人，グローバリゼーションによる都市再開発ラッシュが訪れる前の1989年には1681万人にすぎなかった。1969年からの40年余りで約1.8倍に，また，1989年からのわずか20年余りで500万人も増えた人口の多くはシドニー，メルボルン，ブリスベン，パース，アデレードの大都市圏に居住している。こうしたオーストラリア全体の人口の急速な増加に大きく寄与してきたのは移民である。オーストラリア人の大多数は，過去約200年間に200ほどの国と地域からやってきた移民（migrant）か，その子孫である。人口の約半分は移民1世の増加による直接的な人口増加であり，残りの半分を占める自然増加においても，オーストラリアで生まれた移民2世や3世の増加といった間接的な影響も大きい。1950年代頃までは，オーストラリアへの移民の出身地の大多数はイギリスとアイルランドからであったが，それらは1960年代頃から急減した。それに代わって，1950年代から1960年代にかけて東欧系（特に，旧ユーゴスラビア系），イタリアやギリシアなどの南欧系移民が急増した。1970年代に白豪主義が撤廃されると，インドシナ難民を含む東南アジア系移民が急増した。1990年代後半にかけては移民の出身国はさらに多様化し，インドやスリランカなどの南アジア，中東諸国，中国・韓国などの東アジアからの移民も増加した。2007年以降には中東諸国やアフリカ諸国からの移民も増加している。人口の自然増加率は停滞傾向が確認できるが，近年では移民による人口増加率が再び拡大しており，年によっては数十万人以上というペースで移民が増加し続けているのが現

代オーストラリアの特徴である。

　オーストラリアでは移民の出身国がヨーロッパのみならずアジアを含めて多様化したことは，急速な人口増加に大きく寄与することとなった。その一方で，オーストラリアという国が地球上の地理的位置に相応して，名実ともにアジア・太平洋地域の国家となったプロセスととらえることもできるだろう。急速な「アジア化」による多文化化の進展は，寛容な雰囲気を醸し出す効果があると考えられる一方で，オーストラリア社会に様々な社会問題を発生させているという指摘もある。

　オーストラリア最大の都市は人口523万人を数えるシドニーである。僅差でシドニーに次ぐオーストラリア第2の人口（492万人）を数えるメルボルン，さらにはブリスベン，パース，アデレードの各都市の成長も著しい。観光地として名高いゴールドコーストは，5大都市に次ぐ人口6位（人口69万人）の都市であり，首都キャンベラは人口約49万人で国内8位である。タスマニア州の州都であるホバートの人口は23万人で13位，日本人観光客も多く訪れるケアンズは人口15万人で15位，ノーザンテリトリーの中心都市ダーウィンの人口は13万人で17位である（人口はいずれも2021年）。

　オーストラリアの主な都市は，ノーザンテリトリーの内陸都市であるアリススプリングスと首都のキャンベラを除けば残りの主要都市は海岸部に面している（図2-4）。特に，ブリスベンの北側のサンシャインコーストからメルボルンにかけての一帯には人口規模上位10都市のうちパースとアデレードを除く8都市が集中している。大陸東部は温暖湿潤気候に恵まれており，温かい気候を求めてイギリスやアイルランド，さらにはニュージーランドから高齢者がロングステイに訪れている。また，オーストラリア国内においても，退職後に大陸の東部の温暖な気候の土地に移住する者も多い。

　シドニー，メルボルン，ブリスベン，パース，アデレードはそれぞれ州都であり，1901年のオーストラリア連邦成立以降，人口を増加させてきた。かつては周辺農村から集められた農畜産物の集散地として，近年では都市的産業の集積地として各州内の最大の中心地として機能している。これら5大都市に加え，首都のキャンベラも含めた6都市は高等教育機関や就業機会にも恵まれることから，これらの6都市の（大）都市圏には外国から多くの留学生や移民が

第Ⅰ部　基礎知識

図2-4　オーストラリアの主な都市

出典：筆者作成。

集まってきている。

　こうした主要都市を除けば，残りは広大な農村地帯の中に数十kmおきに人口数百〜数千程度の中小都市が点在するのがオーストラリアの人口分布の特徴である。主要な道路（ハイウェイ）が交差する地点では，ニューサウスウェールズ州のブロークンヒル（Broken Hill，人口1万7588人，2021年）やヴィクトリア州のホーシャム（Horsham，人口1万6985人，2021年）のように，内陸の農村地帯においてひときわ中心性の高い中規模都市もみられる。そのほか，砂漠の真ん中においても，金・銀・銅やダイヤモンド，亜鉛やレアメタルなどの鉱脈が見つかった場合は，鉱業開発に特化した町が形成されるのがオーストラリアの特徴である。こうした「鉱山集落」には，近郊の大都市または中規模都市から電気に加えて水やガスのパイプラインといったライフラインを引っ張ってくる。こうした「鉱山集落」は，鉱産資源が豊富なウェスタンオーストラリア州

やクインズランド州に多い。なかでも最大のものはウェスタンオーストラリア州のピルバラ地区の鉄鉱石鉱山の集落である。鉄鉱石の鉱脈は，インド洋上の港町であるポートヘッドランドやダンピアなどの町から500kmほど内陸部にある。1960年代に開発を始めた当時の人口は，ピルバラ地区全体で3000人にも満たなかったが，鉄鉱石積み出しのための専用鉄道が敷設され，内陸の鉱山集落で働く人のための様々な施設が整備された結果，現在ではピルバラ地区全体で5万人を超す人々が「鉱山集落」に暮らしている。その他にも，アデレードからアリススプリングスを通りダーウィンにかけて大陸を縦断するルートがある。道路だけでなく鉄道も開かれたこのルートには，一定の距離ごとに小都市が連なっている。ここはオーストラリアにとって開拓当初から，また現在でも通信と運搬の主要なルートであるため，人々の往来と通信を確保する保守点検に従事する人が暮らしている。こうした小都市の中には，人口が10人以下という都市とは呼べない小集落があるのも，オーストラリアらしい特徴である。

雨に強く規定される農業

　図2-5は，オーストラリアの主要な農業地帯の分布を表している。この図によれば，北部から内陸部にかけて放牧牛が広く分布し，その隣には放牧の羊（毛取り用）が分布している特徴がわかる。その他，集約的な牧羊（毛肉混用）や酪農などが広がっている様子がみてとれる。そして，こうした農業分布は，前節の気候分布と対照してみると，オーストラリアの農業分布が，気候条件（特に降水量）に強く規定されていることがわかる。

　こうした，いわば「定番」の解説はさておき，ここではオーストラリアの歴史に照らして，農業移民として入植した開拓農民の視点からこの農業地帯分布をみてみたい。前述の通り，ゴールドラッシュが始まるまでは，移民の大半はイギリスやアイルランドからの農業移民であった。イギリスの対蹠点にも近い，いわば地球の真裏に当たる長旅の末，移民たちは南の大地で自給自足の生活を作り上げるために土地を開拓して行った。イギリスの植民地に共通することだが，上陸拠点となる港湾を選定し，港湾の周りに重要な施設や設備を配置して港湾都市を作り上げる。シドニーやメルボルン，アデレードなどはこうした港湾都市の典型例である。都市の周辺には，酪農や果物・野菜栽培地域が広がっており，さらに郊外になると小麦栽培と羊（毛肉混用）の飼育がみられる

第Ⅰ部　基礎知識

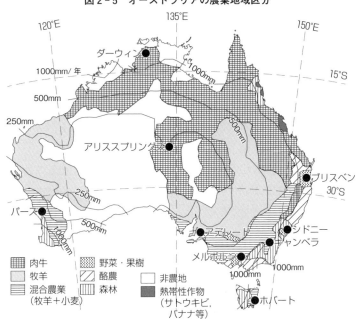

図2-5　オーストラリアの農業地域区分

出典：*Jacaranda Atlas*, 6th Edition, John Wiley & Sons Australia, 2007.

ようになる。これらの分布パターンは，パンとバター・チーズとジャム，そして肉類といった食卓に欠かせない食品を，都市近郊農業として都市の近くで優先的に生産してきた結果とみることが自然である。雨が少なく乾燥の厳しいオーストラリアにおいて，シドニー，メルボルン，ブリスベン，パース4大都市および首都キャンベラはみな，比較的雨に恵まれる地域に位置している。人口100万人を超える大都市のなかでは唯一アデレードだけは年降水量が500ミリ前後の乾燥が著しい地域に位置している。そして，年降水量が500ミリを切ると，自然の雨だけでは農作業は不可能であり，灌漑設備を導入しない限り，作物を育てる農業は事実上困難である。そのため，降水量が500ミリを切るラインを境に羊（毛取り）が採用され，最も内陸になると放牧の牛が分布している。このように，実際に移民たちのライフスタイルの視点から考えてみると，面積的に広い放牧牛や放牧羊（毛取り）は，他の作物が栽培できないがゆえに消極的に選ばれた農業であることがみえてくる。

図2-6 オーストラリアにおける羊毛生産 (1983〜2022年)

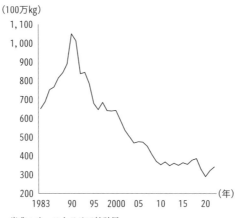

出典：オーストラリア統計局。

もはや「羊の背中に乗った国」ではない？

　オーストラリアに入植した農業移民にとって，羊の飼育はとても重要であった。それは，イギリスで発達した機械式羊毛工業の原材料として，オーストラリア産の羊毛が重宝されたからである。冬は寒冷となるヨーロッパにおいて，オーストラリア産の良質で大量の羊毛は重要な存在となった。イギリス中東部のペニン山脈東側ヨークシャーでは，オーストラリア産の羊毛を使ったメリヤスの下着，靴下，カーペット，タペストリーなどの製品が作られてきた。

　オーストラリアで飼育されている羊の約3/4はメリノ種である。1990年頃のピーク時にはオーストラリア国内において1億4000万頭程が飼育されていたが，フリースなどの安価な化学繊維の発達とともに飼育頭数は減少し，2020年現在ではピーク時の約半分の7000万頭程になっている（図2-6）。羊毛の生産は，1960年代頃まではオーストラリアの農業生産額の50％以上を占めており，たしかにオーストラリアを代表する農産物であったが，小麦や牛肉などの生産量の増大に加え，野菜や果物の生産も増加しており，現在では羊毛生産はオーストラリアの農業生産額の4％を占めるにすぎない。かつてはオーストラリアの代名詞ともいわれた「羊の背中に乗った国」であったが，現在のオーストラリアにその面影はほとんどみられない。

3 オーストラリアの貿易構造の変化と脱炭素化への動き

鉱産資源の輸出国からの変貌――変わる貿易パターン

オーストラリアは鉱産資源に恵まれ，石炭や鉄鉱石，ボーキサイトに加え，金や銅，ウラン，レアメタル，レアアースなどの世界的な生産・輸出国としての地位を保っている。オーストラリアは1960年代まではイギリスとの経済的結びつきが強かったが，1970年代以降は日本との貿易が拡大し，2000年代以降は中国との経済的結びつきが強まっている（図2-7）。

一方，地球温暖化対策への関心の高まりから，近年では石油・石炭に比べて大気汚染物質の排出が少ないクリーンなエネルギーとしての液化天然ガス（LNG）の生産量が増えており，距離的に近い日本・中国・韓国など東アジアの国々への輸出が伸びている。資源開発の場所は内陸部や海上などであり，生産・輸送・輸出にかかわる様々なインフラ整備が必要である。1960年代以降に活発化した資源開発には日本企業も多く参加してきた。2000年以降は中国企業からの投資や合弁のプロジェクトが増え，取扱量も増加した結果，鉄鋼需要の変動など中国の景気動向がオーストラリアの経済に大きな影響を及ぼすようになっている。

図2-7 オーストラリアの主要貿易相手国

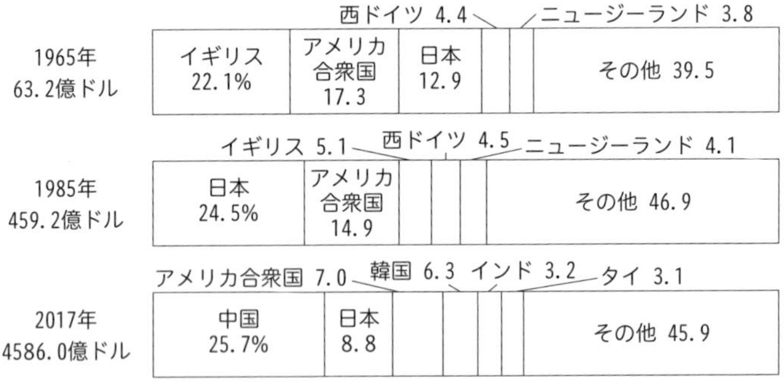

年	総額	1位	2位	3位	4位	5位	その他
1965年	63.2億ドル	イギリス 22.1%	アメリカ合衆国 17.3	日本 12.9	西ドイツ 4.4	ニュージーランド 3.8	その他 39.5
1985年	459.2億ドル	日本 24.5%	アメリカ合衆国 14.9	イギリス 5.1	西ドイツ 4.5	ニュージーランド 4.1	その他 46.9
2017年	4586.0億ドル	中国 25.7%	日本 8.8	アメリカ合衆国 7.0	韓国 6.3	インド 3.2／タイ 3.1	その他 45.9

出典：国連貿易統計。

さらに，近年のカーボンニュートラルの新しい動向として，世界中で動き始めた水素シフトの最先端をオーストラリアは走っていることが挙げられる。広大な陸地，高い晴天率がもたらす日照，人口密度の低い海岸部の強風を活かし，太陽光や風力で発電した電力を使ってオーストラリアでは水を電気分解して作る「グリーンな水素」に加えて，石炭から水素を取り出す「ブルーな水素」生産も行われている。この方法は，水素を取り出す過程で二酸化炭素を排出するものの，既存の石炭産業のインフラを活かしつつ水素シフトを実現する方法として持続性が高いと言われている。オーストラリア発のイノベーションからは目が離せない。

おすすめ文献
①堤 純編，2018，『変貌する現代オーストラリアの都市社会』筑波大学出版会．
　　本書では，詳細な聞き取り調査による質的・定性的な分析と，GIS（地理情報システム）と各種統計による客観的・定量的な分析から，多文化社会の成功事例として取り上げられることの多いオーストラリア都市社会が解説されている。
②宮崎里司・樋口くみ子編，2018，『サスティナビリティ・サイエンスとオーストラリア研究——地域性を超えた持続可能な地球社会への展望』オセアニア出版社．
　　本書は，持続可能な地域社会とオーストラリア研究をテーマに，「地球システム」「社会システム」「人間システム」の観点から，現代オーストラリア社会の課題が解説され，それぞれの問題の解決に向けた示唆を提供している。

第3章 多様性と社会
▶ オーストラリアは誰の国か？

> オーストラリアは，白豪主義政策を廃止して半世紀が経ち，移民第1・2世代が占める割合が増え続けている。様々な国から来た移民たちはオーストラリアの経済成長を支える原動力でもあり，政府はそんな人々を受け入れる仕組みを整えている。オーストラリアが多文化社会として進展するなかで，数万年前からオーストラリアに暮らし，独自の文化を育んできたアボリジナル・ピープル（先住民）の存在感もまた，高まっている。一方で，英国系の白人中心だった以前の社会を理想とする保守的な勢力もおり，社会に分断が生まれる可能性も根強く残っている。

1 多文化社会のオーストラリア

1 「4人に1人が外国生まれ」の国

オーストラリアといえば，英国系の人たちが多く住む白人の国。そんな印象をもっている人も多いだろう。だが，シドニーやメルボルンなどの大都市の中心部を歩けば，その印象は覆される。アジア系や中東系，アフリカ系などとみられる人たちの姿が，意外なほど目立っていることに気づく。

5年に1度の国勢調査の結果からも，それは裏付けられる。執筆時点で最新の2021年の国勢調査のデータによると，人口の29.3％が外国生まれである。自身はオーストラリア生まれだが，両親のうち，少なくとも一方が外国生まれ，という「移民第2世代」（22.2％）も合わせると51.5％に上っている。

海外生まれの人たちの生まれた国・地域の上位5位までをみると，2023年6月の時点で最も多いのは旧宗主国の英国のイングランド（96.5万人）だが，インド（84.6万人），中国（65.6万人）と続き，隣国のニュージーランド（59.8万人）の次にはフィリピン（36.2万人）となっている。1971年には，イングランド生まれは84万人いたのに対して，インド生まれは，2万9000人，中国生まれ

は1万7000人であった。この半世紀の大きな変化が明らかである。

　全人口の5人に1人以上の560万人が，家では公用語の英語以外の言語を話している。

　このような数字からうかがえるのは，政府や政治家が自ら称するように，世界でも有数の「多文化社会」としてのオーストラリアである。

2　白豪主義から多文化主義へ
第二次大戦後に転換した移民受け入れ策

　18世紀後半以降，英国系の白人の入植者が多かったオーストラリアは，1901年に植民地の各州がまとまってオーストラリア連邦を成立させた。そのとき，連邦は，19世紀後半から各州が採用していた白人を優先する「白豪主義」政策を導入した。

　有色人種の移民は厳しく制限された。背景には，19世紀以降，ゴールドラッシュにわいたオーストラリアにやってきた中国系移民に対する危機感があった。移民制限法（Immigration Restriction Act）によって，オーストラリアへの移住を希望する人は，入国時に課される欧州言語の書き取りテストで合格しないと，入国を認めなかった。入国審査の担当者が課すこのテストは，「非白人」に対しては，不合格になるように難しい問題が出されたという。また，市民権付与法（Naturalization Act）では，アジア，アフリカ，太平洋諸島出身の人が原則として市民権を申請できなくした。

　有色人種を拒絶し，英国系を中心とする移民を受け入れる政策が転換していくのは，第二次世界大戦後である。大戦中，日本軍が北部ダーウィンを空襲し，オーストラリアに近いパプアニューギニアやソロモン諸島にまで侵攻してきた。このことは，安全保障上の大きな脅威と受け止められた。このとき，人口は約700万人だったが，大戦中の1944年，当時のカーティン首相は，他国から孤立する地理的な条件から安全保障を考えれば，オーストラリアには少なくとも3000万人が必要だと述べた。

　加えて，戦後の経済成長に必要な人材の確保，という意味でも，「人口を増やすか，国として滅びるか（Populate or Perish）」は，この時期の最大の課題となった。政府は年2％の人口増を目指し，そのうち半分を移民の受け入れで達

成しようとした。

　そのために，政府は，欧州から幅広く移民を受け入れ始めた。多くをイタリア，ドイツ，オランダ，ギリシャ，ポーランドなどからの人々が占めた。大戦で住む場所を失い，避難キャンプにいたような人々も受け入れた。

　1960年代になると，白人に限っていた移民の対象を広げていった。転機は，1967年に結んだトルコとの協定である。それまではキリスト教徒の移民が多かったのに対して，イスラム教徒の本格的な受け入れとなった。彼らの多くは製造現場で働く労働者となった。

　「非白人」を受け入れる動きは1970年代になって加速し，1975年までに白豪主義にかかわるすべての法制度が廃止された。その後，多文化社会を目指す方向が示された。

　相前後して，戦乱や政治的な迫害などを逃れた難民も受け入れてきた。1970年代から1980年代にかけては，内戦が激しくなったレバノンや，ベトナム戦争後の混乱が続いたベトナム，1990年代に入ると，内戦が起きた旧ユーゴスラビアの各国，2000年代以降には，ミャンマー，イラク，シリア，アフガニスタン，スーダンなどからの難民が増えた。

移民や難民を受け入れる仕組み

　移民や難民を受け入れる制度も整えられてきた。公共サービスを受ける場面での翻訳・通訳，就職や家探しの支援，医療福祉プログラムなど，連邦政府と州政府，地方自治体が，民間の支援団体と連携して行っている。

　とりわけ，十分な準備のないままやってくる難民たちには，「人道的定住プログラム」（HSP）として，やってきた直後に必要な支援をする。たとえば，政府の委託を受けてこのプログラムを実施する団体 Settlement Services International（SSI）が，イラクから妻と3人の子を連れて逃れてきた男性をモデルに示している支援の内容は，以下のような具合だ。

　1 日 目：アラビア語を話せるスタッフが，空港で出迎え，当面の住居に案内する。
　1〜2週目：男性は担当のスタッフと会い，家族1人ひとりの教育や仕事や家探しなどをどうしていくか，計画を立てる。スタッフの支援を受けながら，銀行口座の開設や，公的な医療保険や社会福祉サービス，英語教育プログラムの登録をする。

3週目：男性らは，オーストラリアの司法制度や権利，義務などについてのオリエンテーションを受ける。団体のスタッフと地域の支援グループが公共交通機関を使って国立公園などに案内して交流し，地域社会とのつながりをもってもらう。
1カ月目：スタッフの支援で，定住用の住居を見つける。男性と妻は，無料の英語プログラムを受け始め，子どもたちは地元の学校の英語集中プログラムで学び始める。
5カ月目：男性の英語が上達し，建設労働者として仕事をみつける。妻も職業教育コースを学び始める。
6カ月目：家族は，HSPプログラムを終了。SISは別の支援団体に男性の家族を紹介し，最初の5年間に追加で支援が必要な場合に，サポートを受けられるように手配する。

HSPのメニューにも含まれている移民の成人向けの「何時間でも無料」の英語プログラム（AMEP）も紹介してみよう。平日の朝から昼過ぎまで授業があり，週に20時間まで学べる。難民だけでなく，オーストラリア人と結婚して配偶者ビザを得た人なども対象になる。

政府の委託を受けてプログラムを提供しているシドニーの英語学校「ナビタス」によると，授業のなかでは，オーストラリアに定住をする際に日々の暮らしで必要な内容に重点が置かれている。たとえば――

- シドニー版の「Suica」といえる電車やバス用のカード「Opal（オパール）カード」。どう入手する？
- 携帯電話の請求書の読み方は？
- どうやって病院の予約をする？

英語が母語でない人たちにとって，こんな日々の生活で直面することを，英語でこなすこと自体が，大変だからである。上級クラスに進むと，オーストラリアでの典型的な給料明細の読み方の解説や，就職向けの模擬面接，履歴書の書き方といった内容もある。

オーストラリア社会との結びつきを強めるという狙いもある。英語を身につければ，出身国や母語が同じ人々が集まるコミュニティの外に出て，活動の幅を広げられる。そこに大きく貢献しているのは，AMEPを実施する英語学校に配置される「進路アドバイザー」の存在だ。英語を学ぶうえでの課題のほ

か，個人的な生活面での「困りごと」の相談を随時受け付け，関係する支援団体にもつなぐ。

移民は経済成長の原動力

政府は，AMEPで養成したい実践的な英語力を，「仕事で使える英語力」とも言い換えている。ここに，政府が移民に期待する大きな理由が端的に示されている。移民たちが，ますますオーストラリア経済を支える大切な存在になっているのである。

政府の2018年の報告書は，移民の受け入れが20年から50年までに毎年，GDP（国内総生産）の成長率で0.5～1ポイント貢献するとした。新型コロナ前の成長率は年2～3％だったから，決して小さくない。政府が求めるのは，とりわけ，特定の技能や仕事の能力をもつ人たちである。40代以下の若い世代が多い移民たちは，高齢化する社会に活力を与え，納税者としても期待されている。2022年に政権を握った労働党政権は，永住する移民の受け入れのレベルを年間で19万～19万5000人と設定している。

多文化社会をつくっていくために，移民や難民たちが自分たちのルーツ（文化，慣習，言語，宗教など）を維持することも重要視されている。公共放送の1つSBSでは2024年1月現在，英語以外で日本語も含む67言語でニュース記事やラジオ，ポッドキャストで情報を提供している。政府は1999年に毎年3月21日を，多様性を祝う「ハーモニーデー」に設定した。各州の学校教育のカリキュラムでも多文化教育が盛り込まれ，この日の前後には，学校で生徒たちが自分たちの民族衣装や文化，料理などを披露し合うイベントが開かれることが多い。

3 反動を繰り返しながら

極右政党が政界進出

2017年8月，オーストラリア上院の議場に，顔を含む全身を覆う黒いブルカ姿の女性が現れた。女性は右翼政党「ワンネーション」党首のポーリン・ハンソン議員で，「わが国の治安を考えて，ブルカを禁止にしないか。テロリズムは脅威だ」と政府側に質問した。ハンソン氏はイスラム教徒ではないが，欧米のようにイスラム過激派に感化されたテロの心配がオーストラリアでもあるこ

とと，イスラム女性がかぶるブルカを結びつけて尋ねたとみられた。議場は一時，騒然とした（⇒第**6**章）。

「反イスラム」の持論を繰り返すハンソン氏は，1996～98年に中国人を中心とするアジア系移民への反対を掲げて下院議員を務めた。その後，落選して政界からは離れていたが，2016年7月の両院解散選挙では，今度は「反イスラム」を主張してワンネーションを率い，同党から自身を含む4人が上院に当選した。その後の選挙でも上院に2人が当選している。

理想とするのは，英国系の白人たちが中心の白豪主義時代のような社会で，多文化社会を否定する。その主張は，欧米各国の右翼や，白人至上主義のグループとも重なり合う。このような主張をする政党が，少数派ながら，中央政界に人を送り込んでいる事実は，オーストラリア社会の一面を反映している。

2019年3月，隣国ニュージーランド南部のクライストチャーチで51人のイスラム教徒たちが犠牲になったモスクでの銃乱射事件の実行犯として，逮捕，起訴されたのは，オーストラリア人の男だった。男は，ネット上で流れる白人至上主義者の主張に洗脳されていた。

ボートピープルを拒否・国際社会の批判

少数派に対する不寛容な姿勢は，政治のメーンストリームでも，ときに顔をのぞかせる。

二大勢力の自由党・国民党連合と労働党の両政権とも，2000～10年代に，紛争や政治的な迫害などを逃れる理由で，オーストラリアへの上陸を試みたボートピープルの入国を拒み，太平洋の島国であるパプアニューギニアとナウルに設けた国外の収容施設に移送する政策をとった。その多くはイランやイラク，アフガニスタンなどからの人々で，特に，2013年7月以降にやってきた3000人余りの人々には，オーストラリアへの入国を永久に認めないとした。この政策については，島国での収容施設の生活環境そのものが劣悪で，「大多数の難民たちが行き場をなくしてしまう。身体的，精神的に傷つける対応である」（国連難民高等弁務官事務所＝UNHCR）などとして，国際社会からも非難を浴びた。

このような政権の対応には，ボートピープルに否定的な世論があった。歴代政権はUNHCRなどを介して年間1万数千人の難民を毎年受け入れているが，こういった難民の多くは空路からやってくる。これに対して，簡素な船で海か

ら移住を試みる姿に、人々のなかには「許可なく入国を試みる行為をしている」という印象をもつ人たちが少なからずいる。そんな世論を背景に、政権はボートピープルを「不法入国者」と表現し、入国を試みる意図を「経済的な機会を求めることが真の理由である」と説明してきた。

ただ、難民条約は、人々が迫害などを逃れて保護を求める切迫した状況を考慮して、不法入国を理由に受け入れを拒んではならないと定めている。国内外の非難も受けて、歴代政権は、アメリカやニュージーランドに受け入れてもらう道を開いた。

コロナ禍でのアジア系攻撃、「竹の天井」も

2020年からのコロナ禍では、新型コロナウイルスが発生したのが中国だったために、アジア系住民に対する差別も顕在化した。アジア系オーストラリア人連盟（AAA）は、2020年4月から2021年6月までの間に、国内で541件以上の差別事案を確認した。「中国へ帰れ」などと罵声を浴びせられだけでなく、ナイフで脅されたといったケースもあった。

そんな行為を戒めなければいけない政権も、差別的ともとれる対応をとり、議論を呼んだ。

新型コロナの流行初期の2020年2月、当時の自由党・国民党連合政権は、感染が広がる中国・武漢から自国民を退避させる帰国便を手配し、帰国後に14日間隔離した。大半は中国系の人たちだったが、隔離した場所はオーストラリア本土から1500キロも離れたインド洋の島。使われたのは、ホテルではなく、難民として保護を求める人たちが最初に収容される施設だった。

2021年5月には、インドに滞在していた人の入国を禁止した。違反者には最大で禁錮5年と罰金6万6600豪ドル（約650万円）を科す厳しい内容であった。しかも、その対象は、外国人だけでなく、自国民や永住者も含んでいた。そのとき、インドでは感染者が急増していたため、政権は水際対策を理由にしていたが、2020年末から21年初めにかけて英国や米国で感染が猛威をふるっていたときには、こんな措置はなかった。

いずれの対応にも、国内から批判の声が出て、前者の場合、コロナが流行する国から帰国する「第2便」からは、オーストラリア本土の宿泊施設へと一時隔離先を変更した。後者の場合は、発表の6日後に禁止措置を撤回した。

人々が働く現場では,「竹の天井」も指摘されている。女性の昇進を阻む状況を示す「ガラスの天井」を,アジアを連想させる竹を使ってもじった言葉で,アジア系が直面する障害を表現している。

政府の独立機関,人権委員会が2018年に出した報告書によると,国内主要200社の上級役員計1663人のうち,73％が英国・アイルランド系,そのほかの欧州系が21％を占めた。アジア系を含む非欧州系は,6％にすぎなかった。これに対して,人口比をみると,英国・アイルランド系は58％,そのほかの欧州系が18％,非欧州系が21％で,白人への偏りが見てて取れる。国会議員や中央官庁,州政府の最高幹部クラスなら,「英国・アイルランド系偏重」がさらに強まり,ほぼ8割を占めた。

2 オーストラリアは誰の国か──先住民からの視線

1 先住民めぐり国民投票

2023年10月14日,オーストラリアで,先住民をめぐる憲法改正の賛否を問う国民投票があった。オーストラリアの先住民,アボリジナル・ピープルの代表者が集まる組織「Voice（先住民の声）」を,憲法で定める組織として創設することに賛成するかどうか,と聞いた。先住民をめぐる国民投票は,国勢調査の対象に先住民を含める憲法改正案の賛否などを問い,賛成が圧倒的多数を占めた1967年以来であった。

Voice は,その名前が示す通り,先住民をめぐる様々な課題について先住民たちが自ら声を吸い上げて,国会や政府に提言する組織を想定していた。国民投票が行われることが固まった2023年初め以降,メディアは連日,この話題を報じ,街頭での集会や SNS 上で賛成派,反対派の双方が,活発に議論を繰り広げた。結果は,反対が60.1％,賛成が39.9％と否決されたが,その議論が投げかけたのは,「オーストラリアは誰の国か」「近代のオーストラリアの歴史とどう向き合うか」という,20世紀後半以降のオーストラリアで問われ続けているテーマである。

1770年,英国海軍のエンデバー号の船長として,オーストラリア東部の海岸に到達し,上陸したジェームズ・クックは,オーストラリアを terra nullius

(所有者のいない土地)と主張した。それが、その後、英国が領有を一方的に宣言し、1788年以降に入植を進めることにつながった。数万年前からオーストラリアに住み、独自の言語や文化をはぐくんできた先住民たちは、住み慣れた土地を追われ、入植者が持ち込んだ病気や、入植者たちとの衝突などによって、入植開始直後に推計30万～100万超いたとされる人口が、1920年代には約6万人に減った。

❷ 「盗まれた世代」と首相の謝罪

　先住民の苦難を象徴的に示すのが、20世紀に起こった「盗まれた世代」の被害である。盗まれた世代とは、先住民たちを「死に絶える人々」と見なし、子どもたちを白人と同化させてしまおうとする政府の施策の被害者たちで、1990年代に実態調査が進んだ。1997年の国家調査報告書『Bringing them Home』では、1910年から1970年の間に、先住民の子どもたちのうち「10人に1人から3人」が強制的に家族から引き離され、施設に入れられたり、白人家庭に養子に取られたりしたと結論づけた。身体的、性的な虐待を受けた人も少なくなかった。

　それから10年余りたった2008年、ラッド首相が、国会で謝罪した。盗まれた世代の傷や、家族の苦しみについて触れ、「ごめんなさい（We say sorry）」を3回（首相として、連邦政府を代表して、連邦議会を代表して）、繰り返した。

　政府として、「負の歴史」と向き合う動きは、国歌「アドバンス・オーストラリア・フェア」の歌詞の一部を変える、という形でも現れた。2020年1月、政府は歌詞の1番の2行目にある「We are young and free」を「We are one and free」と変えた。先住民の多くの人々にとって、「若い国」という表現は長年、受け入れがたいものだったからだ。

　一連の動きのなかで、先住民の側にみられる前向きな変化が、国勢調査に表れている。1967年の国民投票の結果を受けて先住民の数を調べるようになった1971年の国勢調査では、先住民の人口は約11万6000人で、全人口の0.99％であったが、50年後の2021年には81万3000人、全人口の3.2％に増えた。2021年の全人口は2542万人で、50年前に比べて、2.2倍に増えたのに対して、先住民人口の7倍増という変化は顕著である。

　国勢調査では、「先住民にルーツがあるか」と尋ねる質問がある。先住民の

人口は，この質問に対する回答に基づくが，どう答えるかは個人の判断による。自分が先住民であることで不利益や差別を受けるのであれば，先住民だとは言いたくない，という人もいる。過去にあったそんな心配が，当事者のなかに薄れてきたのではないか，という指摘が出ている。

積極的に「誇り」を取り戻す動きも出てきている。たとえば，入植の過程で多くの先住民の言語が奪われたが，これを復活させようという地道な取り組みが各地で進んでいる。

3 残る課題

オーストラリア版BLM

2020年6月6日，シドニーやメルボルン，ブリスベンなど，オーストラリアの主な都市で，人々が大規模なデモをした。報道によると，新型コロナウイルスの感染が広がる心配があるなかで，参加者はシドニーでは2万人，メルボルンでは1万人に達した。プラカードに書かれていたのは「Black Lives Matter（BLM，黒人の命は大切だ）」。その前月，アメリカでは，白人警官に押さえつけられた黒人男性が，「息ができない」と声を上げながら亡くなり，黒人への差別的な扱いの是正を求めるBLMのデモが起きていた。

オーストラリアでも，先住民たちが，ときに「ブラック」とさげすまれてきた歴史がある。シドニーでのデモの先頭に立った1人が，リートナ・ダンゲイという小柄な女性であった。息子のデイヴィッド・ダンゲイが，いわば，オーストラリア版のBLMを象徴する存在になっていたのだ。デイヴィッドは，刑務所で刑務官6人によって独房の床にうつぶせ状態で制圧され，亡くなった。アメリカの男性と同じように「息ができない」と苦しそうに何度も訴えたが，刑務官らは制圧を解かず，命を落とした。

先住民と向き合う社会の姿勢はこの半世紀，大きく前向きな方向に変わったが，このケースにみられるように，差別的な扱いや格差は，依然として残っている。

警察の勾留施設や刑務所にいる間や，警察の逮捕時に死亡するケースは「拘束中の死」と呼ばれ，特に先住民で目立つと指摘されてきた。政府の調べでは，1991年7月から2023年6月までに計545件。拘束中の死に占める先住民の

割合は28％超である。先住民の全人口に占める割合が3％であることを考えれば、その多さは際立っている。

非先住民との格差

格差は、保健、教育、雇用など、幅広く及んでいる。政府が2009年から公表を続けている報告書「Closing the Gap」の2021年版によると、先住民の平均寿命は女性が75.6歳、男性が71.6歳。先住民以外と比べてそれぞれ7.8歳、8.6歳、短い。「25～34歳で、高等教育機関を修了した割合」は42.3％（非先住民は72.0％）、「25～64歳で、雇用されている割合」が、51.0％（同75.7％）となっている。

「自殺率」の高さも指摘されている。先住民が人口の4割を占める北西部のキンバリーは「自殺率が世界で1番高い地域」と呼ばれたことがある。政府によると、キンバリーでの10万人あたりの自殺数は42.8人（12～16年の平均）。オーストラリア全体平均の4倍近い。世界保健機関（WHO）がまとめた国別統計（16年）と比べると、最上位3カ国のガイアナ（30.2人）、レソト（28.9人）、ロシア（26.5人）を上回っていた。

「盗まれた世代」の時代の影響を引きずり、教育が十分でなく、就職しにくい状況が貧困につながっている。貧しい家庭で起きる暴力や虐待、アルコール中毒など様々な問題が、自殺につながると専門家は説明している。「子どものころ虐待を受けた人は、自分の子にうまく接することができず、虐待をしてしまうことがある」「祖父母や両親が心の傷を抱えていると家庭生活がうまくいかず、子どもたちに悪影響を及ぼす」。こんな連鎖も自殺の原因に挙げられる。

3 より多様な社会を目指して——性・ジェンダーをめぐって

1 多様な性を受け入れる

同性婚を合法に

ここまで、オーストラリアが「白人の国」から曲折を経ながらも変化する動きをみてきた。社会が様々な民族的なルーツの人々を受け入れていくなかで、それ以外の多様な存在も認める向けた動きも、同時に進行している。

毎年2月末にシドニーで開かれる「マーディグラ」は、性的少数者 LGBTQ+

の人たちのパレードである。近年は，数万人が街の中心部を練り歩き，沿道では，それをはるかに上回る観客たちが歓声を送る。40年以上続く恒例のイベントに2023年2月，アルバニージー首相は，現役の首相として初めて参加した。

　オーストラリアでは2017年12月，議会が婚姻法（Marriage Act）を改正して，同性カップルも法的に結婚ができるようになった。ただ，カトリック教会や保守派の根強い反対もあり，当時の自由党・国民党連合のターンブル首相は，2017年9〜11月に有権者に郵便による意向調査を実施した。調査には，有権者の79.5％が回答し，61.6％が合法化に賛成した。その結果を受けて，法律の改正案を議会で議論する動きを進めた。自身の信条にもかかわるテーマのため，各党は自由投票としたが，上院，下院とも圧倒的多数が賛成に回った。

　国勢調査によれば，2021年には，全国に同性カップルが7万8425組おり，10年で2.3倍に増えた。これは，カップルとして暮らす人たち全体の1.4％にあたる。とはいえ，ここに至る道のりは平坦ではなかった。同性愛行為を刑事罰に科す英国の法律を，オーストラリアの各州は受け継いだ。メルボルンのあるヴィクトリア州では，もともとの英国の法律よりも厳しく，最も重い量刑が死刑だったこともあった。実際に捜査の対象となるケースは多くなかったとされるが，同性愛者にとっての脅しでもあり，警察が，彼らに厳しく対処する口実にも使われてきたといわれる。

　1960年から70年代にかけて，性的少数者の権利を擁護する運動が米国を中心に各国で起こり，オーストラリアにも波及した。1回目の1978年のマーディグラは，同じ年にあった米サンフランシスコでのパレードに刺激を受けた。だが，州警察は参加した1000人のうち，53人を逮捕した。性的少数者たちは，捜査を取り下げるように求める街頭運動で対抗した。国内各地でも粘り強い活動が進むなかで，1970年代から90年代にかけて，同性愛行為を犯罪行為としない法律の改正が各州で進んだ。運動はその後，同性婚の合法化を求める運動へと力点を移していった。

　民族的に多様で，性的少数者にも寛容な社会を象徴するような存在が2022年に外相に就任したペニー・ウォンだ。父親が中国系のマレーシアからの移民であり，レズビアン。パートナーと精子提供者との間に生まれた女児2人を育てている。

2 残るジェンダー格差

女性への暴力に「ノー」

　一方で，ジェンダーの格差や課題は指摘されている。2021年3月15日，キャンベラやシドニーをはじめ，国内の約40都市で，女性たちによる街頭デモがあった。訴えていたのは，女性に対する性暴力，セクシュアルハラスメントへの対応である。きっかけは，与党の上院議員で国防相のリンダ・レイノルズのスタッフだったブリタニー・ヒギンズが，同じ事務所の男性に国会内の議員の事務所でレイプされたと訴えたこと。オーストラリア版の #Me too 運動ともいえる動きだった。

　背景には，性暴力について，なかなか声を上げられずにきた女性たちの状況があった。オーストラリア統計局による2021/22年度の「個人の安全に関する調査」によると，18歳以上の女性に15歳になってからの経験を聞くと，39％が暴力，22％が性的な暴力をそれぞれ受けたと回答している。

　「ガラスの天井」も残っている。世界経済フォーラムが経済，教育，健康，政治の各分野で男女を比べたジェンダー格差指数（2023年）によれば，146カ国中26位。日本の125位に比べれば，はるかに上位であるが，解決すべき課題が多いと認識されている。

　労働党政権は，2022年10月，女性や子どもへの暴力を撲滅するための10カ年計画を発表した。予防，早期の介入，被害者支援や捜査機関の対応，精神的・肉体的な傷を癒やすための取り組みなどを柱としている。ジェンダー格差については，賃金格差を是正するための法律をつくり，2024年から，従業員が100人以上の企業は，賃金のジェンダー格差の公表を義務づけられるようになった。こういった施策が奏功するかは，将来の結果を待たなければならない。

　これまでみてきたように，オーストラリアでは，とりわけ20世紀後半以降，先住民や，非白人の移民，性的少数者など，社会のマイノリティーだった存在の声を受け止め，暮らしやすい環境を整えようという努力が，逆風にさらされながらも，続いてきた。

　オーストラリアは，英語圏であり，ソーシャルメディアの発達もあり，とりわけ欧米のトレンドに敏感な社会である。気候変動対策や，#MeToo，BLMといったキャンペーンはSNSを通じてオーストラリア社会にも大きな影響を

与えたが，一方で，白人至上主義などの過激主義に感化される動きもある。今後も，注視してみていく必要があるだろう。

📖 おすすめ文献

①関根政美・塩原良和・栗田梨律子・藤田智子，2020，『オーストラリア多文化社会論――移民・難民・先住民族との共生をめざして』法律文化社.

　移民，難民，先住民との共生と多文化社会へと至るオーストラリア社会の歴史と現状，政策，政治，文化，日本人とのかかわり，など幅広く，包括的に紹介している。

②田村恵子，2022，『戦争花嫁ミチ――国境を越えた女の物語り』梨の木舎.

　連合軍占領下の日本でオーストラリア人兵士と結婚した日本人女性で，後にオーストラリアに渡った人が約650人いた。そのうちの1人の女性が，反日感情もあるなかで気丈に生きた半生が語られている。

③小暮哲夫，2019-21，「バイリンガルの作り方～移民社会豪州より～」GLOBE＋（https://globe.asahi.com/series/11013204）.

　移民社会ならでは，英語教育の現場を歩いてリポートした連載。小中高校，職業カレッジ，大人向けの英語教室まで28回にわたって紹介している。

第 I 部　基礎知識

オーストラリアとスポーツ

　スポーツ・ウォッシング　「スポーツ・ウォッシング」という言葉を聞いたことがあるだろうか。「問題のある政府が，スポーツを通じ低下した評判を修復すること」と定義できる。2022年に男子サッカーのワールドカップを開催したカタール，潤沢な資金に物を言わせて新たなゴルフトーナメントやサッカーの有力選手をかき集めているサウジアラビアを思い起こすであろう。しかし，スポーツ・ウォッシングにかかわっているのは中東の産油国だけだろうか。かつて英国の植民地だった国がクリケットを楽しんでいるのはなぜか。ラグビーの代表要件が市民権（国籍）ではなく居住実態にあるのは，旧植民地に移住した英国人が現地の市民権を所得しなくても代表選手になるためではないのか。なぜ英連邦大会が4年に1度オリンピックの中間年に開催されてきたのか。
　究極のスポーツ・ウォッシングは，オリンピックであろう。2000年のシドニー大会の開会式では，先住民の長老と白人の少女が，手を携えてオーストラリアの歴史をたどる演出であった。これはこうあってほしかったという願望であり，まさにスポーツ・ウォッシングだったといえる。ただし，オーストラリアらしいリアリティ・チェックもあった。オーストラリアに到着したジェイムズ・クックは鳥かごに入ったウサギを伴っていた。[1]閉会式では社会派ロックバンドのミッドナイトオイルが，貴賓席にいるハワード首相がどうしても口に出せない「Sorry」のことばを染めた衣装で登場し，アボリジナル・バンドのヨス・インディが，先住民族の土地権をテーマとした代表曲 Treaty を歌い上げた。総演出のリック・バーチは，「私は，首相が謝罪を拒んでいることと，ストールン・ジェネレーションズの人たちが苦痛を被ってきたこととが，謝罪に賛成であっても反対であっても，すべてのオーストラリア人の心に強く響いていることをたいへん強く感じている（Birch 2004）」と自伝に記している。
　過去30年にわたる新自由主義的な諸政策に伴い，スポーツも産業化が進んできた。蔓延するスポーツ・ギャンブルはもちろん，ビジネスによるスポーツ・ウォッシングも顕著になっている。オーストラリア屈指の大富豪ジーナ・ラインハートは，アボリジナルの画家ヴィンセント・ナマジラが描いた連作肖像画の自らの描写が気に入らないとして，展示中のオーストラリア国立美術館に撤去するよう求めた。さらに，ラインハートがスポンサーとして金銭的な援助を行ってきた一部のエリート競泳選手たちが，気前のよいスポンサーを忖度したのか同様の要求をしていることが明らかになった。
　女子スポーツの人気　一方，オーストラリアのスポーツ・シーンでは，サッカーやクリケットを中心に女性スポーツの人気沸騰という地殻変動が起きており，スポーツの産業化に対する一種の解毒剤として働く可能性がある。スポーツに熱狂するオーストラリアのスポーツといえば，過剰に攻撃的な（aggro）アングロ・ケルト系白人男性がエ

リートスポーツの中心というものであった。男性スポーツがクリケットやオーストラリアン・ルールズ，ラグビー・リーグ，ラグビー・ユニオン，サッカーという4種類のフットボールに分散している一方，女性スポーツは主にネットボール1種目に集中していることもあって，ネットボールはオーストラリアで最大の競技人口を誇ってきた。

ところが，2020年6月に発表された調査によれば，男女を問わず最も人気があるとされたのは女子クリケットチームであり，女子サッカーのナショナルチームであるマティルダズが続いた（*Guardian Australia* 16/06/2020）。2023年には女子サッカーのワールドカップがオーストラリアとニュージーランドで共同開催され，マティルダズは準決勝に進出した。現時点ではマティルダズの人気がトップにあることは疑う余地がない。著者が2024年2〜3月にオーストラリアを訪れたときに受けた印象は，「マティルダズ現象」は日本での「大谷翔平状態」であった。女子サッカーや女子クリケットがスポーツニュースのトップで報じられるオーストラリアから帰国すると，野球と相撲という男子選手が中心のスポーツの報道ばかりでギャップを感じた。

マティルダズの人気は，もちろんフィールドでの活躍（2021年東京オリンピック，2023年女子ワールドカップ連続準決勝進出）がある。女子サッカーは女子クリケットとともに，収入面でのジェンダー・ギャップを克服するパイオニアでもあった。かつては，国内のキャンプに参加するための飛行機代を自費で負担したり，シドニーオリンピックに備え資金集めのためにヌードカレンダーを作らなければならなかったが，こうした苦難を経て2023年にはマティルダズは男子ナショナルチームと同様8万ドルを，所属するクラブのサラリーやワールドカップなどの賞金に加えて支給されることとなった。

自信過剰で攻撃的性格が多い男性スポーツ・スターに対し，マティルダズはegoless teamと評され，選手とファンの距離が近い。マティルダズのことを"They are just like us"と評した声を聞いたが，それはこういった姿勢にあるのではないだろうか。一般的に女子チームは，勝つためには手段を選ばない態度をとることが，男子に比べるとはるかに希薄ともいわれる。また観客層からも女性，子ども，あるいはLGBTQIA+コミュニティの人たちが安心して観戦できる傾向があるともみられている。近年では，たとえばクリケットなどで，こういった女子チームの姿勢が男子チームにもポジティブな影響を及ぼしているようだ。また，マティルダズのメンバーの約半数が同性愛者であり，ジェンダーに加えセクシュアリティの多様性や包摂が進むオーストラリア社会をまさに体現している。いまやマティルダズは，女子のみならず男子のロールモデルともなっている。

【注】
1) 英国人がウサギ狩りのため持ち込んだウサギは激しい勢いで繁殖し，固有動物の生息地を奪い，牧場に穴を掘るなど最悪の害獣となった。このことを簡潔に的確に描写している作品に，ジョン・マーズデン文，ショーン・タン絵（岸本佐知子訳），2021，『ウサギ』河出書房新社がある。

第II部
政治社会

第4章　オーストラリア憲法
▶現実を反映していない憲法？

　本章は，オーストラリアの連邦憲法の特徴とオーストラリア政治への影響について考察する。オーストラリアの連邦憲法には，議院内閣制でありながら首相や内閣の記述がないなど，日本の常識が通じないところが多くみられる。また，人権に関する記述がほとんどない一方，「人種」に関する言及があるのも特徴である。かつて差別的であったオーストラリア社会や政策の名残であろう。本章の後半では，2023年10月に実施され失敗した先住民に関する憲法改正について，賛否の議論などについて紹介したい。

1　オーストラリア憲法の奇妙な特徴

　1901年1月1日から施行されたオーストラリアの連邦憲法に関し，オーストラリア憲法史研究者ヘレン・アーヴィングは，5つの日本では考えられないような特徴を挙げている（Irving 2004）。第1に，憲法に書かれていることと実際とが違う。オーストラリアは英国王をオーストラリア国王とする立憲君主制であり，不在の国王の代理として連邦総督（Governor-General）が置かれている。憲法を読む限り，総督は国王の代理として上院・下院とともに立法権の一部を構成し（1条，2条），連邦議会の召集・開会・閉会・解散権（5条），議会を通過した法案の承認に関する裁量権（58条），執政権（61条），閣僚の任免権（64条），軍隊の指揮権（68条）をもつ。成文憲法からは，連邦総督は独裁的な権限をもつように解釈できるが，実際には議院内閣制のもと日本と同様に内閣・首相の助言と承認に基づいて行動する。ただしこのことは，憲法には書かれていない「憲政上の慣習」（Constitutional Conventions）を根拠としている。

　第2に，肝腎の内閣と首相は成文憲法には記載されておらず，その地位は憲政上の慣習に基づく。第3に，政治的表現の自由のように連邦最高裁判所の判

例によってその存在が認められ，間接的に言及されていることがある（7条，24条）。第4に，市民の権利など重要な事項が欠落している。日本国憲法では，「基本的人権」として市民の権利が網羅的に記載されているが，オーストラリア憲法上明記されている市民の権利は，私有財産の没収に際し正当な補償を受ける権利（51条31項），連邦法に関する裁判で陪審員裁判を受ける権利（80条），宗教を強制されない権利（116条），および居住する州によって差別されない権利（117条）に限定されている。権利章典（Bill of Rights）も存在しない。第5に，政府は下院でのみ信任を受ける一方，上院も経常支出執行法案を否決することによって実質的に政府を不信任できるという相互に矛盾した条項が存在する。

　成文憲法と憲政上の慣習の両輪によって成り立っていることは，オーストラリア憲法の最大の特徴であるが，このことから大きな矛盾点が浮かび上がる。憲法64条では総督が閣僚の任免権をもつとされている。その一方，憲政上の慣習によれば総督は首相・内閣の助言に基づいて行動することが求められ，首相が自らを解任するよう総督の助言を求める事態は考えにくい。それどころか，首相は総督を飛び越えて国王に対して総督の解任を助言できる。このことが現実となったのは，1975年の憲政危機とジョン・カー総督によるウィットラム首相の解任であった。このとき，自由党・国民地方党は，ウィットラム労働党政権による海外起債が違法であるとして両院解散（⇒第6章）を求め経常支出法案の上院採決を先送りした。ウィットラムはこの要求を拒み11月末には政府による支出が不可能になるという政治的な行き詰まりのなか，カー総督は11月11日にウィットラム政権を解任し，野党党首のフレイザーを両院解散選挙の実施を条件に暫定首相に任命した。カーがこのような行動をとった理由の1つは，ウィットラムによって解任されることを恐れたともいわれている。12月13日に行われた両院解散選挙ではフレイザーが圧勝した。この時のカー総督の行為は，成文憲法上は正しいが憲政上の慣習を逸脱しており，半世紀近く経過した現在でも議論の的となっている。

第Ⅱ部　政治社会

2　連邦制

　日本の政治体制は，国・都道府県・市区町村の3層構造になっているが，オーストラリアでも連邦，連邦結成以前にそれぞれ別個の英国植民地であった6州と結成後に作られた2地域（States and Territories），それに地方自治体の3層構造になっている。国が最も大きな権限を握っている日本とは異なり，オーストラリアでは州に大きな権限が残されている。すなわち，連邦憲法51条で連邦議会の立法権限として明記されている39項目以外のすべての権限（residual powers）は州に帰属する。地方自治体は，連邦憲法上の位置づけもなく，州政府の都合によって統廃合されてきた。

　オーストラリアは，1901年1月1日に6植民地が対等合併し，英国の海外自治領（Dominion）「オーストラリア連邦」（Commonwealth of Australia）として発足した。オーストラリアの連邦憲法は，各植民地から選挙で選ばれた代議員によって起草され，住民投票によって可決されたうえで，英国議会によって1900年7月9日に「オーストラリア連邦憲法法」として承認された。連邦結成はオーストラリアの独立を意味するものではなく，外交や国防は英国に帰属していた。[1] 英国王を国王とする立憲君主制や議院内閣制は，そのまま英国の制度を移植した。英国の制度に慣れ親しんだ当時の人々にとって，「憲政上の慣習」を成文化する必要はなかった。これに対し連邦制や連邦制に由来する権限をもった上院は，英国にはない制度であり，成文化する必要があった。

　連邦制は米国およびスイスにならったものであった。連邦結成が英国からの独立を意味していた米国とは異なり，オーストラリアは英国の海外自治領として発足したことから，州には独自の憲法や議会に加え英国王の代理である総督（Governor）も存在している。州・地域は連邦と同様に議院内閣制であり，州議会は1922年に上院を廃止したクインズランド州を除きすべて二院制である。連邦首都キャンベラは，ニューサウスウェールズ州のなかに設けられた首都地域（Australian Capital Territory：ACT）にある。首都がキャンベラに置かれたのは，二大都市であったオーストラリアで最初の都市であるシドニーと経済活動の中心であり連邦結成を主導し当時は最大の都市であったメルボルンがお互い

56

に譲らなかったうえ，二大都市のいずれかを首都とした場合その都市があまりに強大になることをそのほかの州が懸念した事情があった。シドニー，メルボルン双方を納得されるため，首都はニューサウスウェールズ州内のシドニー・メルボルン間のシドニー寄りに置かれるが，シドニーから少なくとも100マイル（160km）離れた場所とすると定められた。1927年にキャンベラが完成するまでの仮の首都は，メルボルンに置かれた。

　連邦と州の関係において，環境など連邦結成時には想定していなかったものや，水資源管理のように連邦憲法100条において州の水資源利用を減少してはならないと特定されているものの気候変動により州の恣意的な行為に委ねることはもはやできないものもあり，連邦と州の緊密な連携が望まれる。これに関し，3つの点から連邦の権限が強化されている。第1は，51条29項の対外事項選管権（External Affairs Power）である。1984年に連邦最高裁判所が世界遺産に指定されたタスマニア州南西部でのダム建設を阻止する連邦法を支持する判決を下したことに代表されるように，連邦政府は批准した国際条約を根拠に州の権限を乗り越えることができる。第2は，財政面である。医療・教育・公共交通・道路整備などは州の権限であり当然支出も伴うが，州政府の財源は印紙税（stamp duty）や雇用税（payroll tax）などに限られており，所得税（income tax）・法人税（corporate tax）・消費税（goods and services tax：GST）など主要な税は連邦税である。GSTの税収はすべて州に分配されることになっているが，どのように分けるかの争奪戦が起き，結局のところ州は連邦に依存する（垂直的財政不均衡）。第3は，連邦政府と地方自治体との関係強化である。連邦政府がスポーツ施設やパーク＆ライドの駐車場といった公共事業に交付金を直接支出するケースが増えている。

　このように連邦政府の権限が強化されてきたことは，それまで州政府が握ってきた利権が連邦政府にも及ぶことを意味する。それは州政府が中心とみられてきた汚職が，連邦にも拡大するという副産物を生んだ。各州は，ニューサウスウェールズ州の独立汚職対策委員会を皮切りに，違法であるかどうかのグレーゾーンにある問題を追^及し摘発する強力な独立した調査機関を設けてきた。連邦にはそういった機関は存在していなかったが，モリソン自由党・国民党政権下での不透明な公共事業への支出や身内びいきによる政府機関への任用

が目に余り，2022年には政治倫理（integrity）を掲げたコミュニティ・インディペンデント議員が躍進した（⇒第**7**章）。彼（女）たちの働きかけもあり，アルバニージー労働党政権下で2023年7月から反汚職委員会（National Anti-Corruption Commission）が設置された。

3　君主制か共和制か

　1788年に英国の侵略と征服によって流刑植民地とされたオーストラリアは，英連邦の構成国である。英連邦は，インドやガーナのように大統領を元首とする共和国，マレーシアやトンガのように自国の国王をもつ君主国，それに英国王が国王を兼任する「コモンウェルス・レルム」によって構成されており，オーストラリアは英国を含む15カ国のレルムの1つである。近年特にカリブ海のレルム諸国を中心に共和制への動きがみられる。オーストラリアでは，これを植民地時代の残滓ととらえたキーティングが，1990年代前半に共和制実現へ向けた流れを作り出そうとして議論を主導し，後日自由党・国民党連合政権の首相となるターンブルが中心となってオーストラリア共和国運動（Australian Republican Movement：ARM）を結成した。

　しかしながら，共和制移行のための憲法改正投票（referendum）は，保守派のハワードのもとで実施された。ハワードは，大統領選出方法をめぐる共和制支持者の分断を利用し，共和制への移行は1999年11月に実施された憲法改正投票で否決された。大統領直接選挙を主張した急進派は，大統領間接選挙案を葬り去れば次に共和制が議論されるときには自案が対象となると考えたのかもしれないが，前回の国民投票から約四半世紀が経過したいま，共和制への移行はほとんど議論にもなっていない。エリザベス2世の死去とチャールズ3世の即位によって，国王の肖像は5ドル紙幣から姿を消すが硬貨には新国王の肖像が残る。先住民ジャーナリスト，スタン・グラントは，チャールズ3世即位式の実況中継のなかで，英国王の名のもとで行われた先住民のジェノサイド的虐殺や土地の収奪を指摘したが（Grant 2023），そのような先住民の声は祝賀ムードにかき消された。

4　人種条項[3]

　オーストラリアの連邦憲法には，人権に関する条項がほとんど存在していないが，かつて極めて差別的であった先住民への扱いや移民政策の名残として人種に関する条項は存在する。まず25条は，州が特定の人種を州議会選挙の選挙権から除外している場合，除外された人種をその州の人口に含めないと規定している。25条は，各州に分配する連邦下院議員の数を各州の人口に基づいて決めるとした24条を受けている。連邦から州への交付金の額も人口に基づく。ある州が特定の人種を州議会選挙から排除すれば，憲法25条の規定により連邦下院議員数や交付金の額が減らされてしまう。その意味で，25条は州による人種差別的な立法行為を間接的に禁止している。しかしながら，州がそのような立法行為を行えば，1975年に施行された連邦人種差別禁止法に抵触するため，この条項はもはや憲法には必要ない（Saunders 1997：37）。

　51条26項は，連邦議会が必要とあれば特定の人種のために特別な法律を作る権限があると定めており，人種条項（race power）と呼ばれている。1967年に改正されるまで，先住民はこの条項の適用外とされており先住民に関する立法権限は州にのみ存在していた。51条26項は，もともとは白豪主義を完成させるものであったが（第2章），現在の社会では特定の人種の福利向上にのみ適用されるとの見方もある。その一方，連邦最高裁判所は，1998年のハインドマーシュ・アイランド橋判決のなかで特定の人種（この場合は先住民）に不利益な立法も可能であるとの判決を下している（Davis 2023：44）。

　1967年の憲法改正では，51条26項の修正とともに，連邦および州の人口を数えるに際し先住民は含めないとした127条が削除された。25条とは正反対のようなこの条項は，51条26項によって連邦に立法権限がないとされた先住民を人口に含めれば，先住民人口の多い州が連邦下院議員や交付金の配分で有利になるという言い訳は考えられる。しかし，先住民から選挙権を剥奪した連邦選挙法は1902年に成立しており，第5章で示すように政府には先住民から選挙権を剥奪する意図はなかった。先住民を人口に参入しないこの憲法はそれに先立っており，先住民を人間扱いしていなかったと解釈できよう。

1962年の連邦選挙法改正によって連邦選挙における選挙権・被選挙権を取り戻していたので市民権の獲得ではないが，憲法改正投票の歴史のなかで空前の賛成90.8％という結果は，先住民がようやくオーストラリア社会の一員として認められたとの象徴的な重要性をもつ。この憲法改正の投票日は5月27日であったが，25年後の1992年6月3日には，連邦最高裁判所がオーストラリアは英国による侵略以前は無主の地（terra nullius）であったとするそれまでの定説を覆し，先住民としての土地の権利（native title rights）を認めた「マーボウ（Mabo）判決」を下した。5月末から6月初めにかけて，「和解週間」（Reconciliation Week）と位置づけられ，2000年の「和解ウォーク」や2017年の「ウルル―宣言」など様々な行事がこの時期に行われている。

5　憲法改正要件

それではここで，オーストラリアの連邦憲法の改正要件を確認しておきたい。憲法改正のためには，憲法改正投票において過半数の賛成を得たうえで，過半数の州（すなわち6州中4州）で過半数の賛成を得なければならない（128条）。この二重過半数（double majority）は，連邦制を反映しているわけであるが，全体で過半数の賛成を得られても人口の比較的少ない3州で反対が過半数を占めれば，改正は成立しない。またノーザンテリトリーとACTの住民は，この二重過半数の計算から外されている。1924年に連邦選挙法が改正されて強制投票制度が導入され，これが憲法改正投票にも適用されるため，投票率は90％に上る。このことは，改正案をよく理解していない，あるいは無関心な有権者は，現状維持を志向し反対票を投じる傾向が強いことを意味する。二重過半数に関する規定により，反対派は全体で過半数を得られなくても3州で過半数を制すれば阻止するので，阻止は実現より容易である。

これまで，連邦憲法の改正について，45件の改正案が国民投票にかけられてきたが，成功は8件にすぎない。全体では過半数の賛成を得ながら，二重過半数を満たせなかったものが5件あり，なかでも1977年に下院と上院の選挙の同日実施を憲法上規定しようとした改正案は，全体で62.2％の賛成を得ながら，クインズランド，ウェスタンオーストラリア，タスマニアの3州で反対が上

回ったため不成立に終わった。とりわけ労働党提案のものは，そのメリットに関係なく保守側が反対する傾向が強いため超党派の支持を得ることが難しく成功率は低い（26回中1回）。また選挙と同時に行われない場合は賛成がより低下する傾向もあるとされている（Brent 2023）。

6　先住民と連邦憲法

1　先住民の地位の向上

　ホルト自由党・地方党（現国民党）連合政権による1967年の憲法改正は，超党派の合意があり反対派は存在しなかった（Markus 2023）。この憲法改正によって先住民に対する明確な差別が削除されたのであるが，同時に先住民に対する言及も憲法からすべて削除された。先住民に関する次の大きな一歩は，ウィットラム労働党政権によってもたらされた。ウィットラムは，自己決定の原則のもと先住民のなかから選ばれた代議員によって構成される全国アボリジナル諮問委員会（National Aboriginal Consultative Committee）を設立し，1966年以来土地の権利をめぐって闘争を続けていたグリンジ民族に土地を返還し（1974年），人種差別禁止法を制定した（1975年）。1975年の憲政危機でウィットラム政権に取って代わったフレイザー自由党・国民党政権は，自己決定を自己管理に変更し，全国アボリジナル諮問委員会を改組して全国アボリジナル会議（National Aboriginal Conference）と改名したが，ウィットラム政権の方針をほぼ継承した。フレイザー政権は，ノーザンテリトリー先住民土地権法を制定したが（1976年），この法律は今日に至るまで先住民の伝統的な土地所有者に鉱山開発への拒否権を認めた唯一の法律であり，ノーザンテリトリーにおける新たなウラニウム鉱山の開発を阻んでいる。

　同じころ，サウスオーストラリア州ではドン・ダンスタン労働党州政権のもと，先住民の土地権が認められるようになった。土地管理が州の権限として位置づけられていることもあり，先住民の土地権に関する法制は，州によってまちまちである。1983年3月の選挙でフレイザー政権を破ったホーク労働党政権は，全国的に統一された先住民土地権法の制定を公約に掲げていた。実現すれば先住民の土地所有者に対し自由土地保有権を付与し，聖地に対する保護を強

化し，鉱山開発に対する先住民のコントロールを認めるはずであったが，鉱物資源産業やその働きかけを受けたウェスタンオーストラリア州労働党政権の圧力に屈しこれを断念した（Mayo and O'Brien 2023：32）。1988年には先住民との間に条約を結ぶ意向を表明したがこれも実行されなかった。先住民を代表するバンドであるヨスー・インディは，シドニー・オリンピックの閉会式でも披露した代表曲 Treaty のなかで，「1988年，口先ばかりの政治家……約束は砂に書いた文字のように消えてしまう」と歌っている。

　ホーク政権下で全国アボリジナル会議に代わってアボリジナル・トーレス海峡島嶼民委員会（Aboriginal and Torres Strait Islander Commission：ATSIC）が設立された。ATSIC は，選挙によって選ばれた評議員によって構成される意思決定機関と政策を実行する先住民担当省の官僚組織を合わせた強力な機関となった。また1991年には先住民問題に関する啓発活動と10年以内の和解文書の作成・制定を使命としたアボリジナル和解評議会（Council for Aboriginal Reconciliation）が設立された。ATSIC 議長のロイス・オードナヒューと和解評議会議長のパトリック（パット）・ドッドソンは，先住民を代表する傑出したリーダーとして評価を高めていった。

2　先住的土地権・先住民への謝罪

　先住民に関する事項が大きく動いたのは，1992年6月の連邦最高裁判所におけるマーボウ判決であった。これは，トーレス海峡島嶼出身のエディー・マーボウが，先住的土地権（Native Title rights）の確認を求めクインズランド州を相手取って起こした訴訟への判決であった。10年を超える裁判の結果，連邦最高裁判所は，トーレス海峡島嶼には先住的土地権が残存しており，1788年に英国が「無主の地（テラ・ヌリアス，terra nullius）」を植民地にしたことは虚構であり，そしてこれは本土にも適用されるとの判決を下した。1991年12月，ホークに代わり首相の座についたキーティングは，1992年12月にシドニー中央駅に近いレドファーン・パークで開かれた「国連の世界先住民の年」（1993年）を記念する集会において，「問題はわれわれの側にあること，収奪を行ったのはわれわれであり，われわれが伝統的な土地を奪って伝統的な生活を破壊し，われわれが疫病とアルコールを持ち込み，われわれが殺人を行い，われわれが母親

から子どもたちを奪い，われわれが差別と排除を行ったこと認識することから始まる」と述べた。

　1993年3月の総選挙において大方の予想を覆して再選されたキーティングは，オードナヒューを中心とした先住民のリーダーたちと交渉し，「関係者みなが妥協した結果，先住的土地権をめぐる先住民の主張を秩序だって処理する過程を見出した」として，先住的土地権法（Native Title Act）を1993年末に成立させた。上院の審議のなかでブライアン・ハラディン上院議員（無所属）は，法案に賛成するにあたり「われわれに道を示したのは連邦最高裁判所のマーボウ判決であり，議会は二番手に甘んじてしまった。これは議会として，議会人として恥ずべきことだ……裁判所が法律を作るべきではなく，われわれは議員として何をすべきか先見の明を持つべきだった」と述べた（上院議事録，21/12/1993）。キーティングはまた，人権委員会に対し先住民の子どもたちを強制的に親から引き離していた過去の政策に関する調査を諮問した。

　先住民との和解も，共和制への移行と同様1996年の政権交代の影響を受けた。先住的土地権の考えに否定的であったハワードは，1996年12月に連邦最高裁判所が下した放牧リース権と先住的土地権が共存しうるとするウィク判決を受け，先住的土地権を弱める法改正を行った（Mayo and O'Brien 2023：36）[4]。その被害者が盗まれた世代（Stolen Generations）として知られるようになった先住民の子どもたちの強制引き離し政策に対する調査報告書『Bringing Them Home』が1997年5月に公表されると，主要な政治リーダーのなかでハワード1人が，歴史の暗黒部に目を向けるいわゆる「喪章史観」を受け入れることはできないとして謝罪を拒んだ。ATSICは廃止され，和解文書も英国による侵略（入植）以前は先住民がオーストラリアを所有していたとの表現をハワードが拒み続けたことで実現しなかった。

　先住民問題が進展したのは，2007年11月の政権交代であった。労働党を率いて11年9か月ぶりに政権に返り咲いたラッドは，選挙公約通り先住民，特に盗まれた世代に対し，選挙後の連邦議会開会日である2008年2月13日に謝罪した。この謝罪は，「ラッドの謝罪」として知られるが，現自由党党首のピーター・ダットンなど数人の議員がボイコットしたものの超党派の議会決議として実施された。したがって，首相個人や一内閣によるものとは異なり，この謝

第Ⅱ部　政治社会

罪を覆すことは極めて難しい。

3　憲法改正の動き

　2010年にラッドに代わってオーストラリア史上初の女性首相となったギラードは，先住民を憲法上でどのように位置づけるかを検討する専門家パネルを立ち上げた。専門家パネルは，2012年1月に以下の内容を答申した。

- 51条A：25条と51条26項を削除し，代わって現在オーストラリアとして知られる大陸と島々がアボリジナルとトーレス海峡島嶼の人々によって占有されたことを認知し，アボリジナルとトーレス海峡島嶼の人々が伝統的な土地と水域に対して継続した関係をもつことを承認し，アボリジナルとトーレス海峡島嶼の人々がもつ継続した文化・言語・伝統を尊重し，アボリジナルとトーレス海峡島嶼の人々の向上を確固としたものとする必要性を承認する条項を挿入する。連邦議会は，アボリジナルとトーレス海峡島嶼の人々の平和と安寧とよき統治に関し，立法権限をもつ。
- 116条A：連邦および州政府は，人種・肌の色・エスニック・民族の起源に基づいた差別を行わないとする人種差別禁止条項を定める。
- 127条A：オーストラリア連邦の国語は英語と定めたうえで，アボリジナルとトーレス海峡島嶼の人々の言語は，オーストラリアのもともとの言語であり，国としての伝統の一部であると定める（Davis 2023：43-45）。

　先住的土地権法に関するキーティング政権との交渉で頭角を現したノエル・ピアソン率いる先住民政策に関するシンクタンクであるケープヨーク・インスティテュートは，2015年に独自の憲法改正案を提案した。ケープヨーク案では，先住民によって構成される組織を置き，議会と政府に対してアボリジナルとトーレス海峡島嶼人にかかわる事項について提案することになっていた。専門家パネルの提言やケープヨーク案は，アボリジナルとトーレス海峡島嶼人がオーストラリアのファースト・ピープル（先住民）であり，英国侵略以前はオーストラリアを所有していたことを前文のなかで象徴的に認知するだけでは不十分であるということを明らかにした（Davis 2023：45-46）。2015年12月，ターンブル首相とビル・ショーテン労働党党首は，先住民に関する憲法改正を成功に導くため，先住民，非先住民，エスニック・マイノリティによって構成される超党派の憲法改正評議会を立ち上げた。この評議会のガイダンスのもと，先住民側は2016年12月から2017年5月にかけて全国13か所で地域対話を重

ね，最終的に2017年5月23日から26日にかけてウルルーで行われた全国憲法大会（National Constitutional Convention）で「ウルルー宣言」（Uluru Statement from the Heart）を採択した。

4　ウルルー宣言

ウルルー宣言の内容は以下のようになっており，ドッドソンが指摘するようにこれは専門家パネルの提言よりもケープヨーク提言に沿ったものとなっている。憲法改正評議会もウルルー宣言が，先住民の総意に近いものとしてこれを採択した。

1. 「ファースト・ネイションの声（First Nations Voice）」を憲法に明記する。Voiceは，先住民族の代表によって構成され，先住民族にかかわる法案が議会で議論される時は，議会や政府に対し意見を表明する。
2. 「マカラッタ（Makarrata）」を結ぶ。Makarrataとは，ヨルングー民族のことばで「争いの後の団結（coming together）」を意味し，条約を意味すると考えられる。
3. （先住民に対する虐殺など先住民側の口承記録と政府の公式な記録とが食い違っていることに鑑み）歴史について真実を語る。

ウルルー宣言の提言は，先住民の権利や福利の向上，あるいは人種差別禁止を明言しておらず，その意味では権利章典につながるものを忌避する保守派に配慮したものであった。「ファースト・ネイションの声」は，憲法改正の実現には共和党タカ派のニクソン大統領が訪中し米中正常化を実現できたように，保守側に支持され保守政権による提案を想定したピアソンが，数人の保守の専門家や憲法学者ととも起草したものが原案となっていた（Morris 2018）。先住民側にとって，先住民と非先住民との和解にとって，あるいはオーストラリアにとって不幸であったのは，この提言を受けたターンブルが，これは下院と上院に加え「第3の議会」を作るとして，内容を十分に吟味することなく却下したことであった（Turnbull 2020：571-572）。

アルバニージーは，2022年5月の選挙における勝利宣言のなかで，ウルルー宣言を全面的に実行すると述べ，2023年3月には新たに以下の内容からなる129条を追加する憲法改正案を発表した。

1. 「アボリジナルとトーレス海峡島嶼人の声」（Aboriginal and Torres Strait Islander Voice）と称する機関を設置し，それを通じてアボリジナルとトーレス海峡島嶼の人々をオーストラリアの最初の人々と認知する。
2. この機関は，アボリジナルとトーレス海峡島嶼の人々にかかわる事項について連邦議会と連邦政府に意見を表明する。
3. 連邦議会に対し憲法の範囲内でこの機関の構成・機能・権限・手続きに関する立法権限を与える。

5　憲法改正の失敗

　ウルルー宣言は，自由党・国民党連合政権下での提言であり，保守側によって憲法改正が試みられることを前提としていた。しかしながら，アルバニージーが勝利宣言のなかでこの実現を約束したことによって労働党の息がかかったものとなり，実現すれば労働党，特にアルバニージーの功績となり，自由党・国民党連合が賛成できない党派色を帯びてしまった。自由党・国民党連合野党のうち国民党は，2022年12月に具体的な改正案が発表される前に反対を表明した。自由党も2023年4月に反対を表明し，影の閣僚はこれに拘束されるとした。ピアソンとともにケープヨーク案にかかわってきたジュリアン・リーサー下院議員は，影の法相兼影の先住民担当相を辞任した。また先住民出身者として初の下院議員となり，初の先住民出身閣僚としてモリソン政権の先住民担当相を務め2022年の選挙で落選していたケン・ワイアットは，この決定に反対し離党した。自由党関係者では，ターンブル元首相，ジュリー・ビショップ元外相，州レベルではタスマニアのジェレミー・ロックリフ州首相，バリー・オーファレルニューサウスウェールズ州元首相やマット・キーン同州前財務相，ケイト・カーネル元ACT首席首相などから賛成の声が上がっていた。その一方，ハワード元首相は，「怒りを持続せよ」（maintain your rage）と呼び掛けるなど，強硬な反対を表明した[5]。自由党の現職連邦議員で賛成のために積極的に活動したのは，リーサーとブリジット・アーチャーの2名にすぎない。

　この憲法改正案は，当初60％以上の支持を得ていたが，自由党が反対を表明したのちは自由党支持者が反対に転じたこともあり，最終的には賛成40％弱で否決された。自由党・国民党連合による反対は，リーサーに代わって影の先住民担当相となったジャシンタ・ナンピギンパ・プライス上院議員とプライスと

同様先住民出身であり，労働党の連邦議長を務めながら自由党に転じたウォーレン・マンディーンによって主導された。ウルル宣言が全国の先住民リーダーによって主導され，先住民の圧倒的多数が憲法改正に賛成であるといわれているなか，先住民間に意見の対立が存在しているようにみえることは，非先住民が反対票を投じる口実を与えた。プライスは，改正案はアパルトヘイトのように先住民を分断して特権を与えるものであり，英国による植民地化は先住民に対してプラスをもたらしとして，先住民担当相の廃止も含めた完全な同化を主張している。マンディーンは，ウルル宣言を「現代オーストラリアに対する象徴的な宣戦布告」と評した。その一方，1999年の共和制移行の時と同様，プライスらとは対極的にこの改正案では不十分であり，先住民の主権を認め条約を締結することを優先すべきであるとするリディア・ソープ上院議員などブラック主権運動（Blak Sovereign Movement）など急進派（"progressive No"）が反対していることも，改正の成功を難しくした。

　反対派は，「わからないならノーを」（If you don't know, vote No）というスローガンを掲げた。憲法改正が先住民の生活向上に必ず役立つことを証明することを求める者もいるが，細かな内容は別途議会で立法化することになっており，それを証明することは不可能であった。物価上昇のなか，人々の関心はその日の生活に向けられた。このような状況下で，反対派からは先住民問題に限定されるはずのVoiceが，金利や国防政策にも影響を及ぼす，先住民との条約締結や巨額の賠償金支払いにつながる，土地が奪われ非先住民は先住民地代を払うことになる，政府が乗っ取られるといった誤った情報（misinformation）やウソ（disinformation）も飛び交った。たとえばダットンは，すでに憲法に人種条項があるにもかかわらず，この改正によって人種が憲法に持ち込まれると述べた。

　この改正は，ピアソンが9月27日のナショナルプレスクラブでのスピーチで説明しているように，アボリジナルとトーレス海峡島嶼の人々を特定の人種として憲法上に位置づけるのではなく，彼らが先住民であるという先住民性によって位置づけるものであった。先住民を憲法に位置づけ，先住民による機関を設けている国は，ニュージーランド，カナダ，スカンディナヴィア諸国そのほか数多い。「訳のわかった非先住民が決して反対できないようなつつましや

かなもので，先住民のほとんどが満足したことが驚き」と評されるような憲法改正が否定されたということは，先住民に関する何らかの意味のある憲法改正が不可能であることを示唆している。ピアソンは，「もしもあなたがこの地の先住民であるマイノリティを代表しているとしたら，単なる議会への助言機関で満足できますか」と問いかけている。次世代の先住民リーダーは，より一層の権利を求めるであろうが，この程度のつつましやかな改正を否定した非先住民がそういった要求を受け入れるとは思えない。

おすすめ文献

①山田邦夫，2003，「諸外国の憲法事情——オーストラリア」『諸外国の憲法事情』3：85-134（https://dl.ndl.go.jp/view/download/digidepo_999538_po_20030206.pdf?contentNo=6）．
　オーストラリア連邦憲法の制定背景と条文，これまでの改正について説明されている。

②杉田弘也，2016，「第3章　オーストラリアの執政制度——労働党政権（2007-13）にみる大統領制の可能性」日本比較政治学会編『執政制度の比較政治学』ミネルヴァ書房，75-100．
　本論文の内容は主に第6章で扱うが，総督に法案承認に関し裁量権を認めている憲法58条に言及している。58条に関しては英語文献であるが『オーストラリア研究』第32号（2019）に詳しく分析した論文が掲載されている。

【注】

1) オーストラリアの独立について，英国は1931年のウェストミンスター憲章によって海外自治領が独立することを認めたが，日本を脅威と感じるようになっていたオーストラリアの保守政権はこれを批准せず，また欧州で英国が戦争状態となることが，対日防衛の弱体につながると考え宥和政策を支持した。オーストラリアは，カーティン労働党政権のもと，1942年10月にウェストミンスター憲章を批准した（批准日は英国がドイツに宣戦布告した1939年9月3日に遡った）。マッキンタイアは，これを「憲法上の独立」と記している（Macintyre 2004：192）。国籍・市民権法の施行によって「オーストラリア市民」という概念が法制化されたのは1949年1月26日であった。オーストラリアに対する英国議会の介入やオーストラリアの連邦最高裁判所の判決に関する英国枢密院への上告を終了させたのは，1986年3月のオーストラリア法の施行による。一方，オーストラリア国王はいまだに英国王を兼務している。

2) ターンブルなど共和制運動の主流派は，大統領を連邦議会の投票によって決定する方式を主導したが，直接投票によって大統領を選出すべきとする急進派はこれに反対し，保守派に同調して国民投票反対のキャンペーンを行った。

3) 人種（race）の問題点として，社会的に定義されたカテゴリーにしたがって人々を区分する民族性（ethnicity）とはことなり，人種は階層的に順位づけられる科学的に定義されたカテゴリーにしたがって人々を区分するものであり，今日では容認できない点が挙げられる（Freeman and Morris 2016：7）。
4) ウィク判決後にテレビの時事番組でインタビューを受けたハワードは，オーストラリアの大半が茶色に塗られた地図をみせ，ウィク判決の結果先住民は全土の78％に対し先住的土地権を要求できるとする誤った主張を行った（https://www.youtube.com/watch?v=GTtlHZxigOY&t=23s）。
5) 「怒りを持続せよ」というのは，1975年に総督によって首相の座を解任されたゴフ・ウィットラムが支持者に語った言葉である。

第5章 選挙制度
▶オーストラリア政治最大の特徴？

> オーストラリア政治を最も特徴づけるものは，その選挙制度かもしれない。日本で大きな問題となっている低投票率を解決するためにオーストラリアの強制投票制度を見習うべきではないか。あるいは「民主主義ソーセージ」のような試みはできないものか。政党間の候補者調整に苦労する政党をみていると，優先順位付き投票制度を採用するとよいのではないかと思える。本章では，政治から独立した選挙委員会の役割も含め，私たちにとって学ぶことが多いオーストラリアの選挙制度を考察する。

1 民主的選挙制度の先駆者としてのオーストラリア，その光と影

　オーストラリアは，第1章・表1-1が示すように，民主的な選挙制度の先駆者であった。投票した本人でなければ誰に投票したかわからない秘密投票は，オーストラリアで発展し「オーストラリア式投票」(Australian Ballot) として知られるようになった。英国で男性普通選挙権が確立されるのが1918年であり，女性が男性と同等の選挙権を得るのは1928年まで待たなければならなかった。これに対しオーストラリアの一部の植民地では，1850年代に男性普通選挙が確立され，サウスオーストラリアでは1894年[1]に女性参政権が確立した。選挙権はニュージーランド（1893年）に譲ったものの，被選挙権は世界で最初であった。

　連邦憲法41条は，州議会における選挙権を得たものは，その権利が継続する限り連邦選挙で投票することを妨げられないと規定している。この規定により，連邦結成時にすでに選挙権・被選挙権を獲得していたサウスオーストラリアと選挙権を得ていたウェスタンオーストラリアの女性はそのまま連邦選挙で

もその権利を行使できた。さらに117条は居住する州によって差別的な扱いを受けてはならないと規定し，憲法改正規定にかかわる128条は連邦内で統一された選挙権を満たしていない州があればその州における憲法改正投票は半分しかカウントされないと規定している。この結果1902年に成立した連邦選挙法（1918年までは参政権法）は，「既婚・未婚を問わず，オーストラリアに6か月以上継続して居住する国王の臣民であり，選挙民名簿に記載されているすべての21歳以上の男女」が上院と下院の選挙で投票する権利を有すると定めていた。また，憲法34条は有権者すべてが下院議員資格を有するとし，16条によって上院議員の資格は下院議員と同じとされているため，44条によって立候補資格がないとされたもの（⇒第**8**章）を除き，有権者すべてが被選挙権も有した。

　男性・女性の普通選挙権や秘密投票は，オーストラリア政治の輝かしい1ページであるが，19世紀後半の50年間は，白豪主義（White Australia policy）の名で知られる差別的な移民政策が導入され，1901年の連邦結成と同時に移民制限法と太平洋島嶼労働者法として結実した時期とも重なる。連邦選挙法は，精神障がい者，反逆罪を犯した者，禁固1年以上の罪で服役しているものか今後服役するものに加え，憲法41条で認められているものを除いたオーストラリア，アジア，アフリカ，それにニュージーランドを除く太平洋島嶼の先住民に対し選挙権を与えなかった。この結果，植民地時代に選挙権を得ていたニューサウスウェールズ，ヴィクトリア，サウスオーストラリアそれにタスマニアに居住していた先住民は，選挙権を剥奪された。政治学者ジューディス・ブレットによれば，選挙法が議会に提案されたとき，先住民を排除する条項は含まれておらず，バートン政権は先住民から選挙権を奪うつもりはなかったが，法案成立のために妥協を余儀なくされた（Brett 2019：57）。バートン政権の上院リーダーであったリチャード・オコナー上院議員は，先住民が選挙権をもつことはオーストラリアをもともと所有していたことに由来しており，41条によって州の選挙人名簿に記載されていれば連邦の選挙人名簿にも記載されることを指摘した。先住民を人口に算入しないとする127条は，先住民人口の多いクインズランドやウェスタンオーストラリアが過剰な下院議員数を割り当てられることを防ぐためであり，先住民を選挙から排除することを目的としてはいなかった（Brett 2019：58-62）。先住民を排除する条項を挿入するための修正案

は，明らかに人種差別的な意図をもったウェスタンオーストラリア選出の上院議員によって提案された。オコナーは，修正案からオーストラリアの先住民を外すことに成功し，さらに下院でいわゆる混血の人々とニュージーランドの先住民を対象から外したが，オーストラリアの先住民を排除する修正案がリベラル派の議員によって提案され，圧倒的多数で可決されると上院も通過して成立した。

先住民が排除された背景は，いくつかの要因が絡み合っている。下院で修正案を提案した議員は，のちに連邦最高裁判所の判事となり労使関係和解仲裁裁判所の長官としてオーストラリアの賃金決定制度に大きな役割を果たしたリベラル派のヘンリー・ヒギンズであった。ヒギンズにとって，選挙権は文明社会に暮らし知性を持ち独立した思考をもった人々がもつべきであり，ヒギンズはこういった資質を先住民に見出さなかった。労働党は先住民が選挙権をもつこと自体には反対しなかったが，クインズランドやウェスタンオーストラリアの大地主が，自分の土地に住む先住民の票を支配することで保守側に有利に働くことを懸念した。先住民の選挙権に最も強く反対したのは，クインズランドとウェスタンオーストラリア選出の議員たちであり，その主張は人種差別が濃厚であった（Brett 2019：64-68）。憲法41条によってすでに州議会選挙で選挙権をもつ先住民の選挙権は保護されるはずであったが，1901年の時点で選挙権をもつ者に限定すると狭義に解釈された（Brett 2019：68）。その結果，1901年に選挙人名簿に掲載されていなかった先住民とその子孫たちは，何世代経過してもオーストラリアの先住民であり第二次世界大戦従軍者を例外として，1962年まで選挙権を回復できなかった。一方，ニュージーランドの先住民マオリは，排除の対象から除外された。白豪主義の対象となったアジア，アフリカ，太平洋島嶼の出身者は，本人たちは選挙から除外されたが，オーストラリアで生まれたその子どもたちは，もはや「アジア，アフリカ，太平洋島嶼の先住民」ではないので，選挙権を得ることができた（Brett 2019：70）。

2　オーストラリア選挙制度の仕組み

連邦議会選挙の有権者資格に関し，連邦憲法は上院と下院の有権者資格が同

じであると定めている（8条）以外立法に委ねている（30条）。また議員資格についても同様であるが（16条および34条），立候補資格については第**8**章で詳述する通り44条で失格条件を定めている。現行の連邦選挙法93条によれば，18歳以上のオーストラリア市民および1984年1月26日以前から継続して連邦の選挙人名簿に記載されている英国臣民（British subjects）に選挙権がある。オーストラリア以外の市民権も所持している多重市民権者も，オーストラリア市民である限り選挙権をもつのは当然である。また，州によってはレイト（rate）と呼ばれる固定資産税を払っていれば非居住者であっても地方選挙に投票できるところもある。受刑者に関しては，禁固3年以上の刑で服役中の場合に投票資格が剥奪されている。有権者は選挙人名簿に登録しなければならず，選挙権は18歳からであるが16歳になると選挙人登録できる。

　下院が解散されるかあるいは任期が満了すると，選挙執行令状（writs）が下院総選挙であれば連邦総督（補欠選挙は下院議長），上院であれば各州総督によって，解散あるいは任期満了から10日以内の午後6時までに発行される（憲法32条，連邦選挙法152・154条）。執行令状発行から7日後の午後8時に選挙人名簿が締め切られ，これまでに登録しておかなければ選挙権を有していても投票できない[2]（選挙法155条）。立候補は，執行令状が発行されたのち10〜27日の間に行うこととされており，正午に締め切られる（選挙法156・175条）。投票は，立候補締め切り後23〜31日の間の土曜日に行われるので（選挙法157・158条），選挙期間は執行令状発行から最短で33日，最長で58日となる。下院解散直後に執行令状が発行されれば，解散からほぼ5週間後に投票日を迎える。執行令状は，投票日から100日以内に返却するとされており（選挙法159条），執行令状返却から30日以内に議会が開会される（憲法5条）。

　日本は立候補時の供託金が高額なことで知られているが，オーストラリアでは上院，下院ともに2000豪ドル（約20万円）の供託金が求められる（選挙法170条）。供託金は，4％以上の第1次選好得票を獲得しなければ没収される（選挙法173条）。供託金はかつて5百ドルであったが，2013年総選挙で極小政党の乱立を見越して下院千ドル，上院2千ドルに引き上げられ，さらに2019年から両院ともに2千ドルに引き上げられた。1984年には選挙費用の公的負担が導入され，物価連動の結果2024年7月から12月までの支給額は，1票あたり3.346ド

ルとなっている。供託金と同じように第1次選好得票率が4％を超えなければ受給できない。選挙区割りから選挙に関する日程の管理，選挙後の集計作業などに当たるのが独立した法定機関であるオーストラリア選挙委員会（Australian Electoral Commission：AEC）である。

　オーストラリアでは土曜日が投票日と定められている（連邦選挙法158条）。午前8時から午後6時までが投票時間であり（連邦選挙法220条），投票が終わると各投票所で開票作業が始まる。下院と上院の選挙を同じ日に行わなければならないという規定はないが，下院の単独選挙が行われたのは1972年，上院の単独選挙は1970年までさかのぼる。別々に選挙を行えば費用が二重にかかること，政権の行方には直接関係のない上院の単独選挙は巨大な補欠選挙として機能し，政府への批判票が出やすいことが同日選挙の理由として挙げられる。また，後述のように強制投票制度によりすべての有権者に投票を義務として課しているので，選挙回数を増やすことは有権者の不興を買うということもある。

　連邦選挙法329条は，有権者が投票するにあたり，誤った情報や偽った情報を選挙期間中に印刷したり，発行したり，配布したり，印刷・発酵・配布を許可したり承認したりしてはならないと定めている。しかしながら選挙戦には，虚偽の選挙広告が飛び交う。たとえば，2019年選挙において自由党は，中国系住民の多い選挙区で「正しい投票方法は自由党候補に1をつけること」という中国語のポスターを選挙委員会のポスターに似せて作成した。329条は，政治広告に真実を求めて正しい政治的判断ができるようにするのではなく，投票そのものの行為を妨げることに対処すると狭義に解釈されている。政治広告に真実を求めることは，サウスオーストラリア州のみで法制化されている。

3　強制投票制度

■1　強制投票制度の仕組み

　オーストラリアの選挙制度で最も有名なものは，強制投票制度であろう。得票率の低下に危機感を抱く人たちは，オーストラリアに倣ってこの制度を取り入れるべきだと考えるかもしれない。オーストラリアの選挙制度における「強制」は，選挙人登録と投票の2段階存在する。

まずオーストラリアには住民登録の制度がないので，選挙人として居住する選挙区に登録し，転居した場合は登録を変更しなければならない。これを怠った場合罰金刑が課されることになっている[3]。AECによれば，2024年9月時点で選挙人登録の割合は98％に達している。2010年には選挙人登録の割合は90.9％にまで落ち込んでおり，有権者の11人に1人が登録していなかった。登録率が上昇した要因として3点が考えられる。第1に，転居した有権者が選挙人登録の変更を怠っても，免許証の住所変更などによって州政府が自動的に選挙人登録を変更できるようになった。第2に，2017年に行われた同性間の結婚を正式な結婚として認めるか否か（結婚平等）の郵便調査があった。これは選挙委員会による投票ではなく統計局による調査として行われたが，全有権者を対象とした調査であり統計局は選挙人名簿を使用した。選挙人名簿に登録していなければ調査に参加できず，結婚平等の実現に貢献できないと考えた多くの若者が，駆け込みで選挙人登録した。そして第3に先住民に関する憲法改正投票を前に選挙人登録がさらに上昇した。選挙人登録のためには，その住所で1カ月以上居住している必要がある。また地方の実家を離れている大学生については，選挙人名簿を実家に残していても問題ではないとの結論が出ている（McGowan 2020：123）。

日本でも住民登録が義務であることを考えれば，選挙人登録が義務であることは驚くに値しないかもしれないが，オーストラリアでは投票も義務である。連邦選挙法245条は，選挙で投票することがすべての有権者の義務であるとしている。選挙委員会は，選挙が終わると投票しなかったと思われる有権者のリストを作成し，投票日から3カ月以内に該当する有権者に通知する。そのような通知を受け取った有権者は，実際には投票していたことを示すか，投票できなかった有効で正当な理由を示すか，あるいは20ドルの罰金を払わなければならない。もしも投票しなかった有権者が20ドルの罰金の支払いを拒んだり虚偽の申告をした場合は，刑事罰が科される。選挙人登録の罰金刑は実際に課せられないかもしれないが，245条の刑事罰は実際に課せられている。

2　強制投票制度の効果

強制投票制度は，1915年にクインズランド州で導入され，連邦では1924年に

法改正され1925年の選挙から導入された。表向きの理由は投票率の低下であり，1913年以降70％を維持してきた投票率は，1922年の選挙で59.4％に下がったが，強制投票制度導入後の1925年には91.4％に上昇した。選挙制度の変更の背後には，党派的な思惑があることが多い。1915年のクインズランドと1924年の連邦に共通するのは，いずれも保守（非労働党）政権であった点である。労働者階級の有権者は一般的に投票率が低いと思われているが，一方で労働運動の組織力のおかげで動員力に優れており，低投票率は労働党に有利とも考えられていた（Jaensch 1997：365-366）。強制投票制度は，労働党の組織力に対抗するために保守勢力が考案したと考えることができる。

　強制投票制度を支持する立場としては，高い投票率が高いレベルの民主的正当性につながるということが挙げられる。政治に無関心な人の投票行動によって選挙結果が左右されるという意見もあるが，無関心な人たちが政治に関心をもつきっかけになるとの反論が可能である。投票に行かないという意思表示もあるはずとの意見もあるが，投票は権利ばかりでなく市民の義務の面もある。強いられるのは投票所に行って選挙人名簿との照合を受けることであり，誰かに投票しなければならないわけではない。無効票を投じる自由は存在している。投票が任意であれば組織力の高い政党が有利になる。また，強制投票制度はオーストラリアだけの制度ではない。ほかにはベルギー，ルクセンブルク，ブラジル，アルゼンチン，エクアドル，ペルー，ウルグアイ，パラグアイ，ボリヴィアといった国で実施されている。また，イタリアでは憲法で投票を義務に位置づけている。近年英国や米国でみられるポピュリズムの台頭を強制投票制度は抑える効果があるとも考えられている。ジャーナリストのピーター・ハーチャーは，「有権者の90％が投票するのであれば，政党は極論に傾いていては勝てず中道志向とならざるをえない」と述べている（Hartcher 2023）。こんにち，オーストラリアにおいてこの制度に対する反対の声はほとんどなく完全に定着している。

　2022年総選挙の投票率は89.8％であり，強制投票制度が導入されて以降初めて90％を下回った。ただこのことは，登録率と併せて考える必要がある。たとえば2010年の投票率は93.2％であったが，登録率が90.9％であったので全有権者に対する投票率は84.7％となる。一方2022年は登録率96.8％に対する89.8％

であるから，全有権者に対する割合は86.9％となる。また，州別の投票率をみると，先住民人口の割合が高いノーザンテリトリー（73.1％），クインズランド（88.2％），ウェスタンオーストラリア（88.0％）で90％を切っている。特にノーザンテリトリーの2選挙区のうち，遠隔地の先住民コミュニティを含むリンジアーリ選挙区で66.8％にとどまっている。

3 多様な投票方法

強制投票制度の産物の1つとして，様々な投票方法が認められている。投票日に投票所で行う通常の投票（ordinary vote）のほか，投票日前に指定された事前投票所で投票する事前投票（early vote，現在は投票日の12日前の月曜日より可能），郵便投票（postal vote），選挙人名簿に名前がなかったあるいはすでに投票済みとなっていた場合の暫定投票（チェック後正しいと認められれば集計に加算される），遠隔地や高齢者施設，病院に回ってくる移動投票所（mobile polling），視覚障がい者を主な対象とした電話投票などがある。2022年の総選挙では，COVID-19に感染し自宅隔離中の有権者7万4255人が電話投票を行った。通常投票の開票作業は，締め切り後各投票所で行われる。郵便投票は，投票日より前に投函されていれば投票日から13日後の金曜日まで受け付けられるので，接戦の選挙区では結果が判明するまで投票日から2週間近くかかることがある。2016年選挙では，保守連合側の勝利が判明するのに1週間以上かかった。

近年は，事前投票や郵便投票が増加しており，特に2022年選挙ではCOVID-19という事情もあり事前投票が36.4％，郵便投票が14.3％を記録した。投票日に投票所で投票する有権者が半数以下となっていることは，政党の選挙戦術にも影響を与えている。2022年選挙において，労働党は総決起集会（campaign launch）を事前投票開始の1週間前，投票日の3週間前の5月1日に行った。一方自由党・国民党連合は従来通り投票日の1週間前の5月15日に行った。

4 優先順位付き投票制度

1 優先順位付き投票制度の仕組み

強制投票制度と並ぶオーストラリアの選挙制度におけるもう1つの大きな特

徴は，候補者に自分の選好順位に基づいて順番を付けて投票する優先順位付き投票制度である。議会選挙制度を大別すると，1つの選挙区から1人が選ばれる小選挙区制と，得票率に応じて議席が決まる比例代表制があるが，オーストラリアの優先順位付き投票制度はどちらにも使われている。小選挙区制の場合，日本の衆議院選挙区や英国の下院議会選挙など多くで得票率に関係なく最も得票数の多い候補者が当選する単純小選挙区制（First-past-the-post）が用いられている。一方，当選者に対し過半数の得票を求める方法としては，決選投票方式が多くの国で大統領選挙に採用されている。議会選挙で決選投票方式を採っている代表的なものに，フランスの国民議会選挙がある。オーストラリアの場合は，優先順位付き投票によって1枚の投票用紙のなかで実質上の決選投票まで行っている。

　優先順位を付けることが任意となっているニューサウスウェールズ州議会選挙を除き，有権者は自分の選好に応じた優先順位をすべての候補者に付けて投票する。有権者は候補者全員に対する優先順位を明確に示さなければならず，番号が重複したり番号を飛ばしてしまった場合，その票は完全に無効となる。ただし，1人の候補者を残しそれ以外のすべての候補者に対し正しく順番が記されている場合，番号が書かれていない候補者に対する優先順位が最下位であるとみなし有効とされる。1回目の集計で過半数の票を得た候補者がいなかった場合は，得票数が最も少ない候補者の票が除外され，有権者の2次選好に沿ってほかの候補者に振り分けられる。このプロセスが，過半数の得票を得た当選者が確定するまで続く。当選者が確定したのちも優先順位の配分を続け，2党間選好得票（労働党対自由党・国民党連合）だけでなく2候補者間選好得票（所属政党に関係なく1位と2位の候補者間の得票）を集計している。

　AECが作成したリーフレットは，オマール，リリー，トム，レイチェルの4人がアーカディア選挙区で立候補し，有効投票数が10万票であったという例を掲載している。第2回集計の結果オマールとレイチェルは同数であるが，この場合は第1次選好得票数の多いレイチェルが第3ラウンドに進む[4]。

　また選挙委員会は，ホームページ上で2010年総選挙におけるタスマニア州デニソン（現クラーク）選挙区の例を示しているが，これは第1次選好得票で3位だった候補が逆転勝利した珍しい例である。

表5-1 優先順位付き投票の集計結果

	第1回	第2回	第3回集計	
オマール	25,000	25,000+8,000=33,000	33,000−33,000	
リリー	15,000	15,000−15,000		
トム	32,000	32,000+2,000=34,000	34,000+15,000=49,000	
レイチェル	28,000	28,000+5,000=33,000	33,000+18,000=51,000	当選

表5-2 2010年選挙におけるデニソン選挙区

	第1回集計	第2回集計	第3回集計	第4回集計
ウィルキー 無所属	13,788 21.3%	14,057 21.7%	20,692 31.9%	33,217 51.2%
ジャクソン 労働党	23,215 35.8%	23,444 36.2%	28,332 43.7%	31,642 48.8%
バーンズ 社会主義同盟	856 1.3%			
シンプキンズ 自由党	14,688 22.7%	14,786 22.8%	15,835 24.4%	
クーサー グリーンズ	12,312 19.0%	12,572 19.4%		

　優先順位付き投票制度は，州単位の比例代表制が採られている上院選挙でも用いられている。上院選挙では政党が提示した名簿登載順位を受け入れる拘束名簿方式か，政党の名簿にかかわりなくすべての候補者のなかから好みの順位を付けることができる非拘束名簿方式かを選択できる。

2　優先順位付き投票制度の歴史

　優先順位付き投票制度は1918年に導入された。背景には，この年に各州の農業団体を母体に地方党が結成され，反労働党側（この時点ではナショナリスト党）が分裂したことがあった。1918年10月に行われたスワン選挙区（ウェスタンオーストラリア）の補欠選挙において，死去したナショナリスト党議員の後継者は地方党（31.4%）とナショナリスト党（29.6%）に二分され，34.4%の票を得た労働党が漁夫の利を得た。反労働党側が合わせて61%の票を獲得しながら

敗れたこの補欠選挙結果の再現を防ぐため考案されたのが優先順位付き投票制度であった。導入の動機は党利党略であり，優先順位付き投票制度は長らく反労働党側を利してきた。1950年代半ばに労働党から分裂して生まれた民主労働党（DLP）は，労働党を政権から遠ざけることが存在理由といわれたようにほぼ常に自由党・地方党側に高い優先順位を送っていたからである。この状況は，1974年に DLP が連邦議会から姿を消し，労働党と自由党・国民党連合の中間に位置するオーストラリアン・デモクラッツが台頭したことで変化した（Sugita 1995）。こんにち，労働党の支持の一部がオーストラリアン・グリーンズに流れていることもあり，優先順位付き投票制度は労働党にとっても欠かせないものとなっている。

3 優先順位付き投票制度の効果

　優先順位付き投票制度は，少数政党や無所属候補への投票も無駄（いわゆる死票）にならない可能性が高まる。現在連邦下院には18人の無所属ないし少数政党の議員が在籍しており，国民党議員であった2人と自由党議員であった1人を除く15人のうち，初当選時に第1次選好得票から1位であったのは2人にすぎない。無所属・少数政党の候補（第3の候補）が小選挙区で行われる連邦下院選挙において成功するには，通常ならば2大政党の一方が常に大差をつけて勝つ「安全選挙区」であることが必須となる。接戦選挙区であれば2大政党のどちらもが勝利のため懸命に選挙活動を行うが，安全選挙区では資源とエネルギーの浪費になるので弱い側が懸命な活動を行うことはない。勝てない場合，次善の策は相手から議席を奪うことである。この場合，「第3の候補」は，残り3人となった時点で弱い側の大政党の候補者よりも多くの票を獲得し最終的に上位2候補に残らなければならない。常に負ける側としては，「第3の候補」を2位に押し上げるため，意図的に選挙活動の手を抜いたり戦略的に「第3の候補」への投票を促すこともあるかもしれない。いくら「第3の候補」が2位に入ったとしても，第1次選好得票で「常に勝つ候補」が50％の票を獲得されればそこで勝負あったとなる。2013年総選挙の際，ヴィクトリア州インダイ（Indi）選挙区で無所属のキャシー・マガウアンは，自由党有力現職議員（影の産業相）のソフィー・ミラベラを破ったが，このときマガウアンの第1次

選好得票率は31.2％であり，ミラベラのそれは44.7％であった。この例が示すように45％というのが1つの目安になるようだ。もちろん，他の候補者から有利な優先順位を得ることも重要である。

　優先順位付き投票制度は，有権者に対し最終的には労働党か自由党・国民党連合のどちらかの選択を迫るため，二党制を下支えする側面もある。各政党や候補者は，戦略的あるいは戦術的な思惑で優先順位を考え，自党あるいは自身に投票する有権者の2位以下の優先順位を可能な限り誘導したいと考える。また一般の有権者にとっても，第1次選好以外の優先順位に関しては，自分が支持する政党や候補者の希望に沿うケースが多い。そのため，各政党や候補者は「投票の手引き」(how-to-vote card) を作成し，投票所に選挙ボランティアを配置して配布する。これを配布することができなければ，投票所において存在を示すことができず，得票にも大きく影響する。そのため，「投票の手引き」を作成・印刷する資金力があり，それを配布できるボランティアを動員することができるかどうかが成功のカギになる。このため，組織力のある大政党が有利であると考えられてきたが，2013年以来活躍が目立つ中道リベラル系のコミュニティ・インディペンデント候補は，数百人から2000人規模のボランティアを動員し，選挙区内の投票所にロースターを組んで複数のボランティアを配置できるようになっている。投票日の投票所は，投票に来る人々や各党・候補者のボランティアで活況を示しており，学校のPTAやコミュニティ団体が資金集めのため，鉄板で焼いたソーセージと炒めた玉ねぎを合わせパンにはさんで販売することが恒例となっている。いつしかこれは「民主主義ソーセージ」(Democracy Sausage) と呼ばれるようになり，オーストラリアの選挙の風物詩となっている。

　投票制度が複雑なうえに，オーストラリアに移住してくる人たちは非英語圏からの移民が多く，また必ずしも民主的な選挙制度になじんでいるとは限らない。AECは，37言語による選挙に関する情報を掲載したオンラインサイトと電話による翻訳サービスを提供している。なお，憲法改正の国民投票の場合は，賛成か反対かのボックスに印をつけるのではなく，1つのボックスにYesかNoかを書き込む形式となっている。

5　下院の選挙制度

　連邦下院は，小選挙区で優先順位付き投票制度を用いて行われている。2023年現在151議席であるが，COVID-19も影響した州人口の変動により次回選挙では150議席になることが決まっている。下院の議席数は，連邦憲法24条において可能な限り上院議員の2倍であること，各州に割り振られる議席数は，連邦の総人口を州選出上院議員数の倍（2024年現在は144）で割って出た数値で州の人口を割って出た数を小数点以下四捨五入することで得られると定めている。例えば総人口が2700万人とすると，これを144で割って18万7500という基数が得られる。ある州の人口が500万人と仮定すると，この数を18万7500で割ると26.67となり，小数点以下は四捨五入するので，この州に割り当てられる議員数は27人となる。ただし，連邦結成時の州は，人口に関係なく最低5議席が保証され，タスマニア州がこの恩恵を受けている。また，連邦選挙法55条Aは，ノーザンテリトリーとACTが最低2名の議員数を確保するよう定めている。

　各州に配分される下院議員数が決定されると，今度は各州で選挙人登録した有権者数を下院議員数で割って基数を産出し（連邦選挙法65条），それに基づいて各州内の選挙区割りが行われる。このとき，各選挙区の有権者数は基数から±10％の差が認められているが，人口の移動を見込んで3年6カ月後に差が±3.5％に収まるよう設定される（連邦選挙法66条）。選挙区割りの見直しは，州に配分される議員数が変化する場合，州内の1/3以上の選挙区で不均衡が発生していると AEC が認める場合，そして前回の選挙区割り変更から7年が経過する場合に実施される（連邦選挙法59条）。選挙区割りは，議員や政党から完全に独立しており，AEC 委員長，AEC の州代表，測量局長（Surveyor-General）あるいはそれに該当する役職者，会計検査委員長（Auditor-General）の4名で構成される選挙区割り委員会が原案を作成する。議員や政党，そのほかの関係者は原案に対し不服を申し立てることができ，その場合は裁判官経験者から選ばれる選挙委員会議長（Chairperson）ともう1人の選挙委員が加わり6人の委員会で検討され決定される（連邦選挙法70条）。なお，オーストラリアの選挙区

名は，地名や人名などから採っており，歴代首相は没後選挙区名に採用されている。近年では，植民地時代の人物で先住民の虐殺などにかかわったことが判明したものを選挙区名から外し，先住民の人名や地名に置き換えることが起きている。[5]

6 上院の選挙制度

　上院議員は，連邦制のなかで州の利益と権限を代表するという観点から州単位で選出されており，現在は6州から各12人，2地域から各2人の合計76人が議員定数となっている。州選出の上院議員の任期は6年であり通常3年ごとに半数が解散される。また，地域選出の上院議員は下院選挙ごとに改選される。次章で述べるように政府は両院解散選挙を行うこともできる。上院の選挙制度では，下院とは異なった選挙制度が用いられてきた。1949年選挙以降は優先順位付き（単記移譲式）の比例代表制が採用されてきた。この制度のもとで上院議員に選出されるためには，有効投票数を改選議席数に1を加えた数で割った数に1票を加えたクオータ（現在は半数改選であれば14.3%，両院解散の場合は7.7%，地域選出の場合33.4%）に達する必要がある。

　1949年から1983年まで，有権者はすべての候補者に優先順位を付けることが求められていた。各政党は順位付けした候補者リストを提出し，優先順位を印刷した投票の手引きを投票所で配布していた。有権者の大多数は投票の手引きをそのまま転記していたが，政党が希望する優先順位を無視して投票することも可能であり，その場合は非拘束名簿方式として機能していた。非英語圏からの移民を中心に多くの無効票が生じている懸念から，1984年に拘束名簿方式を選択できるよう改正が行われ，有権者が拘束名簿方式を選んだ場合，選好する政党に「1」のみを付けるようになった。この場合支持政党の名簿はもちろん政党間の優先順位も，あらかじめ政党が決定して登録することとなり，拘束名簿方式を選ぶ限り有権者の意思を優先順位の決定に反映することができなくなった。それまで10%近くに上っていた無効票は，この制度が導入された1984年以降大幅に減少した。

　拘束名簿方式が導入されて以来，各政党の選挙担当者にとって，他党と交渉

し自党に有利な優先順位の登録を勝ち取ることが重要な役割の1つとなった。この方法が候補者や政党の乱立を生むことは，81政党から264人が立候補した1999年のニューサウスウェールズ州議会選挙以来指摘されていたが，連邦では2013年選挙を前に供託金が引き上げられた以外手は打たれていなかった。同年の上院半数改選選挙では，全国で53政党が529人の候補者を擁立し，特にニューサウスウェールズ州では44政党から110人が立候補した。この結果，投票用紙が巨大化したりフォントが小さくなったため投票所に拡大鏡が用意されたりする事態となった。自由党・国民党連合と労働党にグリーンズを加えた既存政党の上院での得票率が76.5％にとどまり，既存政党以外の上院議員が7人当選したが，そのなかには自由党と紛らわしい名称（自由民主党）でしかも投票用紙で最も有利な記載場所を得た政党が前回比4倍の9.5％を集めて当選したケースや，第7章でみるようにわずか0.5％の第1次選好得票率ながら他の極小政党と排他的な優先順位の取引を行う「極小政党連合」に加わり当選したケースがあった（杉田 2015）。

　このまま放置しておけば次の選挙でも同様の結果が生じると危機感を抱いた既存政党は，選挙制度に関する両院常任委員会（JSCEM）において検討を開始した。JSCEMは，優先順位の登録を廃止し，有権者が自らの意思で優先順位を付けることができるように拘束名簿方式に任意の優先順位付き投票制度を採用するとともに，非拘束名簿方式については要件を大幅に緩和する改正案を提示した。ターンブル政権は，2016年2月下旬に上院の選挙制度改正を目的とした連邦選挙法改正法案を議会に提示し，夜を徹した審議の結果，3月18日（議事日程上は3月17日）に上院を通過した。この結果，拘束名簿方式か非拘束名簿方式かを選択できる方式を維持するが優先順位の登録は廃止された。有権者は拘束名簿方式でも自らの選好を明示するようになり，同時に非拘束名簿式の有効条件が緩和された。無効票の急増を防ぐための救済措置も設けられ（Green 2016），懸念されたような無効票の多発は起きなかった。選挙制度改正の効果からか，2004年から2013年までは3〜4％で前後していた非拘束名簿方式を選ぶ有権者の割合は，2016年には6.5％に上昇した。特に2016年，タスマニアでは28％を超える有権者が非拘束名簿式を選び，党リストの順番を覆す当選者も現れた。

議員が辞職や在職のまま死亡あるいは行方不明となった場合，下院議員であれば補欠選挙が行われる。比例代表制で選ばれる上院議員の場合，辞職ないし死亡した議員と同じ政党から欠員を補充することが慣習となっていた。しかしながら，1975年にニューサウスウェールズ州首相とクインズランド州首相が相次いでこの慣行を破り，特に後者の行為は自由党・国民地方党連合野党による経常支出法案の採決先送りを可能にすることで憲政危機（⇒第4章）において重要な役割を果たした。このため，ウィットラム解任により首相となったフレイザーは，1977年に憲法15条を改正し慣習を成文化した。この改正により，初めて政党が憲法に位置づけられたのであるが，成文化すると想定される様々な状況に対応しなければならず，15条は840語を超え最も長い条文となっている。オーストラリアの憲法は，成文憲法と憲政上の慣習の2つの車輪から成り立っているが，後者を成文化することがいかに大変であるか，15条が物語っている。

📖 おすすめ文献

①杉田弘也，2015，「既存政党の逆襲――オーストラリア連邦上院の選挙制度改革」『選挙研究』31（2）：109-122．
　2013年総選挙では，上院選挙制度の盲点を突く選挙コンサルタントの選挙戦術のおかげで，思いがけない当選者が生まれた。既存政党は再発防止のために上院の選挙制度改正を意図しているが，その背景について分析した。

②小暮哲夫，2017，「『世界で最も完璧に近い投票制度』オーストラリアの難解すぎる選挙」*withnews.jp*，2017年10月16日（https://withnews.jp/article/f0171016001qq000000000000000W03510101qq000016047A）．
　オーストラリアの優先順位付き投票制度について，上院の集計方法も含めわかりやすく説明している。本章の内容と合わせ読んでもらえればより理解が進むと思われる。

③秋山訓子ほか，2024，「特集・世界の選挙」朝日新聞 Globe＋（https://globe.asahi.com/feature/11038499）．
　オーストラリアの強制投票制度，優先順位付き投票制度，選挙が実施される環境についてわかりやすく説明されている。Democracy Sausage のこともよくわかる。また米国やインドなど他国の最新選挙事情や日本での取り組みに関する記事もある。

【注】

1）　法案が議会を通過したのは1894年であり，国王の裁可を得て成立したのは1895年であった。このため，資料によっては女性参政権を1894年としている場合と1895年として

第Ⅱ部　政治社会

いる場合がある。

2)　ハワード政権は2006年に選挙法を改正し，選挙人名簿登録の締め切りを令状発行日の午後8時に繰り上げた。自由党・国民党への支持が低い若者を選挙から締め出そうとする試みではないかと主張した左派系市民団体が，2010年総選挙直前に連邦最高裁判所に提訴し，連邦最高裁判所はこの主張を認め2006年の改正は無効となった（*The Sydney Morning Herald,* 2010年8月6日）

3)　連邦選挙法101条は，選挙人登録を怠った場合1ペナルティ・ユニット（連邦であれば313ドル）の罰金刑が課せられると規定しているが，法律事務所は実際には課せられていないと記している（https://lylawyers.com.au/penalty-for-not-enrolling-to-vote/，2023年8月15日閲覧）。

4)　仮想候補者の名前は，ジェンダー平等や多文化主義社会を反映している。オマールとトムは男性，リリーとレイチェルは女性である。オマールはムスリムの名前であり，リリーはアジア系の可能性もある。

5)　たとえば，ヴィクトリアでは，McMillan が Monash に，Batman が Cooper に，Murray が Nichols に変更された。

第6章　議会制度
▶強力な上院とどう付き合うか？

　本章は，オーストラリアの議会制度を扱う。オーストラリアは日本と同様の二院制をとっているが，上院は日本の参議院以上に強力で下院とほぼ同じ権限をもつ。また上院の選挙日程が下院の解散時期にも制約を加える。第5章で記したように，下院選挙では優先順位付き小選挙区制，上院では優先順位付き比例代表制が用いられ，その結果もあって党派の構成が異なる。日本では参議院は解散できないことが憲法上定められているが，オーストラリアでは両院の意見が異なる場合，政府は一定の条件のもと上院を解散することもできる。さらに，議会を通過した法案の承認に関して総督が自己判断できるという条項についても考察する。

1　議院内閣制

1　オーストラリアの執政制度

　オーストラリアは，英国式の議院内閣制をとっている。ただし憲法上，第4章で述べたように，首相も内閣も記載されておらず，国王がもつ執政権は国王の代理である総督が行使するとなっている（61条）。総督を含む最低3名からなる連邦行政評議会（Federal Executive Council）が設置され（62条），憲法の条文のなかで「評議会における総督」（Governor-General in Council）となっている場合，総督は連邦行政評議会の助言に基づいて行動する（63条）。首相や内閣の記載はないが，64条で総督は各省を統括する閣僚を任命すると定められており，この閣僚は連邦行政評議会の構成員となる。64条はまた，閣僚が上院か下院の議員であること，もしそうでない場合は3カ月以内に議員になることと定めている。[1]

　執政府（Executive）は，閣内相（cabinet/senior ministers），閣外相（outer/junior ministers），補佐相（assistant ministers/parliamentary secretaries）によって構成される。閣内相，閣外相，補佐相の人数について法的な決まりはない。2024年時

点，アルバニージー政権は，閣内相23名，閣外相7名，補佐相12名から構成される。日本では，各省庁はそれぞれの設置法によって存在しており，統廃合や名称の変更には法改正が必要であるが，オーストラリアではそのような制約はない。1987年にホーク政権は，外務省と貿易省を外務貿易省に，雇用・労使関係省の一部と教育省を雇用・教育省に統合したが，法改正は必要なかった。

　頻繁に省名が変更されているのは移民省であり，その時々の政権の優先度や社会の変化を垣間見ることができる。移民省は，第2次世界大戦後，重工業化による経済発展と国防面から人口の増加が必須と考えたチフリー労働党政権が，大規模な移民政策を開始したときに新設された。オーストラリアが多様な背景をもった移民を受け入れ，白豪主義から多文化主義に転換すると，エスニック・マイノリティや多文化主義を表象する省名に変わった。しかし，多文化主義に消極的なハワード政権が，アフガン侵攻やイラク侵略など対テロ戦争に踏み込んでいくと，エスニックや多文化に変わって市民権が名称に加えられた。さらにアボット政権下で移民省は国境防衛軍（Border Force）へと改名された税関（Customs）と統合され，市民権に変わって国境防衛が名称に加えられた。実務面でも移民省の任務は，移民の定住支援から入国管理に変わっていった。2017年にはターンブル首相が党内保守派の中心であったダットン移民相を宥和するため，その要請に応じて移民・国境防衛省に連邦警察や国内を担当する情報機関であるオーストラリア保安情報機関（Australia Security Intelligence Organisation：ASIO）を統合し，移民省は内務省となった。内務省の肥大化への懸念が強まり，2024年にはアルバニージー政権は連邦警察とASIOを内務省から法務省に戻した。

2　オーストラリアと日本の違い

　日本では，閣僚が議会答弁を行う際，官僚が野党議員を回って質問を取り，朝までに答弁を作成し，閣僚はそれを国会で読み上げるだけともいわれ，このことが官僚の異常な勤務実態にもつながるとされている。オーストラリアではそれはありえない。開会中に月曜から木曜まで午後2時から1時間ほど行われるクエスチョン・タイム（QT）は，Questions without Noticeという言葉が示すように，野党議員からの事前の通告はないのが普通であり，閣僚とそのオ

表6-1 移民省の名称の変遷

年	名　称
1945〜74	移民省 (Immigration)
1974〜75	労働・移民省 (Labour and Immigration)
1975〜87	移民・エスニック担当省 (Immigration and Ethnic Affairs)
1987〜93	移民・地方自治体・エスニック担当省 (Immigration, Local Government and Ethnic Affairs)
1993〜96	移民・エスニック担当省 (Immigration and Ethnic Affairs)
1996〜2001	移民・多文化担当省 (Immigration and Multicultural Affairs)
2001〜06	移民・多文化・先住民担当省 (Immigration, Multicultural and Indigenous Affairs)
2006〜07	移民・多文化担当省 (Immigration, Multicultural and Indigenous Affairs)
2007〜13	移民・市民権省 (Immigration and Citizenship)
2013〜17	移民・国境防衛省 (Immigration and Border Protection)
2017〜	内務省 (Home Affairs)

フィスでは朝から新聞に目を通し，TV／ラジオの時事番組を視聴して想定問題を作成し準備する。これができないようでは閣僚には任命されないであろう。第3章でポーリン・ハンソン上院議員がブルカを着用して議場に現れたエピソードが紹介されているが，このときに答弁に立ったジョージ・ブランディス法相（当時）は，テロ対策にはムスリム・コミュニティの協力を欠かすことはできず，ハンソンのような態度こそがムスリムを社会から排斥してテロに向かわせるのだと見事に論破した。事前にその日の QT でハンソン上院議員からの質問があると知っていたらある程度の用意をしていたかもしれない。そうでなければ，ハンソンがブルカを着用して登場したところからの用意となる。ブランディス法相は特に雄弁家として知られているわけではなかったが，この時は野党である労働党やオーストラリアン・グリーンズの議員からスタンディング・オベーションが寄せられた。またギラード首相は，2012年10月9日にアボット野党党首が女性蔑視（嫌悪）主義者であると論じた「ミソジニー・スピーチ」として知られることとなる極めてインパクトの強いスピーチを，走り書きのメモのみを頼りにぴったり15分で行った。日本の閣僚にはとてもまねできないことではないだろうか。

連邦議会議事堂は，首都キャンベラにある。現在の建物は，1988年の入植200年に合わせて建設されたもので，キャピタル・ヒルと呼ばれていた丘をくりぬいて作られた。両院の議場に加え議員・閣僚の執務室，閣議室，放送局や新聞社の支局が集約されており，日本では国会議事堂，衆議院・参議院の議員会館，首相官邸が1カ所に集まっていると考えればよいであろう。また，議員や議員スタッフ，議会職員のための託児所も備えられている。1988年まで使用されていた旧議会議事堂は，「オーストラリア民主主義博物館」(The Museum of Australian Democracy) として公開されている。

2　オーストラリアの二院制

連邦と州・地域の議会制度と選挙制度を整理すると，表6-2のようになる。州のなかで一院制となっているクインズランド州議会は，指名制であった上院の廃止を政策としていた労働党が，1922年に労働党員を上院議員に指名させるよう州総督を説得して多数を占めたうえで上院を廃止した。下院議員を比例代表制選挙によって選出しているタスマニア州とACTは，いずれも非拘束名簿方式の一種であるヘア・クラーク式を採用している。議会の任期は，州議会では3年から4年に延長しており，タスマニア州以外は固定任期制を導入して任期途中の解散をできないようにしている。連邦下院は，憲法28条で任期が選挙後の議会開会から3年と定められている。たとえば，2022年5月21日に行われた総選挙後の第47議会は，7月26日に開会しているので，下院の任期は2025年7月25日までとなる。連邦上院の任期は6年間で，基本的には選挙後の7月1日から6年後の6月30日までの6年間と固定されている。ただし，ノーザンテリトリーとACT選出の上院議員の任期は，下院議員と同じとなっている。また，後述の通りオーストラリアでは上院も解散される場合がある。

また連邦総督（実質的には首相）は下院を解散できる。政府が下院を解散することに対する憲法上の制約はないが，上院の任期による間接的な制約が存在する。憲法13条は，上院の半数改選選挙は任期が切れる1年以内に行うと定められている。たとえば，2019年5月の選挙で選ばれた上院議員の任期は，選挙後の2019年7月1日から開始されており，2025年6月30日で満了となる。この上

表6-2 連邦・州・地域の議会制度と選挙制度

	一院/二院制	下院選挙制度	上院選挙制度	下院任期
連邦	二院制	優先順位付き小選挙区	優先順位付き比例	3
NSW	二院制	優先順位付き小選挙区	優先順位付き比例	4
VIC	二院制	優先順位付き小選挙区	優先順位付き比例	4
QLD	一院制	優先順位付き小選挙区		4
SA	二院制	優先順位付き小選挙区	優先順位付き比例	4
WA	二院制	優先順位付き小選挙区	優先順位付き比例	4
TAS	二院制	ヘア・クラーク式比例	優先順位付き小選挙区	4
NT	一院制	優先順位付き小選挙区		4
ACT	一院制	ヘア・クラーク式比例		4

注：NSW：ニューサウスウェールズ，VIC：ヴィクトリア，QLD：クインズランド，SA：サウスオーストラリア，WA：ウェスタンオーストラリア，TAS：タスマニア，NT：ノーザンテリトリー，ACT：首都地域。

院議員の改選選挙が行えるのは2024年7月1日以降であるから，もしも下院選挙と上院の半数改選を同時に行おうとするならば，2022年5月の選挙で成立した第47議会は，2年間は解散できない。上院の単独選挙という危険を回避したうえで早期解散を行ったのであれば，両院解散選挙ということになる。両院解散選挙を行った場合，上院の任期開始は選挙後ではなく選挙前の7月1日にさかのぼる。また，下院の任期満了まで6カ月以内の場合，両院解散選挙は行えない。1983年3月の両院解散選挙で当選した上院議員の任期は，1983年7月1日ではなく1982年の7月1日であった。この場合，半数の上院議員の任期は1985年6月30日で満了となるから，下院選挙を上院半数改選と同日に行うためには，選挙から2年余りの1985年5月までに行わなければならず，ホーク政権は選挙から1年9カ月後の1984年12月に下院を解散し総選挙と上院半数改選選挙を実施した。また2016年には，ターンブル政権は両院解散が可能なギリギリの日程（5月9日）で解散したが，7月2日に選挙を行うため8週間という異例の選挙期間となった。

オーストラリアの連邦議会は二院制であり，名称は米国議会と同じように下院はHouse of Representatives，上院はSenateとなっている。第**5**章で記したように，下院議員数は上院議員の約2倍と定められている。上院議員の数は，

連邦結成時は各州6人ずつと憲法7条で定めているが，これは各州の上院議員数が同数である限り議会による立法行為によって変更することができ，36人から1949年に60人，1975年に64人（ノーザンテリトリーとACT選出上院議員が初めて加わる），1984年に76人に拡大されてきた。これに伴い，下院の議員数も75人から約125人，約150人と増加してきた。1984年のオーストラリアの人口は約1550万人であり，それから40年近くの間に1000万人以上（70％）増加したが，議員数はほとんど変わっていない。この結果，連邦結成時には5万人，1984年には10万5000人であった議員1人あたりの人口数は，2024年現在では17万人になってしまった。オーストラリアの連邦下院と同様の制度をとっている英国では9万2千人，カナダは11万3千人であり（Galloway 2023），オーストラリアがこれまで約40年の間隔で議員数を増やしてきたことを考えれば，下院議員数を増やすべき時期にある。問題は，憲法上の制約により下院議員を増やすためには上院議員を少なくとも12人増やさなければならないことである。[2] 上院議員を76名から88名に増やした場合下院議員数は175名，100名に増やした場合は200名となるが，それでも議員1人あたりの人口数は13万人である。さらに，上院議員が100名ということは，人口57万人，下院議員数5名のタスマニア州から16名の上院議員が選出される一方，人口46万人のACTから上院議員が2名しか選出されないという不均衡が生じる。

下院の優越性について，連邦憲法53条は以下のように定めている。

1 歳入や国庫の金銭を支出したり課税する法案は上院では先議されない。
2 上院は税金を課す法案や政府の通常の業務のために歳入や国庫の金銭を支出する法案を修正しない。
3 上院は市民に対する課金（charge）や負担（burden）を増すような法案修正をしてはならない。

政府が日常業務のために政府のお金を支出したり税金を課したりするような金銭法案（money bills）の先議権と修正権は，下院のみが行使できる。さらに下院の議院規則は，53条で規定されているような「支出額を増やしたり支出の目的を変えるような修正」の提案は，政府動議に限ると定めている（Elder 2012：433）。デイヴィッド・エルダー下院事務局長は，「金銭法案は執政府の権

威に裏付けられてなければならず，支出を増やすような修正にそのような裏付けがなければ憲法違反となる」と述べている。

憲法53条には続きがある。上院は金銭法案の修正はできないが，下院に対し修正要求を付けて送り返すことができる。もちろん否決することもできる。さらに，金銭法案以外の法案について，上院は下院と同一の権限をもつ。すなわち，憲法53条は上院に対する下院の優越を定めているようにみえるが，実態は両院の権限は同じと考えられる。日本では予算と国際条約それに首相の指名について衆議院を通過すれば自動成立の規定があり，また参議院で法案が否決された場合，衆議院で2/3以上の賛成で再可決する規定もある。オーストラリアにはこのような条項はない。オーストラリアの上院は，二院制である議院内閣制の国では，下院とともに上院が首相・内閣を不信任できるイタリアに次いで強力な権限を有しているといえる。

3 委員会制度

上院の権限を特徴づけているのは，強力な委員会制度である。上院の委員会制度は1960年代に整備され，1994年に大きな改革が行われた。8つの政策分野ごとに設置されている上院の常任委員会には，それぞれ法案委員会（legislation committee）と調査委員会（reference committee）の2種類が設けられている。前者は，政府側が過半数および委員長職を握り，法案や政府支出の精査を行う。政府支出に対する詳細な質疑が上院の担当閣僚や官僚，公共企業体の役員に対して行われる政府支出精査委員会（Senate Estimates Committee）は，法案委員会に組み込まれている。後者は，非政府側が過半数および委員長職を握っており，上院の指示により幅広い調査が行われる。特別委員会も随時設置されており，モリソン政権のCOVID-19対策を精査したのは，上院COVID-19特別委員会であった。この委員会は7人の委員のうち当時第一野党であった労働党から委員長を含む3名，自由党・国民党連合政権から2名，グリーンズ1名，少数政党（ジャッキー・ランビー・ネットワーク）1名という構成であった。また，上下両院の合同委員会も設置されており，特に選挙制度合同委員会やインテリジェンス・安全保障合同委員会は影響力が大きい。

4 両院解散と両院合同議会（憲法57条）

1 憲法57条の規定

上院と下院の選挙制度が異なるということは，上院と下院の党派構成が異なる可能性が高いということである。第7章で詳述するように，比例代表制のおかげで上院は多党化が進んでおり，過去60年間で政権政党が上院の過半数を確保したのは1975年12月から1981年6月までと2005年7月から2007年11月までの8年足らずにすぎない。上院と下院の意見が対立した場合の解決法とされているのが憲法57条であり，以下のように規定している。

1 下院を通過した法案が3カ月以上の間隔を置いて2度にわたって否決されるか通過できないか（fails to pass）下院が受け入れないような修正を加えて通過した場合，総督は下院の任期終了まで6カ月より以前であれば，両院を同時に解散できる。
2 そのような解散の後，同じ法案に関して同様のことが起きれば，総督は両院合同議会を主宰し，上下両院議員総数の絶対過半数の賛成で法案を通過させることができる。

両院解散も合同議会の主宰も実際に行うのは総督ではなく首相である。

2 両院解散の歴史

これまで両院解散選挙は，1914年，1951年，1974年，1975年，1983年，1987年そして2016年の7回実施され，両院合同議会は1974年の1回だけ開催された。

1914年の両院解散選挙

1914年の両院解散選挙は，前年総選挙で1議席差の勝利を収めたクック政権が上院の過半数を確保するために起こしたもので，このとき引き金となった法案には重要性はなく，上院で過半数を握る労働党に反対させることを意図したものであった。憲法起草に中心的な役割を果たしたサミュエル・グリフィス連邦最高裁判所長官やバートン同判事（初代首相）から，憲法57条は政権の生殺与奪を握るような重要法案を意図していたとの異議が上がったが，連邦総督は両院解散のための要件は満たしているとしてこれを許可した（Evans and Laing eds. 2012)。選挙戦は第一次世界大戦の前夜であり，安全保障上の緊張は現職の，それも英国に対するナショナリズムを標榜していた労働党ではない保守政権に有利であろうという見込みもあった。英独間の緊張を政治利用しようとしたクックの目論見は，労働党のフィッシャー党首が，「名誉が許す限りすべての努力がなされた後に最悪の事態に至れば，オーストラリアは最後の1人，最後の1シリングまで母国を守るために立ち上がる」と宣言したことで打ち消され，選挙は労働党の圧勝に終わった。

1951年の両院解散選挙

2回目の両院解散選挙は1951年であった。1949年12月の総選挙で政権を獲得したメンジーズ率いる自由党・地方党連合政権は，上院の過半数を獲得するために労働党が賛成できない法案を引き金に行った。このとき労働党が多数を占める上院は，1度目に否決されたのち2度目の上院審議の際，再度上院委員会に諮問したが，政権側はこれが57条で示されている「通過できない（fails to pass）」に当たるとして両院解散選挙を求めた。労働党側は，2度の否決という条件を満たしていないと主張したが，労働党の政治家出身であったウィリアム・マケル総督は政府の主張を認めた。両院解散選挙の結果メンジーズ政権が勝利して上院の過半数も獲得した（Evans and Laing eds. 2012）。

1974・75年の両院解散選挙

3回目と4回目の両院解散選挙は，ウィットラム労働党政権下で行われた。1972年12月の総選挙で23年ぶりに政権に復帰した労働党であるが，1972年の総選挙は下院単独選挙であり，1967年と1970年の選挙結果を反映した上院では，自由党・地方党連合と労働党に敵対的な民主労働党が過半数を占め，労働党政権の主要法案の多くを阻止していた。ウィットラムは，野党側が経常支出法案（Appropriation Bill，通称 Supply）への反対を表明したことから，1974年4月11日に両院を解散し，5月18日に投票が行われた。ウィットラム政権は下院議席数を減らしながらも再選され，8月に史上初めて行われた両院合同議会において両院解散の要件を満たしていたとされる選挙法関連法案，健康保険制度関連法案，海底資源管理法案など6本の法案を成立させた。[3]

1974年の両院解散選挙は，民主労働党を壊滅させたが，労働党は上院の過半数を獲得できなかった。労働党と自由党・地方党連合が各29議席，無所属が2

議席を占めるという均衡状態は,クインズランド州首相が死去した労働党上院議員の後任にウィトラムに敵対的な人物を指名することで崩れた。野党党首のフレイザーは,ウィトラム政権下で起きた海外起債をめぐるスキャンダルを口実に1975年10月に経常支出法案の採決を拒否するという手段に出た。11月末には政府の支出に法的な裏付けがなくなるという状況のなか,ウィトラムは上院の半数改選で切り抜けようとした。ジョン・カー総督は,フレイザーや連邦最高裁判所の複数の判事と秘密裏に協議したのち,11月11日にウィトラムを解任し,両院解散選挙の実施を条件にフレイザーを暫定首相に任命した。12月13日に行われた両院解散選挙の結果,フレイザーが大勝した。総督が下院で過半数を握り信任を維持している首相を解任した事態は,社会に大きな亀裂を残した。これは総督による首相の解任を可能にしている成文憲法と,総督は首相の助言によってのみ行動するとする憲政上の慣習との衝突でもあった。さらに,両院解散の要件となった法案はすべてウィトラム政権の法案であり,選挙後フレイザー政権がこういった法案を議会に提案することはなかった。「憲政危機」(⇒第4章)と呼ばれたこの出来事は,1977年3月にフレイザーの方針に反対した自由党の閣僚経験者であるドン・チップ下院議員が離党し,オーストラリアン・デモクラッツ(Australian Democrats)を結党する遠因となった。

1983年の両院解散選挙

　1914,1951,1974年の両院解散選挙は,上院の過半数を確保する,あるいは必要な法案を成立させるという大義名分はあった。1975年は,極めて特異な状況下での選挙となった。これに対し1983年以降の両院解散選挙は,政治状況が有利であると感じた政府による早期解散の手段となった。1983年の両院解散選挙で引き金となったのは,物品税をそれまで課税対象となっていなかった食料品や子どもの衣料などの生活必需品に拡大しようとした1981～82年度予算に関連した法案であった。これはたしかに重要法案であったが,2度目に否決されたのは1982年2月,すなわち解散の1年前であり,その間この措置を含めない1982～83年度予算が成立していることを考えると,政権にとって本当に必要だったのか疑わしい。両院解散の助言を受けたニニアン・スティーヴン総督は,フレイザーに対し解散理由の再説明を求め,フレイザーは上院の過半数を

得るためとの理由を挙げて許可を得た（Evans and Laing eds. 2012）。この時点でフレイザーが両院解散選挙に踏み切った最大の理由は，実は労働党の党首争いに端を発した内紛に期待をかけた早期解散選挙の実施であった。ところが，労働党のビル・ヘイドン党首は，まさにフレイザーが総督を訪れているそのとき党首の座を降りホークに譲ると発表した。フレイザーの思惑は外れ，カリスマ的人気を誇るホーク新党首が選挙で快勝した。

1987年の両院解散選挙

1987年の両院解散選挙は，そのホークが，税金逃れと社会保障の不正受給の防止を目的としてオーストラリア市民と永住者に写真付きIDカードの所持を義務付けるオーストラリア・カード法案が2度にわたって否決された（1986年12月10日，1987年4月2日）ことを名目として行った。ホーク政権は3選を果たしたが，上院の状況は変わらず，両院合同議会の開催直前まで至った。しかしこの法案は，法律の施行を政令によって定めるとしていた。政令は両院のどちらかで取り消すことができ，自由党・国民党連合とデモクラッツが上院で政令を取り消すことを表明しため，たとえ両院合同議会で可決されたとしても法律が施行できない。この結果両院合同議会は開かれず，政府は納税者番号制度の導入によって所期の目的を果たすこととなった（Sugita 1995）。しかしながら，ホーク政権の真の目的は，クインズランド州首相であったジョー・ビヨーキ・ピーターセンが連邦首相の座を狙った野望によって引き起こされた自由党・国民党連合内の混乱に乗じることにあった。オーストラリア・カード法案は，選挙戦の争点にはならなかった。

2016年の両院解散選挙

最近の両院解散選挙は，2016年のターンブル自由党・国民党連合政権によるもので，議会は5月9日に解散され7月2日に選挙が行われた。この時の引き金となったものは労使関係関連である建築・建設業組合監視委員会法案（ABCC法案）であったが，ターンブルにとって，両院解散は早期選挙の手段であった。2015年9月に党内きっての保守派アボットから首相の座を奪取した党内きってのリベラル派ターンブルは，国民党との連立協定によってリベラル色を打ち出せなかった。そこで早期選挙を実施し大勝することで独自の政策を打ち出そうとしたが，圧勝できたはずの首相就任直後は両院解散の引き金となる

法案がなかった。2016年7月であれば，通常の上院半数改選が可能な時期ではあったが，上院の選挙制度改革（⇒第**5**章）で二大政党（労働党と自由党・国民党連合）以外の無所属・少数政党の議員（クロスベンチ議員）の多くを敵に回したため，そういった議員を両院解散で一掃する必要もあった。両院解散が可能な日（5月10日まで）と上院任期の関係（選挙日は7月2日以降）から選挙期間は異例の長さとなった。勝利が確定するまで1週間かかる大接戦の末，自由党・国民党連合は14議席を失い，かろうじて下院の単独過半数を確保できたが，ターンブルの威信は大きく傷ついた。両院解散の要件となった法案は両院合同議会でも通せない状況となり，結局上院での修正に応じることとなった。

③ 両院解散選挙の成否

　ハワード政権が，労使関係の不当解雇禁止条項廃止法案を毎期のように上院に2度否決させ両院解散の「引き金」を作りながら行使しなかったように，両院解散選挙に手をかけながら実施しなかったケースもある。1999年に導入したGST（消費税）法案では，意のままにならない上院に対し一度は両院解散をちらつかせたが，GST導入を争点とした1998年選挙で大幅に議席を失い首の皮1枚つながったハワード政権にとって，上院でデモクラッツと妥協し基本的食料品をゼロ税率として消費税の対象外とするしか法案を成立させる手段はなかった。2010年，ラッド政権は，「われわれの世代が直面している重大な倫理上の課題（the great moral challenge）」であるはずの気候変動ガス取引制度法案について両院解散選挙に踏み込むことができず，大きく支持を失うこととなった。

　これまでの両院解散選挙の動機と結果を整理すると，表6-3のようになる。
　政府が再選され上院の過半数も確保できた1951年がベストの結果であり，政府が再選され両院合同議会を招集して法案を可決できた1974年もセカンド・ベストの結果であろう。ただ，ここで上院の過半数を確保できなかったことが翌年の憲政危機につながった。1987年は上院の構成に変化なく両院合同議会も招集できなかったが，政府の目的が政治状況から解散することにあったと考えればまずまず成功といえる。1914年と1983年は，選挙に敗北したので明らかな失敗である。2016年は，選挙に勝ったものの，下院の多数を大きく減らし上院の

第 6 章　議会制度

表 6-3　両院解散選挙の動機と結果

動機・結果	成功	失敗（敗北）	状況悪化
上院過半数確保	1951	1914	
法案成立	1974		
早期解散	1987	1983	2016
特殊状況	1975		

状況も悪化し，2年後にターンブルが首相の座を失うことにつながっていった。最後に1975年は，憲政危機の特殊ケースと分類できる。

　両院解散選挙には，以下の特徴がある。1914年のケースが示すように，憲法57条の条件を満たせば重要法案である必要はない。1983年のケースが示すように，要件を満たしていればいつでも実施できる。1975年のケースは特殊ではあるが，要件となった法案を選挙後に提示しなくてもよいことを示している。ハワード政権がそうであったように，要件を満たしていても必ずしも実施しなくてもよい。要件を満たす法案を政権初期に作りだして在庫しておくことができる。1987年と2016年のケースは，これが早期解散の手段ではあるが，上院議員任期の関係で行使時期が限定されることを示している。執政府に行使するか否か，その時期など大きな裁量権があり執政府に有利な制度といえるが，敗北することもあるし法案が議会に提出されてから最後まで半年の期間を要するという点もある。

　また，両院解散選挙は，なぜか1970年代と1980年代に集中している。1970年代と1980年代は，オーストラリアにとってウィットラム政権による社会改革に続きホーク政権による経済改革という大きな変革の時代であった。この労働党政権による改革は，4度にわたる両院解散選挙によって有権者からの裏付けを得ることができたと考えられるのではないだろうか。非差別的な移民政策や先住民に対する土地権の付与を開始したウィットラム政権は，1974年の両院解散選挙に勝利することで2期目を確保し，1975年には人種差別禁止法を制定した。ウィットラムは1975年の憲政危機両院解散選挙で下野したが，勝利したフレイザーはもともと多文化主義，難民，移民，先住民，人種問題など社会政策面でリベラル的な思考をもっていたうえに，1975年の強引な政権奪取によって

社会に亀裂が生じたため、ウィットラムの方針から大きく逸脱できなかった。1980年代初の経済危機のなか、経済政策に行き詰まったフレイザーから1983年の両院解散選挙で政権を奪回したホーク政権は、社会改革の継承とともに新自由主義的な経済改革を開始し、1987年の両院解散選挙に勝利することでさらに3期にわたる政権を確保し、労働党流の経済改革を完遂することができた。

5　総督の自主裁量（憲法58条）

両院解散選挙と両院合同議会を定めた57条の陰に隠れているが、それに続く58条は総督の自主裁量権を明記した唯一の条項であり、極めて興味深い。前述の57条が下院と上院の意見の不一致を扱うとすれば、58条は立法府と執政府の意見の不一致を扱っている。

1　両院を通過した法案が、国王の承認のため総督に提示された際、総督は自主裁量に基づいて（according to his discretion）、ただしこの憲法の範囲内で、国王の名のもとに承認するか、承認を保留するか、国王の判断にゆだねることができる。
2　総督は、当該法案が先議された議会に法案を差し戻すことができ、その際に修正を推奨することもできる。

リチャード・パイ上院事務局長によれば、総督が主語となっている憲法の条文のなかで、単純に「総督」となっている場合と「評議会における総督」（Governor-General in Council）となっている場合がある。後者では総督は連邦行政評議会の助言に基づいて行動することは明らかであるし、前者の場合でもこれまでの慣習のなかで総督は首相・内閣の助言に基づいて行動することが明らかである。そのなかにあって、58条のみが総督の自主裁量を認めている。憲法学者アン・トゥーミーによれば、総督が58条を行使したのは法案の誤りを訂正するときのみであった。しかしながら、前述のように1983年の両院解散選挙の際、スティーヴン総督はフレイザーに対し解散理由の再説明を求めたこともあった。

現実的には、総督が議会を通過した法案に対し承認を保留したり議会に差し戻したりすることが想定できるケースは、執政府の意向に反した法案が議会を

通過した場合に政府が総督に対しそのような助言を行う状況であろう。議院内閣制のもとで，通常政府は下院の過半数を確保しており，望まない法案が下院を通過するような状況が予測されるのは少数政権の時ということになる。すなわち，政府が下院の過半数をもたない状況のなかで，クロスベンチ議員がある特定の議員立法案については政府とは異なった行動をとりながら，政府に対する信任を維持し続けるという状況が想像できる。

　オーストラリアでは，1909年にリベラル勢力と保守勢力の合同によって二党制が確立して以降，少数政権となったのは1940年から1943年までと2010年から2013年までの2期間であった。エルダーとパイよれば，議会事務局では，2010年にギラード率いる労働党が少数政権を発足させた際[4]，58条が想定した事態が起きる可能性に備えた（Sugita 2018）。2013年以降少数政権は起きていないが，2016年から2022年までのターンブル，モリソン政権は，いずれも過半数をわずか1-2議席上回るのみであった。事実，2018年末にはモリソン政権が補欠選挙の敗北と議員の離党により過半数を失い，その結果南太平洋のナウルに収監されている難民希望者に対し医療上の必要が生じたときにはオーストラリアへの移送を認めるいわゆる Medivac 法が，政府の意に反して通過した。前述のように下院の議院規則ではこのような法案は支出を伴うことができない。また，議員立法案を討議する際は，議事規則（Standing Order）を停止しなければならないが，そのためには議場での過半数ではなく議会全体の絶対過半数が必要となる。2020年から2022年まで，COVID-19によって対面で議会に出席する議員を最低限に抑えたため，絶対過半数を確保するのは不可能であった[5]。2010年以降，二大政党の勢力が拮抗すると同時に有権者の二大政党離れも進行しており，今後は少数政権が多くなることも予測される。58条に備える必要が今後増す可能性もある。

　また，58条を米国のような大統領制で立法府と執政府の権力がはっきりと分立している場合に適用することを考えれば，議会の立法行為に対し執政府（大統領）が拒否権を行使する場合を考えることができるのではないだろうか。そうすると58条は，オーストラリアが共和制に移行した場合にその威力を発揮するのかもしれない。

第Ⅱ部　政治社会

📖 おすすめ文献

① 小堀眞裕, 2023,『歴史から学ぶ比較政治制度論――日英米仏豪』晃洋書房.

　日本・英国・米国・フランス・オーストラリアの5カ国における政治制度について, それぞれの発展やそれに関する議論, 解釈を紹介した比較政治制度論.

② 杉田弘也, 2014,「オーストラリアの二院制――憲法上の規定と現実」『北大法学論集』64 (6)：123-54.

　オーストラリアの連邦憲法は, 上院に下院とほぼ同じ権限を与えている. 憲法の規定にしたがって総督が首相を解任したこともある. 憲法上の規定と憲政上の慣習が実際にどのように機能しているのかを分析している.

③ 杉田弘也, 2018,「『混沌』は解消されるのか――オーストラリアの上院選挙制度改革とその結果」『選挙研究』34 (1)：161-175.

　2016年に実施された連邦上院の選挙制度改革が, 実際の選挙結果にどのような影響を及ぼしたか, それは議会制度にどのように影響するかについて考察した.

【注】

1) 1993年総選挙の際, クインズランド州ディクソン選挙区において, 候補者の1人が3月13日の投票日直前に死亡したため, この選挙区のみ4月17日にやり直し選挙が行われた. 労働党のキーティング首相は, やり直し選挙の結果で当選するという前提で同選挙区から立候補したマイクル・ラヴァーシュを法相に任命した.
2) 上院議員は6州から同人数が選出され, さらに3年ごとに半数改選となるので, 上院議員を増やすなら12人単位となる.
3) のちに連邦最高裁判所は, 海底資源管理法は両院解散の条件を満たしていないとの判決を下した.
4) 2010年総選挙の結果, 労働党72議席, 自由党・国民党連合72議席となり, 6人のクロスベンチ議員のうち4人の支持を取り付けた労働党が政権を維持した.
5) ビデオリンクで議会に出席した議員は, 質問もできたしヤジを飛ばすこともできたが, 採決に参加することはできなかった. 法案の賛否については, ペア制度（⇒第**8**章4）の活用によって問題なかったが, 絶対過半数が必要となる議事規則の変更は不可能であった.

第7章 政党制度
▶ 二党制の終焉？

> オーストラリアでは，労働党と自由党・国民党連合（保守連合）が政権をかけて競っており，政党制度は一方が2つの政党の連合体という変則的な形ながら，二大政党制と考えられている。しかし，オーストラリアでは下院と異なった選挙方法で選出される上院が下院とほぼ同じ権限をもっているため（第5・6章），政権の行方のみに注目していると本質を見失う危険がある。オーストラリアの二党制は，長期にわたる安定した支持が特徴であったが，二大政党の得票率は着実に減少している。2022年の選挙は，コミュニティ系無所属候補が大きな成功をおさめる分水嶺的な結果となった。

1 オーストラリアの政党制度に対する一般的な見方

オーストラリアの政党制度に関し，政党制度分類の先駆者であるモーリス・デュヴェルジェは，労働党，自由党，地方党（現国民党）によって構成される三党制と考えた。二大政党制（two-party system）とみるものもあれば，2.5党制という見方もある（Sugita 1995）。たしかに，一見すると労働党対反労働党連合（2024年現在は自由党・国民党連合）による英国型二大政党制とみられるかもしれない。政党分類に関し最も説得力あるモデルを示しているジョヴァンニ・サルトーリは，「自由党と地方党は通常の選挙では対立候補を立てないほど恒久的な同盟関係にあり，言ってみれば共生的である」と記したうえで，二大政党制の要件である単独政権要件を緩和し，オーストラリアのように「単なる連立（coalition）状態ではなく合体（coalescence）状態であれば二党制（twopartism）」と考えた（Sartori 2005：166-167）。

サルトーリをはじめとする政治学者たちは，政府の行方，すなわち下院の構成によって政党制度を分析し分類しているが，第6章でみたようにオーストラリアでは下院と構成の異なる上院が極めて強力であり，政党制度を考える際に

上院の存在を外すわけにはいかない。さらには、2010年には少数政権が誕生し、その後も下院議席数が拮抗していること、コミュニティ・インディペンデントの台頭を考えると、政党ではないが無所属議員も政党制度を分析する際に加える必要がある。

2 オーストラリアの政党制度の流れ (1) ──二党制

1 三党鼎立から二党制へ

1901年に連邦が発足したとき、すでに普通選挙が実施されていたオーストラリアでは最初から労働党が一定の議会勢力を獲得しており、リベラル勢力（保護貿易派：Protectionists）、保守勢力（自由貿易派：Free Traders）、それに労働党の3党が鼎立し単独で過半数を獲得できる政党がない状態が1909年まで続いた（1901年の連邦選挙の結果は保護貿易派31議席、自由貿易派28議席、労働党14議席）。1910年にフィッシャー率いる労働党が初の単独過半数政権を樹立するまでの10年余りの間に、首相の座はバートン、ディーキン（1次）、ワトソン、リード、ディーキン（2次）、フィッシャー（1次）、ディーキン（3次）、フィッシャー（2次）と目まぐるしく変わった。この間、総選挙は4回（1901, 1903, 1906, 1910年）行われたが、選挙による政権交代は1910年が初めてであり、それまでは少数政権が下院での信任を失うことで政権が交代していた。このなかで主導権を握ったのは、バートンとディーキンを党首としたリベラル勢力である保護貿易派であった。バートン・第1次ディーキン政権と第2次ディーキン政権はそれぞれ3年4か月にわたって政権の座にあり、労働党の閣外協力を得て20世紀終盤にいたるまでオーストラリアの骨格となる社会・経済政策を成立させた。

英国で労働党が台頭して二大政党の一方の座を自由党から奪っていくように、オーストラリアでも保護貿易派は労働党に得票と議席を奪われていった。1906年の選挙では1901年と比べると労働党の得票は18.7％から36.6％に倍増し議席数も14から26に伸ばした。一方保護貿易派は、得票率が半減し（43.7％から21.3％）議席数も31から20に後退した。ディーキンは、1909年にこれまでのライバルであった保守勢力と合同（Fusion）することを決意した。リベラル勢力である保護貿易派は、政策面での距離については自由貿易派よりも労働党に

近く，この決定に対し労働党はもちろん党内からも閣僚経験者でもある実力者ウィリアム・ラインの反発を招いた。合同の背景には，労働党が単独過半数政権を取れることに自信を深め保護貿易派への協力を打ち切ったことが挙げられる（Ward 1985：68-69）。この結果，オーストラリアの政党制度は，3党鼎立の「穏健な多党制」から純粋な二党制に変化した。

2　労働党の分裂と地方党の誕生

　労働党は，1910年の選挙で単独過半数政権を樹立すると，次回1913年の選挙では1議席差で政権を失ったが翌年の両院解散選挙で大勝し，上院でも下院選挙で勝利した政党が過半数を得やすい当時の選挙制度のもと，36議席中31議席を獲得した。この状況が続けば，労働党が通常の状況であれば政権を担当する政党，いわゆる「natural party of government」となっていたかもしれない。ところが，1914年に勃発した第一次世界大戦が労働党の第1回分裂を誘発する。駐英高等弁務官（大使）に転出したフィッシャーに代わって首相となったヒューズは，英国政府の要請に応じて，国内での兵役にのみ就くことになっていた徴兵者をヨーロッパ戦線に送り出そうとした。これにはアイルランド系党員を中心に労働党内の反対が強く，ヒューズはこの是非を問う任意の国民投票（plebiscite）の実施に踏み切ったが，僅差で反対が上回った（Macintyre 2004：163-5）。ヒューズは1916年11月の労働党議員総会で不信任されると，支持者を率いて離党しいったん国民労働党（National Labor Party）を結党したのち，1917年2月に自由党と合同してナショナリスト党（Nationalist Party of Australia）を結党し，党首となってそのまま首相を続けた。労働党の分裂は，労働党の力を大きく削いだが，労働党対自由党が労働党対ナショナリスト党に変わっただけで政党制度に変化はなかった。

　純粋な二党制は長続きしなかった。歴史家ラッセル・ウォードによれば，保護貿易派（リベラル派）と自由貿易派（保守派）の政策上の相違点は経済政策にあり，関税による産業保護によって製造業の雇用を維持しようとする保護貿易派と労働党の類似点もここにあった。自由党では自由貿易派の議員が多数を占めながら政策の主導権は保護貿易派が握り，ヒューズらが労働党から加入することでその傾向はより強まった。これに不満を抱いた地方の農業関係者たち

は，1918年に全国組織として結集し地方党を結党した（Ward 1985：133-135）。ナショナリスト党が1922年の選挙で単独過半数を失うと，地方党は連立の条件としてヒューズ首相の更迭，ペイジ党首の副首相就任，主要経済閣僚を含む閣僚ポストの約半数を要求した。ナショナリスト党側がこれをすべて受け入れ，ブルースが首相となった。二党制に地方党が加わったが，地方党はこのあと（連邦レベルでは）100年以上にわたってほぼ切れ目のない連立関係を維持するため，政党制度には変化はなかった。

3 労働党2度目の分裂と保守の混乱・再編

　労働党は，スカリン党首のもと，1929年の選挙でブルース首相を落選させるという快勝で政権に復帰した。ところが，この直後勃発した大恐慌への対策をめぐって3つに分裂した。スカリンとテッド・セオドア財務相は，ケインジアン的な積極財政を実行しようとしたが，保守的な財政運営を主張した主要閣僚のひとりであるライオンズとその支持者たちは，労働党を離党してナショナリスト党に加わり，ライオンズを党首とした統一オーストラリア党を結党した。また，ニューサウスウェールズ州首相のジャック・ラングは，英国の金融機関からの借入金に対するデフォルトを唱えてラング労働党を結党し，同州選出労働党議員の一部がこれに加わった。1931年12月の選挙において労働党は大敗北を喫した。

　ライオンズが1939年に在職中に病死すると，統一オーストラリア党の党首の座はメンジーズに引き継がれた。メンジーズはペイジとの折り合いが悪く，また統一オーストラリア党はリベラル，保守，労働党の離党者などから構成され，党内はばらばらであった。第二次世界大戦中に行われた1940年選挙は，統一オーストラリア党も労働党も過半数に満たず，2人の保守系無所属議員がバランス・オブ・パワー[1]を握った。1941年8月末にメンジーズは首相を辞し地方党のファドゥンが首相となったが，5週間後には2人の保守系無所属議員が支持[2]を労働党に変えた結果，労働党が政権に復帰しカーティンが首相に就任した。1942年から43年にかけて日本軍による直接攻撃を受けるなか，フィリピンから脱出したダグラス・マッカーサーと協力して第二次世界大戦を遂行したカーティンは，オーストラリア史上最も優れた首相と評価されている。1945年

7月，第二次世界大戦が終結する目前に病没したカーティンのあとを受けたのが，鉄道の機関士からたたき上げのチフリーであった。国産自動車の開発など重工業化を進め，憲法改正によって福祉国家を進展させ，大規模移民政策を開始するなど戦後の復興を開始したチフリーは，おそらくオーストラリア史上最も親しまれている首相であろう。反労働党側では，四分五裂状態となった統一オーストラリア党が，メンジーズのもと自由党として再出発した（Brett 2007）。地方党は再生自由党に加わらなかった。

4　保守長期政権と労働党3度目の分裂

　メンジーズ率いる自由党・地方党連合は，1949年12月の選挙で労働党を破り政権に復帰した。これは，中国の国共内戦が共産党の勝利で終結し，東西の冷戦が本格化することと軌を一にしていた。オーストラリア共産党は，議会ではクインズランド州議会で1議席を獲得したにすぎなかったが，労働運動に浸透しており，メンジーズ政権は，共産党を非合法化する法案を成立させた。この法律が連邦最高裁判所で違憲判決を受けると，メンジーズ政権は憲法改正によって共産党の非合法化を試みたが失敗に終わった（Ward 1985：305-309）。メンジーズ政権による試みをくじいた最大の貢献者は，カーティン－チフリー政権で外相兼法相を務め，1951年に急死したチフリーのあとを継いで労働党党首となったハーバート・エヴァットであったが，反共産主義の傾向の強い一部党員が離党して民主労働党を結党した。民主労働党の存在意義は，優先順位付き投票制度を利用して労働党の政権復帰を阻むことにあったといわれている（Sugita 1995）。自由党・地方党連合は1949年から1972年まで23年間政権の座にあったが，このうち3回（1954，1961，1969年）は労働党が得票率では上回っていた。民主労働党の連邦議会における議席は上院に限られていたが，1967年から1974年の間は形式的にはバランス・オブ・パワーを握っていた。しかしながら，民主労働党は，労働党対反労働党連合の対立軸のなかで明確に後者に属しており，政党制度に変化はなかった。

3 オーストラリアの政党制度の流れ (2) ――多党制へ？

1 第三の政党の出現

　民主労働党は，1974年の両院解散選挙ですべての議席を失ったが，労働党対自由党・地方党連合のいってみれば純粋な二党制のもとで起きたウィットラム政権解任という憲政危機（⇒第6章）は社会に大きな亀裂を生み，そのなかからオーストラリアン・デモクラッツが1977年に生まれた。この政党は，2つの既存の中道リベラル小政党に自由党を離党した閣僚経験者であるチップが加わって生まれたもので，上院のバランス・オブ・パワーを獲得することを目標に掲げた。二大政党のいずれかに与(くみ)することなく，法案についてはそのメリットによって対応し，憲政危機の原因となった経常支出（サプライ）法案には反対しないことを明確にしていた。同党の最もよく知られたスローガンは「あいつらにウソをつかせない」（Keeping the Bastards Honest）であり，1980年選挙で上院のバランス・オブ・パワーを獲得した。これにより上院の委員会審議は活性化され，上院の過半数を確保できない政府は上院で法案ごとにクロスベンチ議員の支持を取り付けるいわゆる「部分連合」の構築を迫られることとなった。デモクラッツは，参加型党内民主主義を採用し，チップの引退後ジャニン・ヘインズが主要政党を率いる初の女性党首となったことを皮切りに女性リーダーを輩出するなど，女性議員も多数在籍した。政策面では，物質的な向上よりも生活の質の向上を目指すいわゆるポストマテリアリズム的な政策を推進し，特にホーク-キーティング労働党政権の社会政策に大きな影響を与えた（Sugita 1995)[3]。ハワード自由党・国民党連合政権が成立すると1999年に導入したGST法案（Goods and Services Tax，消費税にあたる）への対応をめぐって議員団内部，および議員団と一般党員との対立が激化し，2007年の選挙ですべての上院議席を失ってその使命を終えた。

　デモクラッツの凋落と入れ替わるように台頭したのが，オーストラリアン・グリーンズ（Australian Greens）であった。経済政策では労働党と自由党・国民党連合の間の中道を指向していたデモクラッツとは異なり，グリーンズは左派政党としてのスタンスが明白で，左右の座標軸では労働党のさらに左に位置づ

けることができる。グリーンズは，大都市の都心を中心に労働党から支持と票を奪っている。この結果労働党の第1次選好得票率は，40％台半ばから30％台前半に低下している。

2 上院の多党化

　1984年から2013年まで上院選挙において90％以上の有権者が拘束名簿方式（⇒第5章）を選択していたが，この場合優先順位の配分は政党間の交渉によって決定されていた。これに目をつけたのが，政治コンサルタントで「優先順位唆し屋（preference whisperer）」の異名をとったグレン・ドルーリーであった。ドルーリーは，数多くの極小政党と候補者を意図的に登録させ同盟を結成してそのなかで優先順位をやり取りし，既存政党へ流れることがないように図った。もしも30の極小政党が平均0.33％の第1次選好得票を獲得できれば，合計10％に到達する。上院で1議席を得るために必要な得票は14.3％であるから，10％あれば1議席獲得に大きく近づく。2013年選挙では，ヴィクトリア州で「ドライブ大好き党（Australian Motoring Enthusiast Party）」が0.5％の第1次選好得票率で当選者を出し，ウェスタンオーストラリアではオーストラリアスポーツ党が，0.2％の第1次選好得票率でいったんは当選者を出した（杉田2015）[4]。ドライブ大好き党のリッキー・ミューア上院議員は，この選挙で3議席を獲得した富豪クライヴ・パーマーが組織したパーマー統一党（Palmer United Party）と統一会派を結成したが，パーマー統一党自体が選挙直後に分裂し瓦解した。パーマーから離反したタスマニア州選出のジャッキー・ランビーは，地域政党ジャッキー・ランビー・ネットワークを結成し，2022年の選挙ではランビーに加え2人目の議員を当選させた[5]。

　2016年の上院選挙制度改革は，極小政党連合の可能性を摘んだが，両院解散選挙で行われ各州から6人ではなく12人の上院議員が選出されたため，1議席獲得のためのクオータが14.3％ではなく7.7％となった。この結果1996年選挙で下院議席を獲得しながら1998年で落選し，2004年以降上院からも姿を消していた極右ポピュリスト政党ポーリン・ハンソンのワン・ネイション（Pauline Hanson's One Nation）に復活の道を開いた。2016年に両院解散によるクオータの低下で当選した少数政党の議員は，その多くが2019年選挙で落選し姿を消し

表7-1 二大政党とそれ以外の第1次選好得票率(下院)の推移

	2007	2010	2013	2016	2019	2022
労働党	43.4	38.0	33.4	34.7	33.3	32.6
保守連合	42.1	43.6	45.6	42.0	41.4	35.6
二大政党合計	85.5	81.6	79.0	76.7	74.8	68.3
二大政党以外合計	14.5	18.4	21.0	23.3	25.2	31.7

たが,ワン・ネイションは依然として2議席を確保している。現在は,ワン・ネイションに加えて右派ポピュリスト政党と位置付けられるパーマー統一党から改名した統一オーストラリア党(United Australia Party)が1議席を確保しており[6],上院では限定的な多党制から極端な多党制への変化の兆しがみられる。

4 オーストラリアの主要政党

■1 オーストラリア労働党(Australian Labor Party：ALP)[7]

オーストラリア労働党は,1890年代初めに労働運動の議会部門として結党された。労働党が政権にあった期間は,3度にわたる分裂の影響を受け,連邦結成以来124年のうち40年余りであるが,時代の節目に先進的な政策を立案し実行に移してきた。その意味でオーストラリア政治を主導してきたのは労働党であった。

オーストラリアの労働運動は,鉱山労働者や港湾労働者,それに農牧業労働者など地方の労働者によって推進された。1890年に深刻な不況に見舞われると,労働運動は組合員のみを雇用するユニオン(クローズド)ショップを求めたが敗北し,使用者側は非組合員を低賃金で雇用した。組合組織率は20%から5%に低下したが,この敗北に直面した労働運動は,議会進出の必要性を痛感した(Macintyre 2004：121-128)。ニューサウスウェールズ植民地議会では,最初の選挙で141議席中35議席を獲得し,クインズランド植民地では,わずか1週間であるが1899年12月に世界最初の労働党政権を樹立した。

労働党が政権の座に就くと,第一次世界大戦,大恐慌,第二次世界大戦,オイルショックなど労働党の政策を実行できないような事情が生まれ,第一次世

界大戦，大恐慌時，そして冷戦期には分裂に至る不幸を味わってきた。しかしながら，フィッシャー政権による独自の国防力（特に海軍）の整備，カーティン－チフリー政権による英国からの独立，米国との同盟関係，社会保障制度の拡大，大規模な移民政策の開始，ウィットラム政権による外交政策の転換と社会改革，ホーク－キーティング政権による経済構造改革，ラッド－ギラード政権による気候変動対策や障がい保険制度，アルバニージー政権による先住民に関する憲法改正の提案など，時代の節目に先進的な政策を立案し実行に移してきた。

　ホーク－キーティング政権による経済改革は，いわゆる新自由主義的な改革であり（当時オーストラリアでは経済合理主義：economic rationalism という言葉が用いられた），英国や米国とは異なり中道左派政権である労働党によって実行された。それはニュージーランドも同様であったが，ニュージーランドは1990年選挙で保守政権に交代した結果，労働市場を含むより一層の経済改革が行われた。一方のオーストラリアでは，1996年まで継続した労働党政権がほぼすべての経済改革を実行した。ホーク－キーティング政権の経済政策は，党内左派などから労働党の伝統に反するとの批判を受けたが（杉田 2007a），こんにち振り返ると1990年代初めから30年以上の継続した経済成長が達成できたのはホーク－キーティング政権の経済改革によるところが大きい。また，労働党政権による経済改革であったということは，労働運動との関係や普遍的な健康保険制度であるメディケア（Medicare）に代表される社会保障制度などへの配慮も十分に行き届いた改革であった。

　労働党の政策（党綱領）は，最高決定機関であり2～3年おきに開催される全国党大会で決定され，その決定が議員団はじめ党のすべてを拘束する。議員が党の決定に反する行動を議会で行った場合，除名の危機に直面する。1960年代まで党の執行役員に議員団のリーダーである党首は加わることができなかった。そのことがメンジーズによって，労働党の政策は議席をもたない「36人の顔なき男たち」（36 faceless men）によって決定されていると批判され（Macintyre 2004：235），現在では党首と副党首も加わっている。党大会の代議員の60％を労働運動（組合）が握っていたが，2005年になって組合の割合は50％に引き下げられた。ホーク－キーティング時代の労働党は，右派，中道左

派，左派という3つのそれぞれ明確な政策指向を持った派閥が存在しており，右派が優勢ではあったが過半数を確保できず，中道左派がバランス・オブ・パワーを握っていた。その後中道左派が没落し，現在では右派と左派にほぼ二分されている。党首，副党が議員団によって選出されるのはもちろん，閣僚や影の閣僚も原則として議員団の互選によって選出され，党首が閣僚ポストを割り振ることとなる。ただしこんにちでは，派閥が閣僚候補リストを作成し，議員総会でそれが了承されることが多い。

また，過去40年間に限定すると，労働党はちょうどその半分に当たる20年余りの間政権にある。これは，1970年代から1980年代にかけて行われた労働運動の再結集が重要な意味をもつ。労働運動は，1950年代に労働党が3度目の分裂を起こし一部が民主労働党に流れていた。また，労働運動のナショナルセンターは，ブルーカラー労働者を中心としたオーストラリア労働組合評議会（Australian Council of Trade Unions：ACTU）のほか，ホワイトカラーの組合や公務員組合が並立していたが，1969年から1980年までACTUの議長を務めたホークらの努力によってACTUに統一された。ACTUは，傘下に（少なくともそのリーダーたちが）中絶や同性婚に強く反対する社会的保守色の強い右派組合から戦闘的な左派組合までを擁しながら，政治的には労働党支持で一致している。ホークは，カリスマ性と庶民性を備えたリーダーとして絶大な人気を誇り，労働党の首相としては最長の8年9カ月にわたって首相を務めたが，労働運動の統一がホークの最大の貢献かもしれない。

2 自由党 (Liberal Party of Australia)

自由党は，1909年に保護貿易派（リベラル）と自由貿易派（保守）が合同することによって生まれたが，人口の少ないオーストラリアにおいて，製造業の雇用を維持するには輸入関税などによる製造業保護が必要であることについて幅広い合意があり，リベラル勢力が優勢であった。連邦結成最初の10年をリベラル勢力が主導したことで，産業保護，それによって企業が得た利益を分配する賃金決定，それに人種差別とともに低賃金労働力の流入を阻止した「白豪主義」(White Australia policy)の名で知られる排他的な移民政策が確立した。メンジーズが1944年に自由党を再結成した際，自由党は大企業からも労働運動か

らも「忘れられた人々（forgotten people）」を代表しているとして，「われわれは，意図的に『リベラル』という党名を選んだ。なぜならわれわれは，新たな試みに挑む進歩的な党であり，決して反動的ではなく，個人と個人の権利と個人の進取の気性を信じているからなのだ」と説明している。メンジーズは，パタナリスティックな政治家で決して現代的な意味でのリベラルではなかったが，現実的かつ柔軟な政治家であり，労働党の政策であってもよいと考えたものは躊躇なく採用した（Ward 1992：286）。その現実性こそが，冷戦の進行とともに，自由党・地方党連合が1949年から1972年まで23年にわたる長期政権を維持できた原因であろう。

　自由党・地方党連合政権が1972年12月にいったん下野したのち，政権を奪還したのがフレイザーであった。フレイザーは，「憲政危機」を作り出し，カー総督によるウィットラム政権の解任によって政権を奪取したため，首相在任中は労働党支持者の憎悪の的となった。しかし，ベトナム難民の大規模な受け入れや，アパルトヘイトに対する強い反対などを振り返ると，ウィットラム以前に引き戻すのではなく，ウィットラムの政策を発展させていったことが明らかである（杉田 2014：143-145）。フレイザーが労働党との差別化を図ったのは経済政策であり，サッチャー英首相やレーガン米大統領を先取りするような新自由主義的経済政策を提唱したが，それはあくまでレトリックにとどまった。その結果自由党内では新自由主義的経済改革の徹底を主張する一部議員の活動が活発となった。当時はまだ議員団内でも極めて少数にすぎなかった「ドライズ」と呼ばれるこのグループは，1983年の総選挙でフレイザーが敗北し，労働党政権が経済構造改革に着手すると，党内で勢力を拡大していった。1980年代の自由党における路線対立がドライズの勝利に終わったことで労使関係を含む経済政策に関する党内の議論が収束し，それ以降は先住民族の権利，多文化主義，移民・難民政策などアイデンティティにかかわる問題や気候変動をめぐって党内が二分されていった。

　1990年代前半は，それでもジョン・ヒューソン党首（1990~94年）など穏健派が党の要職にあった。経済学者出身のヒューソンは，1993年総選挙で*Fightback!* と名付けた15％のGST導入，労使関係の使用者寄りの大規模な改定，健康保険制度の実質民営化など新自由主義的原理主義ともいえる政策を掲

げ，深刻な不況のなかで圧倒的に有利とされた選挙に敗北した。その一方で，ヒューソンは早くから気候変動の重要性に着目し，1993年総選挙では労働党よりも進んだ政策を掲げていた。ヒューソンは，女性議員の登用にも積極的であり，気候変動に加え多文化主義や難民政策について活発な発言を続けている。1993年総選挙における自由党・国民党連合の思わぬ敗北は，ヒューソンが前面に掲げていた急進的新自由主義的改革の敗北であったが，1980年代の党内抗争に敗れいったんは党首の座を降りていたハワードが党首に復帰する道も開いた。

　ハワードは，自由党が広い間口をもち（broad church），保守とリベラルの共存にその真骨頂があると主張していた。しかしヒューソンは，「ハワードの主張に対し誰も突っ込まなかったが，彼の教会の間口は狭かった」と批判している。フレイザーは，ハワードが1977年5月の閣議においてベトナム難民の受け入れを決めた際，消極的であったことを記している（Fraser and Simons 2010：425）。自由党党首となったハワードは，1988年8月アジアからの移民が過剰であり削減する必要がある旨発言し，これに対しホーク政権が非差別的な移民政策を再確認する動議を提案するとハワードは党議拘束をかけてこれに反対した[8]。この時のハワードの失敗は，対象をオーストラリアの経済的利益に直結するアジアからの移民としたことであり，21世紀に入ると攻撃の対象を中東や南アジアからのイスラム教徒の難民希望者，さらに2018年になるとハワードの後継者たちはスーダンやソマリアなどアフリカからの難民や移民にシフトしていった。

　ハワードは，1996年4月に起きたポート・アーサー銃乱射事件（死者35人）を受けて銃規制の強化・統一を実現するという大きな功績はあったものの，極右議員ポーリン・ハンソンの人種差別的議会スピーチの批判に消極的であり，先住民族に対する謝罪を拒み続け，先住民の権利を争点とした人種選挙を仕掛けようとした。最終的には2001年8月下旬に起きた「タンパ号事件」を発端として難民希望者に極めて厳しい態度をとることで，同年11月の選挙をイスラム教徒の難民希望者を争点とした人種選挙とすることに成功し，GST導入に伴う劣勢を逆転して勝利した。ハワードは，有権者の改革疲れを社会改革の後退により吸収する一方，新自由主義的経済政策を維持し，産業界が要望していた

技能移民を中心とした移民の受け入れを拡大した。大学への交付金を大幅に削減する一方，大学が（学費を全額自己負担する）留学生を大幅に増加させることができる制度を整えた。対中国向け鉱物資源輸出の飛躍的な増大は連邦財政に大きな増収をもたらし，所得税減税や「中流階級向け福祉」（middle class welfare）とも揶揄される社会保障を拡大することを可能にした。このこともまた，新自由主義批判を抑える要因となった。メンジーズやフレイザーの時代の自由党は，労働党政権が導入した政策を手直ししつつ継承・発展させてきたが，自由党が右派イデオロギー色を強めているためそのようなことは期待できない。政策的な想像力と創造力に欠ける自由党は，労働党という手本を手放すとそれに代わる政策を確立することができずにいる。

3　国民党 (National Party of Australia)

　1918年に結成された地方党（Country Party）は，その後1975年に国民地方党（National Country Party），1982年に国民党と改名し現在に至っている。国際的に競争力の高い農牧業を基盤とする国民党は製造業保護に反対していたはずであったが，すべての産業分野に保護が及ぶにつれ地方に対する保護を強く主張するようになっていった。2度にわたる改名は，地方人口が都市部へ流出していることを踏まえ，支持基盤を地方から全国に広げていこうという試みであったが，必ずしも成功しているとはいえない。こんにちでは，農牧業とともに鉱物資源産業を支持基盤としているが，その中核であるクインズランド州やニューサウスウェールズ州中北部の炭鉱や石炭層ガスの開発は，気候変動や水質悪化を懸念する農業と利害関係が対立する可能性が高い。

　国民党をもう1つ特徴づけるのは，社会政策における保守性である。たとえば2017年に成立した同性間の結婚を正式な結婚と認めるいわゆる「結婚平等法」が成立したとき，国民党の連邦議員のなかで賛成したのはダレン・チェスター下院議員1人であった。2023年の先住民に関する憲法改正に関しても，アルバニージー政権が改正案を出す前にいち早く反対を表明した。この結果，改正案に賛成していたアンドルー・ジー下院議員が離党し無所属となりクロスベンチに座っている。

　国民党と自由党について，サルトーリは「恒久的な同盟関係にあり，言って

みれば共生的である」と観察したが，これは連邦での関係であり，州では状況が異なる。ニューサウスウェールズ州では連邦に近い関係であるが，ヴィクトリア州では政権から下野しているときは連合を解消したこともある。ウェスタンオーストラリア州では，国民党は自由党からかなり距離を取っており，労働党との連立を模索したこともあった。サウスオーストラリア州では実際に労働党と連立を組んだこともある。ノーザンテリトリーでは，地方自由党を名乗り連邦議員は国民党の議員団に所属している。最後にクインズランド州では，国民党は自由党を圧倒し，1980年代には自由党を排除して単独政権を形成した。2008年には両党が合同し自由国民党を結党し，連邦議会では自由党と国民党の議員団に分かれている。人数的には自由党の議員総会に出席する議員が多いが，石炭重視の政策など政策面では国民党が主導権を握っている。

4 オーストラリアン・グリーンズ

　1970年代にタスマニア州の環境保護運動から生まれたグリーンズは，世界最初の緑の党を自認しタスマニアやウェスタンオーストラリアで上院議員を誕生させていたが，創始者であるボブ・ブラウンのリーダーシップのもと2004年と2007年の選挙を経てデモクラッツに置き換わった。連邦議会のみならず州議会や地方議会にも地歩を築き，また下院での議席を得ることはできなかったデモクラッツとは異なり，グリーンズはアダム・バントが2010年の選挙においてメルボルン選挙区を労働党から奪取し，2022年選挙ではブリズベン都心の3選挙区を獲得し下院で4議席，上院で11議席（12議席であったが1名が離党）の第3の勢力に成長した。グリーンズは，大都市の都心を中心に労働党から支持と票を得ている。また，18歳から34歳の年齢層では，若者が自由党を上回り労働党に次ぐ第2の勢力となっている。

5　二党制の終焉？

　1980年以降，オーストラリアの政党制度は二党制から限定的な多党制に変化したが，それはあくまで上院の勢力によるものであり，下院の多数をめぐる政権の争奪という視点から見れば依然として労働党か自由党・国民党連合かの選

択であった。しかしながら下院においても二大政党離れが顕著となり，二党制の終焉がみえてきた。2010年選挙では双方が過半数に満たず少数政権となり，2013年は自由党・国民党連合が大勝したものの2016年は2議席，2019年は3議席差という僅差であった。また，1990年選挙でテッド・マックがノースシドニー選挙区を自由党現職から奪って以来，毎回無所属ないしグリーンズなど少数政党の候補が議席を得ており，その数も1990年の1名から2010年には6名，さらに2022年には16名に拡大した。

　1987年以降，政治学者が選挙後に行っている大規模な世論調査であるオーストラリア選挙調査（Australian Election Study：AES）の分析結果をみると，2013年の時点では，「有権者の約80％が労働党か自由党支持者と認識しており，そのような政党への忠誠心がオーストラリアをほかの国から際立たせている」（Curtin and Costar 2015：275），2016年には「つながりは弱まっており有権者は主要政党以外の選択肢を考慮するようになってきた」（Kefford 2018：335）と分析されていた。それが2019年には「はっきり言って主要政党離れという長期的な傾向がある」（Kefford 2020：343）と記述されるようになった。2022年の選挙をこれまでの選挙結果と比較すると，二大政党の合計得票率が70％を割り無所属候補が多く当選した。オーストラリアの政党制度における労働党対保守連合という二党制が終焉を迎え，政党制度を本質的に変えるいわゆる「リアラインメント」が進行しているのではないであろうか。選挙後に刊行されたオーストラリアの政治学者による選挙分析本のタイトルが *Watershed*（分水点，分岐点）であったことは，まさにそれを示している。

　2022年選挙では，労働党が9議席増でかろうじて過半数を上回ったが，政権を失った自由党・国民党（保守）連合は18議席減の58議席にとどまり，79年ぶりに議席占有率が40％を切る地滑り的敗北となった。この原因は，シドニー，メルボルン，パースのこれまで自由党の強固な地盤であった6選挙区で無所属の女性候補に議席を奪われたからである。この結果，二大政党以外のクロスベンチ議員は16人（うちグリーンズ4人）を数え，うち11人（グリーンズ1人）を女性が占めた。この6人の初当選議員に加え，2019年にアボット元首相を破ったザーリ・ステガルを加えた7人を，メディアは，自由党のシンボルカラーである青とグリーンズの緑を合わせて「ティールズ（Teals：青緑色）候補」と名付

けた。

　地殻変動は，議席にはつながらなかったとはいえ地方選挙区でも起きており，この政治運動の生みの親ともいえるマガウアン前下院議員は，「コミュニティ・インディペンデント」と呼んでいる。2019年の選挙でマガウアンが引退すると，議席は同じコミュニティ・インディペンデントのヘレン・ヘインズに引き継がれた。コミュニティ・インディペンデント候補は圧倒的に女性が多く，気候変動，インテグリティ（政治倫理），女性への性暴力やセクシュアル・ハラスメントへの対策を求める点で共通している。そして，現在下院議席を有しているコミュニティ・インディペンデント議員11人のうち9人がかつて自由党の安全選挙区であった議席を獲得している。視点を変えると，労働党がグリーンズに支持を奪われたように，自由党も「Teals」などコミュニティ・インディペンデントに支持を奪われ始めた。その意味で，2022年選挙はまさに分岐点と呼べるものであった。

📖 おすすめ文献

①杉田弘也，2007，「オーストラリア労働党の過去・現在・未来」『大原社会問題研究所雑誌』（584）：40-55.
　　オーストラリア労働党は，オーストラリアで最古の歴史を持ち，新たな政策を導入しオーストラリアの進路を方向づけてきた。この論文は，同党と労働運動との関係を中心に同党の役割を考察している。

②杉田弘也，2019，「第7章　オーストラリア自由党とアイデンティティ政治——2018年8月の首相交代の背景と正当性への影響」日本比較政治学会編『アイデンティティと政党政治』ミネルヴァ書房，163-195.
　　近年注目を集めている「アイデンティティ政治」は，左派によるマイノリティ・グループのための政治とみられがちであるが，オーストラリアでは中道右派政党である自由党保守派によって実行されていることを示した。

③杉田弘也，2012，「オーストラリア型二党制の終焉——2010年連邦総選挙の持つ意味」『オーストラリア研究』(25)：56-72.
　　2010年の連邦総選挙は，1940年以来70年ぶりに2大政党のどちらもが過半数を獲得できず，少数政権が誕生することになった。本論文は，この結果が政党制度の恒久的な変化をもたらすのかについて考察している。

第 7 章　政党制度

【注】
1)　日本では一般的に「キャスティング・ボート」という用語が使われているが，これは賛否同数の場合議長などが賛否を決める1票を行使することである。
2)　地方党（国民党）出身で現職首相の死亡や行方不明による暫定首相でなく，正式な首相となったのはファドゥン1人である。
3)　ホーク‐キーティング政権は，新自由主義的経済改革に関しては，自由党・国民党連合野党の支持を得ることができた。デモクラッツが影響力を発揮したのは，1993年の先住民権法など社会政策の分野であった。
4)　落選者の要請に基づき再集計を行ったところ，1400枚の投票用紙が行方不明であることが判明し，やり直し選挙が行われた結果，オーストラリアスポーツ党は当選できなかった。
5)　この議員は，2024年にJLNを離党した。
6)　パーマーは，2022年選挙で1億2000万ドル（2022年当時の為替レートで約100億円）の選挙資金を投下したが，ヴィクトリア州での上院1議席にとどまった。
7)　Laborのスペルは，英国式のオーストラリアではLabourのはずであるが，労働党だけはLaborとなっている。
8)　このとき，下院では3人の自由党議員が党議拘束を破って動議に賛成し，2人が棄権した。上院でも1人が賛成した。

第8章 オーストラリア政治の多様性
▶ 多様性を可能にする秘訣とは？

　近年，政治における多様性が重要視されるようになっている。特に日本では，ジェンダー・ギャップ指数が世界125位で，東アジア・太平洋地域で最下位であること，女性議員ランキングで162位（2024年3月）など，政治部分での多様性の欠如に注目が集まっている。政治，特に政治権力の行使につながる議会は，社会をよりよく反映すべきであるとすれば，オーストラリアではどうなっているのであろうか。本章は，オーストラリア政治における多様性の有無を，連邦議会に焦点を当てて検討し，オーストラリア社会の変化を政治の面から検討する。主に先住民，非英語圏からの特にヨーロッパ以外からの移民，女性の3点から分析を進めていく。女性議員の増加は，議会運営や議会での働き方にポジティブな結果を残している。

1　ファースト・ネイションズ・ピープル（先住民）

　オーストラリアの先住民が連邦結成時に失った選挙権・被選挙権を得たのは1962年であった（⇒第4・5章）。先住民最初の連邦議員は，1970年にクインズランド州で自由党の上院議員となったネヴィル・ボナーであった。ボナーに次ぐ先住民出身議員は，1998年選挙でオーストラリアン・デモクラッツから選出されたエイドン・リッジウェイであった。すなわち，20世紀の100年間に先住民出身の議員はわずか2名にすぎず，しかも2人目は世紀末になってやっと選出された。表8-1が示すように，状況が好転したのは2010年以降である。表8-1をみると，小選挙区制の下院よりも比例代表制で選ばれる上院が多くの先住民議員を生み出していることがわかる。また，党派的にはすべての政党を横断しており，政策的には先住民フレンドリーと考えられている労働党は立ち遅れていたが，現在では自由党・国民党連合を圧倒している。

　2024年2月現在，上下両院で合計227人の連邦議員のうち，10人が先住民であり，4.4％という先住民議員率は，全人口に対する先住民人口比率3.2％を上

第8章　オーストラリア政治の多様性

表8-1　これまでの先住民族の連邦議員（2024年11月現在）

氏名	上/下院	政党	州地域	在職期間
ネヴィル・ボナー	上院	Lib	QLD	1971〜83
エイドン・リッジウェイ	上院	AD	NSW	1999〜2005
ケン・ワイアット	下院	Lib	WA	2010〜22
ノヴァ・ペリス	上院	ALP	NT	2013〜16
ジャッキー・ランビー	上院	PUP/Ind/JLN	TAS	2013〜17, 19〜
ジョアナ・リンドグレン	上院	LNP	QLD	2015〜16
パット・ドッドソン	上院	ALP	WA	2016〜24
リンダ・バーニー	下院	ALP	NSW	2016〜
マランディリ・マッカーシー	上院	ALP	NT	2016〜
リディア・ソープ	上院	GRN/Ind	VIC	2020〜
ドリンダ・コックス	上院	GRN	WA	2021〜
ヤナ・スチュアート	上院	ALP	VIC	2022〜
マリオン・スクリムジャー	下院	ALP	NT	2022〜
ジャシンタ・ナンピギンパ・プライス	上院	CLP	NT	2022〜
ゴードン・リード	下院	ALP	NSW	2022〜
ケリーン・リドル	上院	Lib	SA	2022〜

注：Lib 自由党，AD オーストラリアン・デモクラッツ，ALP 労働党，PUP/Ind/JLN パーマー統一党→無所属→ジャッキー・ランビー・ネットワーク，LNP 自由国民党，GRN/Ind グリーンズ→無所属，GRN グリーンズ，CLP 地方自由党，Ind 無所属，UAP 統一オーストラリア党。

回っている。また，モリソン政権で先住民担当相を務めたケン・ワイアット，そのあとを継いでアルバニージー政権の先住民担当相を務めたリンダ・バーニーを筆頭に，閣外相や政務次官を務める先住民議員も多い。2024年にバーニーが閣僚を辞した後任には，マランディリ・マッカーシーが抜擢された。その意味では先住民に関し議会の多様性は進んでいる。ただし，これはここ10年足らずのことであり，現職議員10人のうち7人が2020年以降議員となっている。先住民議員は先住民コミュニティを代表しているのではなく，下院議員の場合は選挙区の，上院議員の場合は選出された州や地域を代表している。また，党議拘束の強いオーストラリアにおいて，それぞれの政党への帰属意識のほうが先住民の代表であるとする意識よりも強いはずである。先住民出身議員

が増えたことによって，先住民の声が代弁されるとは限らない。

2　エスニック・マイノリティと憲法44条

１　エスニック・マイノリティの議員

　2022年に発足した47議会において，両院合わせて227人の議員のうち，国外で生まれた移民第１世代が30人（入国時に出生国の市民権を保持していたものが28人），両親のいずれかあるいは両方が外国出身だった移民第２世代が49人（親から出身国の市民権を受け継いだものが24人），祖父母の世代にオーストラリアに移住した移民第３世代が45人（祖父から出身国の市民権を受け継いだものが３人）となっている。夫とともに外国の市民権を取得した議員も１人存在する。2021年の国勢調査によれば，移民第１世代は全人口の29.3％，第２世代が22.2％であるから，第１世代が13.2％，第二世代が21.6％という議員の割合は明らかに低い。

　さらに，非英語圏のヨーロッパ系オーストラリア人という視点からみると，1950年代から1960年代にかけて多く移住した南ヨーロッパ出身者は，イタリア（10人），ギリシャ（３人），旧ユーゴスラヴィア（５人）からの移民あるいはその子孫たちが議会に進出し，イタリア系のアルバニージー首相を筆頭にタニヤ・プリバセク環境相やエド・ヒュージック産業相など閣僚を輩出している。しかしながら，非ヨーロッパ系ということになると19人，8.8％となる。特に東（南）アジア系５人，南アジア系７人（カナダ生まれのインド系議員も含む）という数は，中国系人口や南アジア出身者がそれぞれ人口の５％であることを考えると，ペニー・ウォン外相というスターが存在しているものの，オーストラリアに移住してきたのがごく最近であるという事情があるにせよ，極めて不十分である。以下に示したのは，2022年に発足した第47議会における先住民を除く非ヨーロッパ系議員の一覧である。

　エスニック・マイノリティ出身の議員が少ない理由の１つに，制度的な問題がある。2017年から18年にかけて発生した二重市民権問題では，８人の上院議員と７人の下院議員が，二重市民権状態を解消しておらず立候補資格がなかったとして失格となった。オーストラリアの市民権という概念は，1948年に成立

表8-2 非ヨーロッパ，非先住民連邦議員（2024年11月現在）

国	氏名	政党	選挙区	当選年
エジプト	アン・アリー	ALP	カウアン（WA）	2016
エジプト	ピーター・カリル	ALP	ウィルズ（VIC）	2016
レバノン	マイクル・スカー	Lib	ディーキン（VIC）	2013
レバノン	ボブ・キャター	Ind	ケネディ（QLD）	1993
マレーシア	ペニー・ウォン	ALP	SA上院	2001
マレーシア	サム・リム	Lib	タングニー（WA）	2022
シンガポール	イアン・グッドイナフ	Lib	モーア（WA）	2013
ラオス	サリー・シトゥ	ALP	リード（NSW）	2022
ベトナム	ダイ・リー	Ind	ファウラー（NSW）	2022
パキスタン	マーリン・ファルーチ	Green	NSW 上院	2018
アフガニスタン	ファティマ・ペイマン	ALP/Ind	WA 上院	2022
インド	ザネッタ・マスカレンハス	ALP	スワン（WA）	2022
カナダ（インド系）	デイヴ・シャーマ	Lib	NSW 上院	2023
インド	ヴァルン・ゴーシュ	ALP	WA 上院	2024
スリランカ	カサンドラ・フェルナンド	ALP	ホルト（VIC）	2022
スリランカ	ミシェル・アナンダ・ラジャ	ALP	ヒギンズ（VIC）	2022
フィジー	ミシェル・ローランド	ALP	グリンウェイ（NSW）	2010
モーリシャス	ラルフ・バベット	UAP	VIC上院	2022
バルバトス	ジョードン・スティール・ジョン	Green	WA 上院	2017

注：Lib 自由党，AD オーストラリアン・デモクラッツ，ALP 労働党，PUP/Ind/JLN パーマー統一党→無所属→ジャッキー・ランビー・ネットワーク，LNP 自由国民党，GRN/Ind グリーンズ→無所属，GRN グリーンズ，CLP 地方自由党，Ind 無所属，UAP 統一オーストラリア党。

し1949年から施行された国籍・市民権法によって初めて導入され，それ以降オーストラリア人のパスポートに「英国臣民」（British Subject）に代わり「オーストラリア市民」（Australian Citizen）という文言が記入されるようになった（Soutphommasane 2009：40）。オーストラリアは，1947年以降大規模な移民政策を開始し，移民の出身国を英国・アイルランドから東欧難民，ドイツ・オランダあるいは北欧諸国，さらにはイタリア・ギリシャ・ユーゴスラヴィア・マルタなど南欧諸国に拡大していった。このときオーストラリアは，そういっ

た移住者を永住者として迎えた。永住者として入国した移民は，一定期間居住すれば市民権を得ることができ，しかも出身国の市民権をそのまま維持することができた。その一方で，1948年国籍・市民権法（1973年にオーストラリアン市民権法と改名，以下市民権法）によれば，オーストラリア出身のメディア経営者ルパート・マードックが，米国のテレビ局買収のため1985年に米国の市民権を取得したときのように，他国の市民権を得た場合はオーストラリアの市民権を放棄しなければならなかった。市民権法は，2002年に英国や米国で仕事を得たIT技術者などのロビー活動により改正され，他国の市民権を得た場合でもオーストラリアの市民権を維持できるようになった（Jupp 2002：206）。

2 憲法の規定

オーストラリアの連邦憲法44条は，以下のように規定している。

> 以下のものは，上院議員あるいは下院議員として選ばれたり議席を有したりすることはできない：
> 1 外国勢力に忠誠，服従あるいは支持を示すか，外国勢力の臣下ないし市民であるか，あるいは臣下や市民としての権利や特権を得られるもの。
> 2 反逆罪によって有罪となったもの，あるいは連邦法か州法によって有罪となり，禁固1年以上の刑で服役しているか，もしくは服役すべきもの。
> 3 破産しているか，債務返済不能状態にあるもの。
> 4 国王のもとで有給の職にあるか，連邦の歳入から国王の意にかなう期間年金を受給しているもの。
> 5 25人以上によって構成される法人で他の構成員と同格である場合を除き，連邦の公的機関と契約により，直接・間接の取引関係を有するもの。

第1項は，二重市民権所持者を対象としていると考えられる。第2項と第3項に関しては，さほど解釈の余地がないように思われるかもしれないが，立候補時点で有罪判決を受けていながら，その後控訴審で無罪判決が出されるような事態も想定することができる。第4項に定められている内容により，公務員が立候補する場合いったん退職しなければならない。ただし慣習によって落選した場合は元の職場に復帰できるとされている。しかし，オーストラリア・ポスト（郵便公社）のように公社化された国営企業は含まれるのか，潜水艦企業や

第8章　オーストラリア政治の多様性

ブロードバンド・ネットワークのように政府が株式を保有している企業はどうなのか，あるいは公立大学の教職員はどうなのか，こういった事例に対する連邦最高裁判所の判例はまだ存在しない（JSCEM 2018）。5項に関しては，メディケアという健康保険制度を通じて家庭医（General Practitioner：GP）が対象となるのではないかとして立候補を辞退する事例が生じている。

　憲法が起草された1890年代には想像できないほどオーストラリア社会や経済構造が複雑化した。人口の半数以上が移民第1世代か第2世代でありその多くが二重市民権を有している可能性がある。国と州との境界線や政府と民間の境界線があいまいになって憲法は充分に対応できなくなり，結果として議会は社会の多様性を十分反映できなくなっている。44条の文言が「議員となることができない」ではなく「議員として選ばれることができない」となっているため，当選したのち議員となるまでに問題を解消すればいいのではなく，立候補を届けるまでに完了しなければならない。当選後44条に抵触することが判明し失格した場合，下院議員であれば補欠選挙が行われるが，上院議員の場合該当する候補者を除外して再集計が行われる。

　オーストラリアの連邦憲法は，1897年から98年にかけて各地で開催された憲法制定会議で選挙によって選ばれた代議員によって討議・起草された後，各植民地における住民投票によって承認され，最終的には英国議会の法律として成立した。政治学者ハル・コールバッチによれば，もともとの憲法草案では，能動的に外国勢力に忠誠を誓うか，外国籍を取得したものが失格の対象とされていたが，その後の会議の結果，積極的な行動をとらなくてもその事実だけで失格してしまう現行案に変更された（JSCEM 2018）。

憲法44条問題

　44条問題は，1987年の両院解散選挙において，当選した上院候補の1人が立候補までにオーストラリアの市民権を得ていなかったため失格した事例に始まる。1992年にホークが首相の座を失い議員を辞職したことによって引き起こされたウィルズ選挙区の補欠選挙では，1位から3位までの候補者が44条1項と4項に抵触するとして失格した。このとき連邦最高裁判所は，二重市民権者に関し「外国籍や市民権を放棄するうえで必要な手段をすべてとっていれば（all steps that can be reasonably be taken）」失格とはならないとしたが，市民権の放

棄を一方的に宣言するだけでは不十分とした（JSCEM 2018 : 24-25）。このとき，少数意見を述べた判事は，外国の法によってオーストラリアの議員資格が左右されることとなり，極端な例との但し書き付きではあるが，外国勢力がオーストラリアの議員に自国の市民権を付与したと宣言することで，議員を辞職に追い込み議会を機能不全にできる可能性を挙げた（High Court of Australia 1992）。この判決は，政党に対し大きな注意を喚起することとなったが，1996年と1998年にも同様の問題が起きた。1998年のケースでは，失格した候補が憲法制定当時には英国は外国勢力ではなかったと主張したが，連邦最高裁判所はその主張を退けた。

二重市民権をめぐる44条問題は，2017年7月にオーストラリアン・グリーンズの副党首が，ニュージーランドとの二重市民権者であったとして突如議員辞職を発表したことで再燃し，その4日後にはグリーンズのもう1人の副党首が，カナダの市民権をもっていることが判明したとして議員を辞職した。引き続き副首相や国民党副党首らに疑問が生じ，すでに議員を辞職していた2人と合わせ，7人が連邦最高裁判所に照会された。連邦最高裁判所は10月27日に判決を下し，副首相を含む5人が議員失格とされた。その後間もなく上院議長が二重市民権所持者であることが判明したとして議員を辞職し，これを受けてターンブル首相は，すべての議員に本人，両親，祖父母，配偶者の出身国と市民権の状況に関する情報を議会に提供し公表することを求めた。その結果，下院議員1人と上院議員2人が議員を辞職した。これまで完璧で水も漏らさぬ事前調査を行っており一切問題ないと主張してきた労働党でも問題が判明し，議員6人が辞職に追い込まれた。

労働党が自らの対策を完璧だと考えた根拠は，1992年の連邦最高裁判決について，立候補締め切り以前に書類を送付するなど放棄するために必要な手続きを開始していればよいと解釈していたことにあった。連邦最高裁判所は2018年の判決のなかで，44条に抵触しない条件として「当該国の法律によって，市民権の放棄が全く不可能な状態に置かれていること」と「当該国の法律によって，外国籍から解放されるために求められているすべての合理的に必要な手段をとっていること」の2点を挙げ，英国はこのような条件に該当しないと判断した。この連邦最高裁判所の判断によれば，「合理的で必要な手続き」の主体

は，市民権の放棄を求める申請者ではなく，申請を受け付けた国の政府であり，国籍・市民権の放棄が不可能でない限り当該国においてすべての手続きを完了していなければ44条に抵触するという判断であった（JSCEM 2018：64）。なお，44条に関して行われた下院補欠選挙は，すべて失格とされた現職議員，ないしその政党の候補者が議席を維持することができた。

　二重市民権の問題で失格した議員は，すべてアングロ・ケルト系出身者であり，いわゆるエスニック・マイノリティは皆無であった。このことは，おそらく4つの問題を示唆している。第1に，アングロ・ケルト系出身者のなかには，まさか自分は二重市民権に該当しないであろうという油断があったのではないか。第2に，その裏返しとして，エスニック・マイノリティ出身者は，自らのバックグラウンドを考慮し，入念にチェックしているのではないか。第3に，エスニック・マイノリティ出身者は，44条を理由として立候補することをためらっており，このことが44条に抵触していないことにつながっているのではないか。第4に，この結果，連邦議会の構成が実社会を反映せず，非ヨーロッパ系の議員が極端に少ない結果を招いているのではないか。

　2018年の連邦最高裁判所の判決は，人口の約半数を占める移民第1世代と第2世代（英国やアイルランド出身の場合第三世代も含まれる）にとって，オーストラリアの選挙に立候補できるか否かは，オーストラリアではなく当該国の憲法や法律によって左右されることを意味する。さらに憲法や法律は改正されうる。たとえば英国出身の母を持つ議員は，英国の1948年国籍・市民権法によって父系のみ市民権が子に継承されると定められたことを根拠に二重市民権所持者ではないとされてきた。しかしながらこの国籍・市民権法は1981年に改正され，1983年以降に誕生した場合，母系でも市民権が継承されることとなった。さらに2003年の改正によって1961年2月7日から1983年1月1日の間に英国人を母として生まれた場合，申請すれば市民権が付与されることとなり，さらに2010年の改正によって，1983年以前に英国人を母として生まれたすべての人は，申請すれば市民権が付与されることとなった。今後もしも申請なしで自動的に市民権を付与するという改正が行われれば，本人の知らないうちに二重市民権者となりうる。また，申請すれば市民権を得られるということは，これに該当する人々のみがもちうる権利であるから44条1項の「権利や特権」にあた

第Ⅱ部　政治社会

ると連邦最高裁判所が解釈するかもしれない。44条問題の根本的な解決には憲法改正が不可欠である。

3　女性議員

❶　女性議員の増加

　近年，大きな進歩がみられるのはジェンダーの面である。そして，女性議員の増加は，議会運営のあり方や議員スタッフ，議会職員の労働環境を変えようとしている。46議会（2019～22年）における女性下院議員47人（31.1％，列国議会同盟ランキングでは58位）から，2022年選挙を経た47議会では2024年11月現在，女性下院議員は59人（39.1％，ランキングは36位）に上昇した。上院では76人中43人が女性と過半数を遥かに超え，上下両院では女性議員数は初めて100人を超え102人となった。オーストラリアにおける女性の政治進出に関して最も興味深いのは，二大政党間の大きなギャップである。2024年11月現在，労働党は下院で78人中37人（47.4％）が女性議員であり，上院（25人中17人）を合わせると103人のうち過半数を超える54人（52.4％）が女性議員となった。アルバニージー政権の閣僚もこれを反映し23人の閣内相のうち10人，閣外相や補佐相も含めると42人中19人が女性である。一方，自由党・国民党連合は，下院では労働党から25ポイント前後の差をつけられている。表8－3は2024年2月時点での党派別の女性議員を，図8－1は女性議員の割合（折れ線グラフ）と女性閣僚数（棒グラフ）の推移を示している。

　図8－1が示すように，二大政党ともに女性議員の割合は1990年代に大きく上昇した。ところが，労働党ではそれ以降も右肩上がりに女性議員の割合が上昇しているのに対し，自由党・国民党連合は横ばい状態である。女性議員全体の割合は，2022年に急上昇したが，これは2022年選挙でコミュニティ・インディペンデント議員が大挙して当選したためである。また閣僚に注目すると，20世紀の間は約20人中1人というのが女性閣僚の定位置であった。女性議員の割合が増えると経験と実績を重ねた女性議員の多い労働党政権下で閣僚数が増え，自由党・国民党連合もそれに引っ張られて女性閣僚を増やしてきたことが読み取れる。

表8-3　2024年11月現在の党派別女性議員数と比率

	下院	下院%	上院	上院%	合計	合計%
労働党	37/78	47.4	17/25	68.0	54/103	52.4
自由党	9/40	22.5	10/24	41.7	19/64	29.7
国民党	2/15	13.3	4/6	66.7	6/21	28.6
（自由党・国民党連合）	11/55	20.0	14/30	46.6	25/85	29.4
グリーンズ	1/4	25.0	7/11	63.6	8/15	53.3
統一オーストラリア党			0/1	0	0/1	0
ワン・ネイション			1/2	50.0	1/2	50.0
ジャッキー・ランビーNW			1/1	100.0	1/1	100.0
無所属など	10/14	71.4	3/6	50.0	13/20	65.0
合計	59/151	39.1	43/76	56.6	102/227	44.9

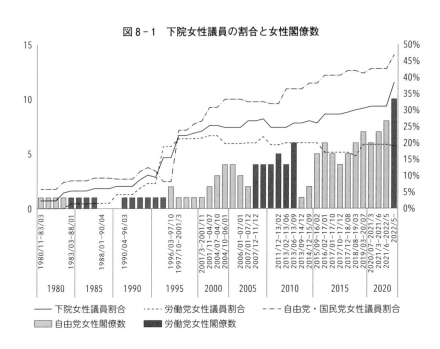

図8-1　下院女性議員の割合と女性閣僚数

2 クオータ制の効果

二大政党の明暗を分けた要因は，格差是正のため少数派や弱者に対し一定割合の候補者あるいは議員の確保を目指すクオータ制の有無である。労働党は1994年に2002年までに勝ち目のある（winnable）選挙区の候補者のうち35%を女性にするという党内クオータを導入した。「勝ち目のある」とは，自党が議席を有する選挙区に加え，勝者との2党間選好得票率差が5%以内の選挙区と定義された（Simons 2019：131）。この目標は，2001年11月の総選挙で達成され，2002年の党大会で次の目標が男性40%，女性40%，どちらとも定めない20%に設定された（Simons 2019）。その後2015年の党大会で，2022年までに45%，2025年までに50%を女性とすることが決定された。

労働党の党内クオータは以下のように機能している。選挙区は，労働党の議席，労働党の議席ではないが2党間選好得票率の差が5%以内の「勝ち目のある」接戦選挙区，それ以外の3つに区分され，それぞれで定められたクオータを確保しなければならない。もしいずれか1つでもクオータに達しなければ，その州支部における候補者選考はすべて白紙となり選考をやり直すこととなる（ALP 2018）。ほとんどの州支部において候補者選考は左派，右派，さらには派閥内のサブ・グループの間で調整され微妙な均衡の上に成り立っているので，一度決まったことを覆すとその後かかる労力，エネルギー，党内に亀裂を生む危険など様々な問題が生じる。党内の平和を保つうえでも，候補者選考をやり直すことがないようにクオータを守るインセンティブが機能する。

労働党は，女性議員の数を増やすと同時に，質の高い女性議員を育むことにも成功している。労働党は，党首（ギラード），副党首（ジェニー・マックリン，ギラード，プリバセク），上院リーダー（ウォン）など，リーダーの地位にある女性議員を輩出している。またオーストラリア国立大学のマリア・タフラガとケイトリン・ボールガードの研究によれば，労働党女性候補が有する資格は，同党の男性候補が有する資格を上回っている（Beauregard and Taflaga 2019）。クオータのおかげで優遇されて候補者となり議員となったという批判に備えるうえでも，クオータ制によって議席を得た女性は，より高い資格を有する傾向が強い。また男性候補者は，出身大学やプロフェッショナル組織といった既存の人脈を活用できるのに対し，女性の場合は，PTAやコミュニティ活動で培っ

たネットワークを活用する傾向が強い。その結果，女性候補の方が草の根活動に長けて接戦選挙区に強いという利点がある。その一方で，接戦選挙区の議員では，選挙区での日常活動が重要となるため閣僚やリーダー的な地位に就くことが難しい。

　労働党にとって，次の目標は党組織の改革である。大衆組織政党（mass party）であり，党の政策や綱領が全国党大会によって決定される労働党では，党組織は極めて重要である。党組織や派閥などではフォーマルな意思決定過程と同様，あるいはそれ以上にインフォーマルな関係が大きな役割を果たすことが考えられるが，そこではまだ男性のネットワークが大きな役割を果たしている。

　労働党が1990年代半ばから女性リーダーの起用，初期費用を支援することで女性候補者をサポートするシステムであるエミリーズ・リストの導入や党内女性クオータの採用などを進めてきたことには，極めて現実的な理由もある。労働党は，長らく女性からの支持が男性からの支持よりも低い，いわゆるジェンダー・ギャップに悩まされてきた。ブルーカラー労働組合を基盤として19世紀の終わりに結党されたオーストラリア労働党は，男社会文化（blokey culture）をもっていた。ジェニファー・カーティンによれば，1910年以降1996年まで平均すると労働党は女性よりも男性から4.3％多くの支持を得る一方，自由党・国民党連合は男性よりも女性から3.6％多くの支持を得ていた（Curtin 1997）。1983年から96年まで13年間継続したホーク‐キーティング政権は，教育，医療，チャイルド・ケアなどの分野で「女性フレンドリー」な政策を打ち出しながら，ジェンダー・ギャップの解消には至らず，1987年から1996年にかけても平均4.25％のギャップが存在していた（Curtin 1997）。ところが，2001年には労働党に対する女性からの支持と男性からの支持が同率となり，ギラードが初の女性首相となった2010年以降は，女性からの支持の方が男性からの支持より多い「逆ジェンダー・ギャップ」が発生している。ボールガードとタフラガは，女性の学歴が向上し政治への登竜門である地方議員や党の役職に就く女性が徐々に増えていくと，そのような初期の成功を収めた女性たちがネットワークを作り，高い資格を有した女性をそのネットワークに巻き込んで，議員を目指したり党の職員や議員スタッフの仕事に就くことを奨励するようになると論じ

ている（Beauregard and Taflaga 2019）。また，ホーク－キーティング政権によって進められた経済の構造改革は，製造業の地盤沈下と第3次産業における雇用の増加につながったが，労働運動でも製造業などブルーカラー組合に代わり，公務員，教員，看護師などの女性の多い組合が成長してきた。それを反映し，現在では頂上団体 ACTU の議長（1996年～）と書記長（2017年～）はいずれも女性が務めるなど，女性の労働運動リーダーも輩出されている。

自由党・国民党連合の問題

自由党・国民党連合は，1996年に19.1％を記録して以来，約四半世紀にわたり20％前後を行き来しており，その間すっかり労働党に水をあけられた。1996年における自由党・国民党連合の女性候補の躍進は，1990年から1994年まで党首であったヒューソンの支持を受け，自由党が女性フォーラムを立ち上げるなどのイニシアチブをとった結果であったが，1995年にハワードが党首になると，「それがどんな手段であれ，アファーマティブ・アクションによって女性を『特別扱い』（patronise）しない」という態度に代わり，それ以降後退していった。

いまやより多くの女性が労働党を支持している逆ジェンダー・ギャップにも直面し，自由党のなかからもクオータの導入を求める声が上がるようになってきた。たとえばヒューソンは，かつてクオータは不要だと考えていたが，今日では必要だと考えるようになったと述べ，候補者の50％を女性とすることが難しければ，予備選挙の選挙人の50％を女性にすべきと主張している。クオータの導入を支持する声は，現役を退いた政治家からは高まっているが現役議員からはなかなか聞こえてこない。これは党組織が反クオータ派によって占められており，クオータ導入に積極的に動けば自らの公認が危ないと議員たちが感じていることを意味する。自由党連邦事務局の女性担当幹部は，党内におけるクオータを支持する意見を「ろくでもない少数の声」（a few rogue voices）と切り捨てた。しかしこれは賢明ではない。2019年総選挙において労働党の女性候補の割合が45％であるのに対し，自由党・国民党連合は26％にとどまり，他のすべての条件が同じであれば，女性候補は男性候補よりも1000票以上多くの票を得ているといった研究結果もある（Martinez i Coma 2019）。

キャンベラ大学のクリス・ウォレスが指摘するように，自由党は女性問題で

はなく男性問題を抱えており，女性の居場所は上院や下院（House）ではなく，家庭（house）であるとする考え方は根強く残っている。(Wallace 2018)。政治はそもそも男性向きの職業であり，男性と同じような資質を身につけていない女性議員は，クオータのおかげで当選できたにすぎないという考え方も残っている。これまでかたくなにクオータ制度を否定してきた自由党・国民党連合は，2025年までに候補者の50％を女性とするとのゴールを掲げているが（杉田 2020：27），そのゴールに到達する見込みはない。2021年に明るみに出た政治における女性への性暴力やセクシュアルハラスメントの問題で自由党・国民党連合にその問題が集中したが，これも女性議員の不足が一因となっているのではないだろうか。

4　ジェンダーと議会改革

　グリーンズのセアラ・ハンソン・ヤング上院議員は，オーストラリアの連邦議会では議会職員やメディアも含めいまだに男性が支配的な地位にあると指摘しているが，両院で女性の事務局長が近年誕生しているなど状況が改善している面もある。メディアに関しても，議会報道の第一線で活躍し高い信頼を得ているジャーナリストには女性が多い。女性議員，特に若い女性議員の増加は，連邦議会に「働き方改革」をもたらした。パイ上院事務局長が約30年前に上院事務局で勤務を始めた当時，初日は午前2時まで勤務，2日目は午後2時に出勤し日付が変わるまで議会にいて，3日目は午後11時半，4日目は午前2時まで仕事があった。当時，会期中の議会は午後1時に始まり，夕食の休憩を挟んで深夜まで続くように設定されていた。

　現在，議会が開かれる時間は，通常月曜日の午前から木曜日の午後までであり，終了時間は，上院では月曜日が午後8時半，火曜日は午後9時ないし10時半，水曜日と木曜日は午後8時となっている。下院は，本会議と並行して議論する場として第二会議場（Federation Chamber）が設けられたこともあり，月曜日から水曜日は午後8時，木曜日は午後5時で終了する。さらに，2022年以降両院とも午後6時半を過ぎると採決は翌日に回されることになり，議員は自分の用事を優先させることができるようになった。パイによれば，それでも夕食

休憩を終えた議員たちが，ビデオ通信アプリを使って子どもたちに「お休み」を言って議場に戻ってくる光景を見て，胸が詰まることがあるという。たしかに議員たちは，広大な国の南東の隅にある首都キャンベラまで，飛行機で何時間もかけて来なければならない。若い子どもがいて特にその子どもたちが学校に上がる時期に入ると，議員と家庭との両立に苦慮することになり，男性議員も含め議員を辞職し閣僚の座を擲つ例もみられる。2021年に明るみに出た政治家によるあるいは連邦議会という職場における女性への性暴力やセクシュアルハラスメントの問題から，人権委員会のケイト・ジェンキンス性差別担当委員による調査・提言が行われ，改革が進められている。

　1995年にデモクラッツのナターシャ・ストット・デスポヤ上院議員は，当時女性としては最年少の26歳で上院議員となったとき，議会内にトレーニング・ジムがある一方，託児所がないことを指摘した。議会で働く職員にとっても，連邦議会は市街地の商業地域から離れた場所にあり，セキュリティの関係もあって保育施設が議会近くにあっても議会外の施設を利用することは便利ではない。そのため，現在では議会内に託児スペースを設け，議会開会中は午前7時半から午後9時まで，議会閉会中は午前8時から午後6時まで託児所を運営している。議場に子どもが入ることを認めるか否については，上院では2003年，ストット・デスポヤの結婚と出産をきっかけに，授乳のため乳児が議場に入ることができるよう議会規則が改正された。2009年にハンソン・ヤングが，採決のベルが鳴ったため幼児を連れて議場に入ったところ，授乳目的ではなかったため議長命令で子どもが連れ出されるという事件が起きた。その後，若い母親の議員が増加するに伴い，2016年には下院，上院で相次いで授乳目的ではなくても乳児を議場に連れて来られるようになった。また下院では，採決時に子どもの面倒をみていて議場に駆けつけられない議員のために代理投票を認めている。上院では，連邦制などに基づく憲法上の問題から，代理投票について議論はあったが実現には至っていない。

　産休や育休中の議員が活用できる制度として，「ペア」がある。これは，政党の院内幹事長が話し合って決めるインフォーマルなもので，やむをえない事情で議員が欠席した際，採決で不利にならないように反対側の議員も欠席した議員とペアにして採決に加わらせない制度である。全議員の過半数の賛成が求

められる議事規則を中断する動議以外は，ペアがあるため安心して産休や育休を取ることができる。どの場合にペアを認めるかは，政党間の協議によるため，議席差が少ない場合に閣僚の外遊などの理由ではペアが認められないことも起きているが，産休や育休については認められない事態はこれまで生じていない。

　なお，日本で顕著な政治家の世襲であるが，オーストラリアにも19世紀にサウスオーストラリア植民地首相を務めた初代ジョンからハワード政権の外相を務めた3代目アレグザンダーまで3代続いた「ダウナー王朝」など政治家一族は存在する。しかしながら，親の引退直後に子が引き継ぐ場合はまれである。

📖 おすすめ文献

①三浦まり，2023，『さらば男性政治』岩波書店.
　「男性だけで営まれ，男性だけが迎え入れられ，それを当然だと感じ，たまに女性の参入が認められても対等には扱われない」男性政治の現状と改革について詳述したベストセラー。オーストラリアの例も示されている。

②杉田弘也，2024，「オーストラリア政治におけるジェンダー・ギャップ——クオータによる明暗」三浦まり編『女性の政治参画をどう進めるか』公益財団法人日本学術協力財団.
　近年女性議員・女性閣僚の割合が右肩上がりで上昇しているオーストラリアであるが，二大政党間の違いも明確になっている。この違いの原因はクオータ制度の有無にあり，そのことはこの制度の有効性を示している。

③杉田弘也，2024，「2022年連邦総選挙とオーストラリアの政党制度——女性がもたらした地殻変動」『オーストラリア研究』(37)：1-16.
　2022年の連邦総選挙を，オーストラリアの二党制を根底から変える「リアラインメント選挙」と位置づけ，この変化は女性が大半を占めるコミュニティ・インディペンデント候補によって実現したことを示した。

第9章 オーストラリア福祉国家
▶ 公正な社会政策のあり方とは？

本章では，オーストラリアの福祉国家の成立と展開について検討する。最初に，オーストラリア福祉国家を捉えるいくつかの視点を提示する。その後，それらの観点からオーストラリアの社会政策の歴史を検討することで，その問題点や課題，矛盾を把握する。最後に，それらを踏まえて今後の福祉国家のあり方について考察する。オーストラリア福祉国家の変遷は，時期のずれはあるものの，日本の福祉のあり方との類似性もみられる。オーストラリアの福祉国家について学ぶことは，日本の社会政策，そして福祉国家や社会政策のあり方そのものについて検討することにもつながるだろう。

1 オーストラリア福祉国家を捉える視点

　本章では，人々の有する社会的権利やジェンダー公正の観点からオーストラリアの社会政策の歴史を検討することで，オーストラリアにおける福祉国家の成立と変遷，そしてその課題について考察することを目的とする。具体的な社会政策の議論に入る前に，本節ではオーストラリアの福祉国家の変遷を捉えるためのいくつかの視点を提示する。

　広い意味で「福祉」は，「社会的に弱い立場にある人びと」のみならず，国民や市民全体の幸福を指す（武川 2011：9）。このような広義の福祉，特に個人の幸福追求の支援を目的とした政府による政策，具体的には「市民生活の安定や向上を直接の目的」とした政策を「社会政策」と呼ぶ（武川 2011：22, 155-156）。社会政策には雇用や所得保障，医療，教育等の施策が含まれる。そして，それらの政策を行う国家の体制を「福祉国家」と呼ぶ。オーストラリアには国家レベルの権利章典はない（州・特別地域レベルではヴィクトリア州の2006年人権及び責任憲章等がある）が，世界人権宣言を支持し，経済的，社会的及び文化的権利に関する国際規約をはじめとする国際人権規約・人権条約を批准して

いる。世界人権宣言第25条では，私たちには「健康及び福祉に十分な生活水準を保持」し，「不可抗力による生活不能の場合は，保障を受ける権利」があるとされる。

　一方で，福祉は国家のみならず，市場や家族，第三セクターなどによっても提供されている。社会学者のイエスタ・エスピン－アンデルセンは，「福祉が生産され，それが国家，市場，家族のあいだに配分される総合的なあり方」を「福祉レジーム」と呼び（Esping-Andersen 1999＝2000：64），その体制を3つに分類した。それは，普遍主義のもと，大きな政府によって充実した福祉給付や社会サービスを通して平等主義を実現する「社会民主主義レジーム」，コーポラティスト的な身分的区別に基づく社会保障制度と家族主義を特徴とする「保守主義レジーム」，そして市場を通した福祉の提供を中心とする「自由主義レジーム」である（Esping-Andersen 1999＝2000：116-130）。エスピン－アンデルセンは，オーストラリアをイギリスやアメリカとともに自由主義レジームに分類した。

　しかしながら，その分類にはオーストラリアの研究者から異議が出された。オーストラリアの社会政策研究者であるフランシス・G・キャッスルズとデボラ・ミッチェルは，オーストラリアがニュージーランドなどとともに，「給付における高い平等性，高度な累進課税，雇用における大規模な国家部門，強力な労働組合」などの特徴を有し，3つの福祉レジームとは異なる「第4の世界」を構築していると主張した（Castles and Mitchell 1993：123-125）。キャッスルズは，「賃金率の決定権をもつ仲裁裁判所」による賃金規制に基礎づけられ，それを高い関税による国内産業の育成，および移民管理による低賃金の移民労働者の排除によって補完する，1970年代までのオーストラリアの伝統的な福祉国家モデルを「賃金稼得者の福祉国家」と呼んだ（Castles 1996＝2003：142-153）。このようなオーストラリア（およびニュージーランド）特有の福祉国家の形成を捉えることが，まずは重要となる。

　その後，1980年代以降，市場原理を社会政策を含むあらゆる領域に適用することを求める新自由主義（ネオリベラリズム）がその影響力を増していくなかで，オーストラリアの福祉国家は「再編」を求められてきた（藤田 2016）。オーストラリアの福祉国家は賃金規制を主体とする独自のモデルから，新自由

主義的な福祉改革を経て大きな変貌を遂げることになる。「伝統的な労働市場戦略の失敗」や「社会的慣行，家族構造，女性の労働市場への参入形態の変化」による家族のあり方の変容が，伝統的な福祉制度，「賃金稼得者の福祉国家」の刷新をもたらした（Castles 1996＝2003：168）。福祉受給者の責任や義務を強調し，福祉受給者に福祉から就労への移行を強制するような新自由主義的改革が断行され，同時に「不正受給」が問題化され，それを取り締まるための政策も行われた。この過程では，福祉給付への「依存」が問題視されるが，その際誰が「福祉依存」とされ，誰がされないのか，そしてそのように福祉の「問題」を個人化し，「自己責任」を強調する政策がいかに問題なのかを考察することも重要となる。

　さらに，福祉国家を理解する際にはジェンダーや階層・階級，「人種」，先住民性などの視点，そしてそれらの交差性を考慮することの重要性も指摘されてきた。特にジェンダーに関していえば，賃金規制を中核としたオーストラリアの「ユニーク」な福祉国家は，男性稼ぎ主を中心とした家族モデルに基づくものであった。オーストラリアのフェミニスト研究者は，このようなオーストラリアの福祉国家を問題視し，「男性『賃金稼得者の福祉国家』」（Bryson 1992：172）と呼んだ。フェミニズムによる社会政策の批判的分析は，オーストラリア福祉国家を支える性別分業や男性稼ぎ主型の家族モデルの問題を明らかにしただけでなく，特に1983年から1996年のホーク－キーティング労働党政権下では，フェミニストが政策形成や社会保障の見直しに直接関わることにより，ジェンダー公正／ジェンダー平等を社会政策研究や政策立案の課題として構築し，よりジェンダー公正な社会政策の形成にもつながった。

　その一方で，フェミニズムと新自由主義の皮肉な結びつきについても指摘がなされてきた。たとえば日本の政治学者の三浦まりは，近年の日本の女性就労支援政策や家族支援政策を分析し，その矛盾を雇用・福祉レジームの観点から分析したが，その際，「1990年代においては，新自由主義とフェミニズムはある意味伴走関係にあった」と述べている（三浦 2015：66）。新自由主義はジェンダーに関係なく「有益な人材」の活用を推進するため，その点では「新自由主義と親和性が高い」からである（三浦 2015：66）。この点，アメリカの政治学者のナンシー・フレイザーも同様に，フェミニズムの拡大と新自由主義の拡

大の「あいにくの……親和性」を批判している（Fraser 2009＝2011：39）。新自由主義が「女性の〔労働市場への〕進出とジェンダー公正という新たなロマンスを練り上げる」ことで，「家族賃金」は解体されたが，その一方でフェミニズムによる国家管理主義などへの批判が新自由主義に回収され，「市場化と国家の削減」の正当化のために利用されているというのである（Fraser 2009＝2011：40-46）。この点，オーストラリアにおいても類似の状況があったことが確認されるだろう。

　以下では，ここまでで述べてきたオーストラリア福祉国家を捉える複数の視点に注目して，その社会政策の歴史をみていく。それにより，オーストラリアの福祉国家の状況を理解し，その社会政策の問題点や矛盾を把握することで，今後のあり方を考察することにつなげる。

2　「賃金稼得者の福祉国家」の成立と展開
──1970年代初めまで

1　福祉国家の黎明期──第二次世界大戦以前

　既に述べたように，1970年代までのオーストラリアの福祉国家は強制的な賃金裁定を中心とするものであった。連邦化直前の1890年代に羊毛刈取り職人のストライキなどに代表される激しい労働闘争が起こるなかで，そのような闘争を避けた労使問題の解決が模索されるようになり，連邦化前後には各植民地・州で強制調停の制度化が行われた。また，連邦化後の1904年には連邦仲裁裁判所が設置され，ここでは労働争議の調停や仲裁，賃金の裁定も行われることとなった。1907年にはヘンリー・ヒギンズ判事によるハーヴェスタ判決が出され，のちに「基本賃金」等と呼ばれる，男性労働者が妻と3人の子どもを含む家族の基本的なニーズを満たす賃金の取り決めがなされた。その意味でこれは「家族賃金」であった。賃金裁定において「公正かつ合理的な」賃金とは，「文明社会を生きる一人の人間とみなされる平均的な労働者の通常のニーズ」に基づくものとされ（*Ex parte H.V. McKay* (1907) 2 CAR 1 (8 November 1907))，このようなニーズを充足する賃金はオーストラリアの「社会政策と賃金政策の要」となり，その一方で，社会政策は資力調査（ミーンズテスト）に基づき，「選別

的」で「残余的」なものになった(Castles 1996=2003:148-149)。困窮している人々，そして賃金裁定が適切に行われない場合のみに絞った所得保障給付システムとなったのである。

連邦政府は1909年には老齢年金を，1910年には障害年金を導入した。これらは一般歳入を財源としていた。また，年金の支給からはアジア人や先住民などは排除されていた。

1912年には出産手当が導入された。これは乳児死亡率の低下や白人人口の増加のため，母親と乳児に対する医療費提供を意図しており，「ベイビー・ボーナス」として知られるようになった。議論の末「非嫡出子」の母親を含むすべての白人女性に対して給付が与えられることになったが，先住民や太平洋諸島・アジア出身の女性は支給対象外とされていた。出産手当の支給により，より多くの白人女性が病院で子どもを産むようになった。出産手当は変更を加えられながらも1978年に廃止されるまで継続された。

州レベルでは，ニューサウスウェールズ州において1926年には寡婦年金が，1927年には児童手当が導入された。また，クインズランド州においては1923年に失業保険制度が導入されている。

このように，強制的な賃金裁定を核とした「賃金稼得者の福祉国家」が形成されたわけであるが，それは仕事のない男性や子どもの多い家族，女性，さらには白人以外の人々にとっては「著しい欠陥を有する」システムであった(Mendes 2017:22)。特に女性は，賃金裁定の基準となる「平均的な労働者」には含まれず，男性に扶養される存在と想定されていたため，女性の賃金は男性の賃金よりも大幅に低く設定され，労働力率も低く抑えられた。女性の賃金労働は低く見積もられ，家庭内の女性のケアワークには制度上の承認は与えられていなかったのである(Mendes 2017:22)。

2 福祉国家の成立──1940年代

1941年から1945年にかけては，オーストラリア福祉国家の基本的なプログラムや政策が導入され，この時期は「福祉国家の歴史における英雄時代」(Beilharz et al. 1992:82)と呼ばれる。1941年には社会保障に関する連邦議会合同委員会が立ちあげられた。その中間報告書においては，国民の大多数が住居

や衣服，栄養状態などにおいて不十分な状況にあり，社会保障を充実させることが労働者の士気や勤労意欲を高めることにつながり，戦争に貢献するものとされた（Mendes 2017：23）。さらにカーティン首相のもと，戦時中の権限を利用して所得税の統一課税を導入し，連邦政府が所得税の唯一の責任を有するようになり，財政資金確保の能力が大幅に拡大した。それにより社会保障における連邦の役割が拡大することにつながった。また，低所得者への所得税の課税強化とともに国民福祉基金も設立されたが，これはオーストラリア福祉国家の誕生ともみなされる（Goddard 2014）。このような状況のなか，様々な社会保障にかかわる政策が導入されたのである。

まず1941年には児童手当が導入された。これは，16歳以下で2人目以降の子どもに与えられる手当であった。また1942年には，一般財源から支出される定額給付の寡婦年金が導入された。支給対象には寡婦のみならず，離婚した女性や夫が刑務所や精神病院にいる女性も含まれていたが，当初は一部を除く先住民等は排除されていた。これらの制度の導入によりニューサウスウェールズ州の児童手当と寡婦年金は廃止された。1945年には所得調査を条件に，一般財源から支出される定額給付の失業および疾病給付が導入された。これによりクインズランド州の失業保険制度は廃止された。

このように連邦レベルで社会保障制度が整備され，連邦政府が社会福祉における権限を拡大していくなかで，憲法第51条に列挙された老齢年金と障害年金以外の社会福祉にかかわる法や制度を制定する連邦の権限が疑問視されるようになる。1945年には連邦最高裁判所が，連邦の歳入は「連邦の目的のために割り当てられる」と定めた憲法第81条について狭い解釈を行い，「連邦は第51条等に列挙された権限事項以外には歳出権限を有しない」とした（山田 2003：109）。これまで連邦によって給付されてきた手当の根拠が崩れたと判断した連邦政府は，1946年，連邦の社会福祉の権限拡大に関する憲法改正のための国民投票を実施し，承認された。それにより憲法第51条に「出産手当，寡婦年金，児童手当，失業，医薬，疾病および入院給付，医療および歯科サービス（ただし，民間徴用のいかなる形態も許可するものではない），学生に対する給付および家族手当」に関する立法権限が追加された（第23項A）[1]。1947年には社会サービス法が制定され，様々な社会保障給付が単一の法に統合された。

第Ⅱ部　政治社会

3　福祉・社会政策の停滞期──1950年代から1970年代初頭

　カーティン，チフリー労働党政権に続く保守政権の福祉国家施策は，連邦の権限拡大や福祉政策の拡充を推進した労働党に比して「革新性のかなり低い」ものであった（Mendes 2017：25）。大きな政府を否定する保守連合政権は，国家に「依存」するよりも家族や民間の慈善団体による福祉の供給を優先し，また財源としても「総合課税よりも保険制度」を好む傾向にあった（Mendes 2017：25-26）。社会政策も，漸進的な変化を特徴とする慎重で規制的なアプローチをとり，全般的には中流階級に有利に働くような政策となった（Mendes 2017：25）。このため，この時期には GDP における福祉支出の割合も下がり，1970年には7％強（同年の OECD 平均は15％弱）となった（Mendes 2017：25-27）。

　このようななかで行われた主要な政策としては，まず1950年の第1子までの児童手当の対象拡大である。1951年には年金受給者医療サービスが創設され，それによって，事実上，年金受給者とその扶養家族は無料で医学的治療・病院での治療などを受けられるようになった。1960年代を通して，年金の資力調査に関する変更も行われた。さらに，医療・保健政策においては，1953年に国民保健法が制定され，国家による民間の医療保険の助成等が始まった。

3　「男性賃金稼得者の福祉国家」の解体
──1970年代から1990年代半ば

　1972年から1975年までつづいたウィットラム労働党政権下では，「マクロ経済改革を通じた富裕層から貧困層への所得の広範な再分配を推進すること」が強調され，福祉・社会政策がその政策の中心に置かれて，普遍主義的な政策が実施された（Mendes 2017：29-31）。ウィットラム政権は，既存の年金と給付の水準を引き上げたほか，すべてのオーストラリア国民に医療保険を提供するための「メディバンク」という国民健康保険制度も導入した。

　さらに，1973年には寡婦年金を受給できないシングルマザーのための手当（Supporting Mother's Benefit）が導入された。その後，この手当は1977年にシングルの父親もその対象に含むものとなり，名前も変更された（Supporting Parent's Benefit）。さらに，1973年には両親が共に亡くなった子どものための二

重孤児年金が導入され，1974年には重度の障害児のための障害児手当も導入されている。

　さらに，オーストラリアにおける貧困の調査が行われたこともウィットラム政権の成果といえる。1960年代には，貧困にかかわる学術的調査や福祉団体による調査が行われ，政府に対し「社会保障費の増額」や「貧困に関する〔国家による〕体系的な調査」の必要性がいわれるようになった（Mendes 2017：27-29）。1972年には保守連合政権によってロナルド・ヘンダーソンを中心とする貧困問題調査委員会が立ち上げられ，その後ウィットラム労働党政権によって組織が拡張された。1975年には第一次主要報告書が出され，ひとり親家庭や子どもの多い家庭の貧困が示され，それへの対処として，逆進性のある扶養児童に対する所得控除を税額控除に置き換え，児童手当に上乗せし，児童手当を増額すること等が提案された（Australian Government Commission of Inquiry into Poverty 1975）。ウィットラム政権下では扶養児童に対する所得控除から税還付への切り替えが行われたが，この報告書はその後のフレイザー保守連合政権下における家族手当の導入にも大きな影響を与えたとされる。

　さらにこの時期に起こった重要なこととして，賃金裁定における「家族賃金」の終焉を挙げることができる。基本賃金から総合賃金へ移行し，さらに1969年には連邦調停仲裁委員会において男女間の「同一労働同一賃金」，1972年には「同一価値労働同一賃金」の裁定がなされ，その後，すべての労働者に対する同一の最低賃金が設定されるようになり，最低賃金裁定にあたって扶養家族について考慮されることがなくなった。それはまず，これまで（特に男性稼ぎ主の）賃金裁定を通して行われてきた福祉が賃金裁定制度から切り離され，社会保障における「家族のニーズ」を満たす責任をオーストラリア政府が福祉・社会政策を通して担うようになることを意味する。同時にそれは，女性を男性に扶養される存在と位置づけ，男女間の賃金の差異を構成してきた制度の変革をも意味した。男性稼ぎ主モデルに基づく家族を「制度化」してきたオーストラリアの伝統的な福祉制度である「男性賃金稼得者の福祉国家」の大きな一角が崩れたのである。

　1975年の「憲法危機」を経て成立したフレイザー政権においては，必要な人々への経済的支援が強調される一方で，福祉における残余的アプローチへの

回帰がみられた（Mendes 2017：33-34）。シングルの人への失業給付に関する物価スライドを廃止し，受給資格基準を厳格化するなどした。保健・医療の分野においては，メディバンクの見直しが行われ，1976年には「メディバンク・マークⅡ」が導入された。それにより所得に対し2.5％の課税が行われるようになったが，その代わりに民間の医療保険への加入も可能とされた。同年，政府支出の民間医療保険事業としてメディバンク・プライベートが設立された。1978年には医療給付が予定診療額の75％に引き下げられ，また医療保険のための課税と保険への強制加入は廃止された（Senate Select Committee on Medicare 2003：7）。1981年には無料で病院の診療や医療を受けられるのが年金受給者等に制限されるようになった一方，民間の医療保険加入者に対する所得税還付を導入することで民間の医療保険への加入が促進された。

　フレイザー政権下で行われた特筆すべき社会政策の改革は，1976年の家族手当の導入である。児童への税還付が廃止され，その分大幅に現金給付である児童手当が増額され，名称も家族手当に変更された。受給資格は21歳から24歳の学生にも拡大された。税還付が廃止され現金給付が増額されたことから，この改革は貧しい家庭への所得の再分配を通して低所得家庭の貧困問題に取り組むものとされた。さらに，それまでの児童への税還付が男性稼ぎ主になされていたところ，家族手当は現金給付が児童の母親に支払われることから，家族内における所得の再分配，つまり父親から母親への再分配であるともいわれ，直接主なケアの担い手へ現金給付が支給されることを求めてきたフェミニストからも歓迎された。しかしながら，家族手当の物価スライドが行われず，その後実質価値が下落したことから大きな批判がなされるようになった。

　ホーク－キーティング労働党政権下では，「経済合理主義」に基づく経済・社会改革が断行され，減税や社会支出の削減が不平等の拡大につながるとともに（Mendes 2017：37），社会政策においては貧困にあえぐ人々にターゲットを絞った支援が行われ，失業者等への所得支援をよりアクティブなものにすべく，社会政策と職業訓練等を通して福祉受給者を労働市場に統合するための政策の連携が進められた。老齢年金や家族手当には資力調査が導入される一方で，フェミニストが社会保障の見直し等に関与することで，家族への所得支援政策は税制から現金給付制度へとさらにシフトし，より給付金が主なケアの担

い手へと直接支払われるようになった。1987年には，社会保障の見直しにおける勧告にしたがって，主なケアの担い手に対し低所得者への付加的な補助として家族手当付加金が導入され，世帯の所得に応じて，子ども1人あたりのさらなる給付金に加え，13歳から15歳の子どもには追加の給付が与えられることになった。ひとり親家族への支援については，1989年に寡婦年金と寡婦年金が受け取れないシングルの親のための給付金が統合され，ひとり親年金が導入されるとともに，ひとり親のための職業・教育・訓練（Jobs, Education and Training：JET）プログラムもスタートした。特に後者については，ひとり親の貧困が問題視され，その原因が失業だとされるなか，画期的な施策として位置づけられた。また，積極的な不正受給対策も行われた。これはフレイザー政権下でも行われていたが，労働党政権下でも行われた。さらに，それまでの老齢年金に加え，強制加入かつ事前積み立て型の私的年金であるスーパーアニュエーションが導入された。これは最低限の年金を保障する老齢年金とは異なり，労働者の「自助努力」で貯蓄を増加させ，老後の所得保障を行う制度とされる（野村 2013：7-15）。保健・医療政策においては，ウィットラム労働党政権下で採用されたメディバンクとほぼ同様の国民皆保険制度が，「メディケア」という名称で導入された[2]。

　このように，1960年代後半以降，特に1970年代から1990年代半ばまでのオーストラリアにおいては，「家族賃金」の概念が廃止され，ジェンダーを超えたすべての労働者への同一の最低賃金が設定された。それに加え，家族手当の導入をはじめ，所得支援が税制から現金給付へとシフトすることにより，主なケアの担い手（主に母親／女性）へ直接給付が支払われるようになった。そしてそのことにより，「男性賃金稼得者の福祉国家」が変革され，より福祉におけるジェンダー公正が図られるようになった。その一方で，ホーク－キーティング労働党政権における経済・福祉改革は，エスピン－アンデルセンが「新自由主義ルート」と呼んだように（Esping-Andersen 1996＝2003：24-28），オーストラリア福祉国家にさらなる変革をもたらすことになった。特に，フェミニストがかかわった社会保障改革が進むその時に，新自由主義の萌芽がみられたというのは，フェミニズムと新自由主義の皮肉な結びつきを示すものといえる。

4 新自由主義的福祉改革の断行と福祉国家の再編
―― 1990年代半ば以降

　1996年以降のハワード保守連合政権下の福祉政策の特徴は,「社会保障給付へのアクセスを制限することで,自由市場の成果に対する政府の干渉を減らすという新自由主義的な関心と,家族のような伝統的な制度を強化するという社会保守主義的な関心」という2つの異なるイデオロギーに支配されていたこととされる (Mendes 2017 : 38)。「福祉依存」を問題化し,福祉給付を受ける者の「相互義務」を強調するハワード政権は,失業手当へのアクセスの厳格化,若年ホームレス手当の見直し,貧困層に対するサービスへの支出削減などの措置を導入した (Mendes 2017 : 38-39)。1998年以降は(若年の)所得支援(金)の受給者に対し,求職活動に加え,地域社会での活動などの「失業手当のための労働 (Work for the Dole)」を含む「相互義務」必須条件が課されるようになり,ワークフェア施策が導入された。不正受給の取り締まりも継続的に行われ,密告のためのホットラインの導入等,さらにその体制が拡大・強化された。

　またハワード政権下の家族政策は,家族のタイプによって異なる政策が採用され,ジェンダー公正の原則から実質的に遠ざかり,男性稼ぎ主モデルに回帰したと批判された (e.g. Cass and Brennan 2003)。家族手当をはじめとする12の家族支援のための税制と社会保障制度は,2000年に家族税給付のパートAおよびBと育児給付の3つに集約されたが,特に問題となったのは,家族税給付パートBである。家族税給付パートAは所得調査に基づき一定の所得以下の子どもがいる家族に支払われるものであるが,一方のパートBはひとり親か,主な稼ぎ手が1人の単一所得家庭に与えられ,支給額は子どもの年齢と「第二の稼ぎ手」の所得によって決まるとされていたのである。

　その一方で,ひとり親への給付金については,支給の条件が厳格化されて社会への「参加」が必須条件とされるようになり,さらに支給期間も短縮された。ひとり親年金はほかの給付金と共に1998年に子どもの主なケアの担い手である低所得の親に対して支給される育児手当に統合されたが,2003年以降はその支給条件として,子どもが6歳以上になると定期的に面談を受けなければな

らなくなり，子どもが13歳以上になると一定時間，職探しや教育・訓練などの活動をしなければならないとされるようになった。さらに2006年7月以降に給付を請求した者は，支給期間が大幅に短縮され，ひとり親の場合は1番下の子どもが8歳，パートナーがいる場合は1番下の子どもが6歳になるまでとされるようになった。このように，ハワード政権下では，男性稼ぎ主モデルの家族が手厚い支援を受ける一方で，ひとり親や低所得の家庭，失業中の者等に対する給付金は新自由主義的な福祉改革によって支給が厳しく制限され，「相互義務」として一定の活動が義務づけられるようになったのである。

　その後のラッド-ギラード労働党政権も，構造的な不平等などの要因を認識しつつも，「新自由主義の道」から外れることはなかった（Mendes 2017：40）。老齢年金等の単身受給者への給付額を増額し，さらに有給の育児休暇や全国障害保険制度を導入するなどの施策は行った。しかしその一方で，失業者が労働者になることの重要性を強調し，「福祉依存」は問題化され続けた。ひとり親を含む低所得の家庭に支給されていた育児手当は，2006年7月以前から給付を受け取っていた者には8歳（ひとり親）あるいは6歳（パートナーがいる親）までの支給期間短縮が適用されていなかったが，ギラード政権下ではすべての人々に対してそれが適用されるようになった。なお，その後2023年にはアルバニージー労働党政権下で，求職者手当，若年者手当等の支給額の引き上げとともに，ひとり親に対する育児手当の給付対象となる子どもの年齢が8歳から14歳に引き上げられた。

　さらに，ラッド-ギラード労働党政権は，ハワード政権下でノーザンテリトリー緊急対応の一環として導入された強制的な収入管理を福祉政策の文脈で新たに展開し，適用範囲も拡大した。収入管理とは，一定の割合の福祉給付や家族給付が「政府によって別口座に『隔離／検閲（quarantine）』され，特定のものにのみ使用可能となる施策」であり，当初はノーザンテリトリーの一部の先住民コミュニティ等で実施されていたが，労働党政権下ではそれが「より明確に福祉改革の文脈で重視されるように」なり，適用範囲もノーザンテリトリーの一部の地域からノーザンテリトリー全体，さらにはその他の州の一部地域にまで拡大されたのである（藤田 2016：16）。ノーザンテリトリー緊急対応は当初連邦の1975年人種差別禁止法の適用から除外されていたが，労働党政権下で

はその適用が回復され，収入管理に関しても，ノーザンテリトリー全体で特定のカテゴリーの福祉給付受給者すべてに適用されるものとなったことから，人種差別禁止法にも沿うものと主張された。ソーシャルワークや社会政策の研究者であるフィリップ・メンデスは，この施策の「継続と拡張」が福祉における労働党政権の「最も重要な政策イニシアチブ」であったと述べている（Mendes 2017：42）。

2013年に政権を奪取し，アボット，ターンブル，そしてモリソンによって率いられた保守連合政権は，「新自由主義的な政策を積極的に推進」した（Mendes 2017：42）。2013年には福祉制度の見直しが開始され，その最終報告書においては福祉「依存」が問題化され，新たな所得支援制度は，「雇用に重点」を置き，労働を奨励し，「労働に対して明確な報酬を与える」ものであるべきとされた（Reference Group on Welfare Reform 2015：9,12）。若年層への失業手当等の支給の待機期間の新設，障害者支援年金の受給資格の厳格化などが行われた。また，給付金の不正受給に対しても厳しい措置が取られ，2015年には「不正受給」の査定・回収のための「ロボデット・スキーム」が開始された。このスキームにおいては，雇用主がオーストラリア税務局に当該会計年度の受給者の所得として申告した情報（オーストラリア税務局のもつ当該年度の所得のデータが雇用期間で〔2週間ごとに〕「平均化」され，それ）と福祉省に受給者が届け出た所得とが照らし合わされ，それに基づく「過払い」「不正受給」の金額が計算されて返済が迫られた。これにより身に覚えのない多額の債務請求がなされる人，さらには自殺者まで出るなど，スキーム自体の欠陥・問題が報道されるようになり，またオーストラリア連邦裁判所によってこのスキームによる所得の「平均化」が違法とされたため，2019年にはこのスキームのみに基づいて「債務」が課されることがなくなった。また被害者による集団訴訟が起こされ，連邦政府は多額の賠償金を支払うとともに，このスキームに基づいた債務の一部あるいは全部を取り消した。2022年に政権を奪取したアルバニージー率いる労働党は，この問題にかかわる独立調査委員会（Royal Commission）を立ち上げ，その調査に基づく勧告を基本的には受け入れるとともに，議会として公式な謝罪を行った。

このように，1980年代半ば以降，特に1996年以降の福祉政策においては，保

守連合と労働党の両政権のもと，新自由主義のイデオロギーに基づく改革が断行されてきたのである。そこではひとり親や障害者，失業者などの「福祉依存」が問題化され，彼女／かれらを「労働」へと導くために福祉給付が制限されるとともに，給付に職探しなどの条件が付されたり，給付金の使い方が厳格に管理されたりするようになった。さらに，不正受給などについては，「行き過ぎた」対策までもがなされるに至ったのである。

5　より公正な福祉国家を目指して

　本章では，オーストラリアにおける福祉国家の萌芽と成立，展開を時系列的にみてきた。1970年代までのオーストラリアの伝統的な福祉国家の「独自性」とともに，それが男性稼ぎ主モデル（男性稼ぎ主型の家族モデル）に基づくものであったことを確認した。その後はそのような伝統的な福祉国家モデルが衰退するとともに，1990年代半ばまでの改革を通して，給付金が主なケアの担い手に与えられることにより，福祉政策がよりジェンダー公正なものになっていった。しかしながら，そのような社会制度改革は新自由主義的改革の萌芽と重なっており，その流れが特に1990年代半ば以降の保守連合政権による新自由主義的な福祉改革の断行につながった。そこでは「福祉依存」が問題化され，ワークフェア施策などが導入されたこと，さらにその後の労働党および保守連合の両政権においても同様に新自由主義的な社会政策のあり方が継続してきたこと，そしてそのようななかでひとり親や低所得の家族，失業者，障害者，そして先住民等が福祉改革のターゲットとされてきたことも確認した。

　特に保守連合政権下では，貧困や福祉の問題は「個人化」され，その背景にある社会構造はあまり問題とされてこなかった。しかし，貧困や福祉の問題は個人の問題に還元されるべきではない。それによって福祉受給者の給付を制限したり，さらには「不正受給」を厳格に取り締まり，身に覚えのないものまで摘発したりしても，貧困等の根本的な問題の解決には至らないからである。また，収入管理などのような条件付きの福祉については，「オーストラリアにとって賛否を議論し始める時期は過ぎている」（Carney 2012：1）という議論もあるが，これまでの本章の議論でも明らかになったように，ひとり親や失業

者，先住民などの特定の属性の人々が「福祉依存」と不当に表象されており，条件付き福祉，さらにワークフェア施策などは多くの場合，それらの最も支援を必要とする人々に対して行われてきた。しかし，離別や失業などは必ずしも自己責任ではないし，（特に女性が）１人で子どもを育てることや，障害者や先住民であることが貧困につながるのであれば，それは（歴史的な）差別や不平等，そして社会制度のあり方自体が問題の原因であるといわざるをえない。そのような社会的・構造的問題を個人の問題に還元し，その個人の「自己責任」で「自己充足」することを求めるのは，社会正義に適うとは到底いえないだろう。

社会がジェンダー化され，ある一定の「家族」のあり方，「健常者」，そして一定の「人種」の人々のライフスタイルを「標準」とする状況では，そこから外れる人々は貧困や社会的排除のリスクに晒されることになる。そのことを十分に理解し，社会のあり方そのものを問い直す責任が私たちにはある。すべての人には「健康及び福祉に十分な生活水準を保持」し，必要な社会的な保障を受ける権利があるのであり（世界人権宣言第25条），むしろ国家，そして私たち１人ひとりには，貧困などの問題を生み出す社会制度を改革し，より公正な社会政策，そして社会そのものを形成していく責任があるのである。

📖 おすすめ文献

① キャッスルズ，フランシス・G（岩本敏夫・埋橋孝文・北明美・玉井金五・服部良子訳），1991，『福祉国家論——オーストラリア・ニュージーランド』啓文社.
　欧米の福祉国家モデルとは異なるオーストラリアとニュージーランドのユニークな福祉国家の発展過程について論じた，先駆的な著書である。

② マクレラン，アリソン／ポール・スミス編（新潟青陵大学ワークフェア研究会訳），2009，『オーストラリアにおける社会政策——社会実践のための基礎知識』第一法規.
　本書は，オーストラリアの社会保障・社会福祉政策について包括的に解説し，その歴史的・国際的背景や改革の方向性なども示すものである。

【注】
1) なお，この「民間徴用」の規定により，その後，医師や歯科医師等が提供する医療サービスに対する連邦政府の管理・規制のあり方が問われることにつながった。

2) また，拡大する高等教育を，財政逼迫のなかで公的資金のみによって支え続けることは困難等の理由から，労働党政権は，1989年に高等教育の授業料を卒業後に所得連動型で徴収する高等教育費用負担制度，HECS（Higher Education Contribution Scheme）を導入した。それにより学費は，入学時には必ずしも支払う必要はないものの，事前に支払わなかった場合には，卒業後にインフレ率に連動する形で所得に応じて返還するものとなった。

第Ⅱ部　政治社会

コラム3　オーストラリアの大学生活

　オーストラリアの最低賃金は、2024年7月から時給豪$24.10に引き上げられた。豪ドルが2024年現在1ドル100円余であるので、円換算では2400円に達する。非正規雇用の場合、病欠すると賃金が支払われないことなどから「カジュアル・ローディング」25％が加算される。時間外労働（ペナルティ・レイト）は、土曜は125〜150％、日曜は175〜200％となっており、日曜日に働いた場合時給6000円も可能である。

　では、オーストラリアの大学生はアルバイトで大いに稼いでいるのだろうか。オーストラリアの大学生に求められる勉強量は日本とは段違いで、アルバイトに多くの時間を割く余裕がない（留学生の労働は週20時間まで）。オーストラリアの大学では、1つの学士号を得るために年間48単位を3年間履修する。1科目は6単位であり、前後期各4科目がフルタイムの学生に求められる。1学期に10科目の履修が標準である日本の大学生よりも楽にみえるかもしれないが実態は異なる。1つの科目は、週2回の講義（各50分）と1回の少人数討論式のテュートリアル（50分）によって構成される。テュートリアルの課題として出される文献を読み込んでこなければ議論に参加できない。たとえばオーストラリア労働党に関する講義であれば、ホーク−キーティング政権は労働党の伝統から逸脱していたかをめぐって多くの議論があり、少なくとも50ページ、多い場合は100ページに上る資料を読むことが求められる。評価は、中間レポートと期末試験（持ち込みなし・3時間・記述式）による。同じ科目を2度落とすとその科目を履修することはできなくなる。成績優秀者は、オナーズ（Honours）と呼ばれる4年目に進むことができ、さらにそこで優秀な成績を収めれば大学院に進学できる。

　オーストラリアの大学は、全国36の公立大学が中心であり、私立はカトリック大学など例外的な存在である。大学生に対する社会保障制度上の支援として、若者給付（youth allowance）がある。2024年現在、フルタイムの大学生で被扶養者の場合、扶養者の収入が6万2634ドル（約626万円）未満であり、本人の収入が2週間509ドル未満（約5万円）の場合、保護者と同居していれば2週間455.2ドル（約4万5500円）、ひとり暮らしの場合は639ドル（約6万4000円）の給付を受けることができる（収入がこれを超える場合はそれに応じて徐々に減額される）。

　ウィットラム政権は留学生を含め大学の学費を廃止し、大学の門戸を女性や労働者階級に拡大した。学費無料はフレイザー政権下でも維持されたが、1980年代後半ホーク政権下で教員養成系や工科系の単科大学を統合して総合大学を大幅に拡大し学生数が増大すると、HECS（⇒第9章注2））による学費の再導入を行った。この制度は一律年間3000ドル余りの学費を負担するところから開始されたが、ハワード政権は、教育コストに卒業後の収入見込みを加味し、①人文・社会科学系、②理工系、③医学（医学・歯学・獣医

学・薬学）・実学系（法・会計・経営・経済・商学）の３段階の学費を導入した。さらにモリソン政権は，2021年以降政府が優先分野と定めた学科（教育，臨床心理学修士，英語，数学，統計学，看護学，外国語，農業）の学費を大幅に引き下げる一方，不要不急と考えた分野（人文・社会科学）の学費を大幅に引き上げた。この結果，人文・社会科学系学科の学費は，３年間で５万ドル近くに上る。また，履修単位にかかわりなく一定の学費を納入する日本とは異なり，オーストラリアでは科目単価が設定されており，履修単位分の学費を負担する。HECSの特徴は，卒業後収入が一定の年収（2024年現在は５万1551ドル，約515万円）を超えると所得税に上乗せして払うことであり，保護者の経済力にかかわりなく大学に進学できる点である。同様の制度は英国でオーストラリアをモデルに導入された。日本でも2017年に安倍政権下で「出世払い制度」として導入が検討された。なお，2024年11月，アルバニージー政権は2025年度以降の大幅な大幅な減額を発表した。

なお留学生は学費の全額を負担することが求められている。著者が留学していた1990年代前半，学部留学生の学費は年間１万ドル程度であった。地方出身者が東京の私立大学に通う場合，生活費を考慮すればオーストラリアのほうが安いくらいであった。現在では，３年間で10万ドル以上の学費が求められている。

表１　シドニー大学2024年度の学費（下段は科目単価）

Babd 1：教育，臨床心理学修士，英語，数学，統計学，看護学，外国語，農業	$4,445 $555
Babd 2：健康関連（Allied Health），そのほか健康，建築環境，コンピューティング，視覚・舞台芸術，心理学養成（Professional Pathway Psychology），ソーシャルワーク養成（Professional Pathway Social Work），工学，測量学，環境学，科学（Science），病理学	$8,948 $1,118
Babd 3：医学，歯学，獣医学	$12,720 $1,590
Babd 4：法律，会計学，経営学，経済学，商学，コミュニケーション，人文・社会科学（Society and Culture）	$16,323 $2,040

表２　HECS所得税上乗せ率（豪$51,550まではゼロ）（2023-24年度）

豪$51,551～59,518	1.0%	豪$94,866～100,557	6.0%
豪$59,519～63,089	2.0%	豪$100,558～106,590	6.5%
豪$63,090～66,875	2.5%	豪$106,591～112,985	7.0%
豪$66,876～70,888	3.0%	豪$112,986～119,764	7.5%
豪$70,889～75,140	3.5%	豪$119,765～126,950	8.0%
豪$75,141～79,649	4.0%	豪$126,951～134,568	8.5%
豪$79,650～84,429	4.5%	豪$134,569～142,642	9.0%
豪$84,430～89,494	5.0%	豪$142,643～151,200	9.5%
豪$89,495～94,865	5.5%	豪$151,201～	10.0%

第10章 経済と政策運営
▶オーストラリアの成長戦略を支えたものは何か？

　オーストラリア経済は1980年代初めと90年代初めに大きな景気後退に見舞われたが，その後，今日に至るまで30年近くの長期にわたり高成長を維持し続けている。それはなぜだろうか？　本章では，その政策的背景を探るとともに，コロナ禍を経た今日，政策運営でいかなる課題が残されているかについて考察を行う。

1　オーストラリア経済の推移

1　経済成長の軌跡

　はじめに，オーストラリア経済での経済成長の軌跡を時系列データに基づき確認してみよう。図10-1は1980年以降の実質経済成長率の推移を示している。

　オーストラリアは1980年以降，1980年代初めと90年代初めの2度にわたり大きな景気後退に見舞われた。1980年代初めの不況では国際経済での景気後退，また国内的にもインフレの進行，賃金高騰などの理由から消費支出の落ち込みや企業投資の伸び悩みが生じ，雇用状況なども悪化しマイナス成長を記録した。また，この時期，貿易面でも国際的な需要停滞や競争の激化に伴い，一部の主要な輸出商品などで価格低下が生じ貿易収支が悪化し，輸出減少が経済成長の鈍化に拍車をかけた。

　1990年代初めには，湾岸危機による石油価格高騰に伴うインフレを防ぐために先進諸国で取られた高金利政策が世界的な経済不況へとつながり，オーストラリアもその影響を受け，失業率の増加や消費の低迷など，深刻な景気後退を経験した。国内的にも，1980年代の高成長の揺り戻しのほか，不動産市場での加熱に伴う金融政策の引き締めは，借入コストの増加を伴い，住宅市場やビジネス投資に影響を及ぼし，景気の減速を招いた。また，対外的側面からも，日

第10章 経済と政策運営

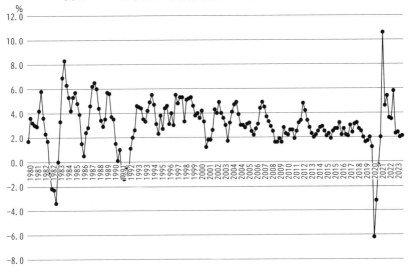

図10-1　1980年以降の実質経済成長率（GDP成長率）の推移

出典：ABS "*Australian National Accounts, Cat No 5206.0*" データをもとに筆者作成（データは RBA より入手）。

本のバブル経済崩壊後の景気停滞の影響や，世界経済での停滞はオーストラリア経済にとっても輸出の減少などを通じて，負の影響を与えることになった。さらに，1990年代初頭の国際的な鉱物資源や農産物などの需要の低下や競争の激化も一部の主要輸出商品の価格低下をもたらし，輸出の減少を通じ経済成長の鈍化につながった。

　その後，オーストラリアは世界経済の動向に大きく引きずられやすい経済構造にありながらも，アジア太平洋地域に開かれた経済外交努力を続ける一方，国内では民間および公共部門の双方で構造改革に積極的に着手し，経済効率や国際競争力の向上を図るなど，経済成長路線を続けてきた。また，特に2000年代に入ると，中国を軸とする新興経済国との貿易緊密化が進み，これら国々からの資源需要に支えられた成長への追い風（資源ブーム）に恵まれることになる。さらに近年では，アジア太平洋諸国からの資金流入に伴い住宅ブームが生まれるなど，多様な資源を有する国としての強みを生かし，長期にわたる高成長を続けることができた。

　オーストラリア経済はこうした高成長を続ける一方，2000年代以降，他の先

進諸国と同様、世界を揺るがしたリーマンショックや近年のコロナ禍などの経済危機にも見舞われた。そこでは連邦政府・州政府が政策協調を図ることで経済重視の政策運営が維持され、経済の効率化を保ったうえで経済危機への迅速かつ大胆な政策対応が取られた。そういった点でオーストラリアのこれまでの経済パフォーマンスでは、バブル経済崩壊後の「失われた10年」と呼ばれる景気低迷が20年、30年間と続き、経済構造改革や経済政策対応のコンセンサス形成に決め手を欠く日本とは対称的に、足腰のしっかりした経済運営が続けられてきたといえよう。

2 物価の推移

こうした経済運営の背景として国民生活の安定につながる物価や雇用はどのように推移してきたのだろう。図10-2は1980年以降の消費者物価指数の変化でみたインフレ率の推移を示している。日本同様、オーストラリアも1970年代にはオイルショックの影響を受け、1980年代初めまで2ケタ近くの物価の高止まりがみられた。しかし1980年代後半以降、物価の低下がみられた。経済成長

図10-2　1980年以降のインフレ率の推移

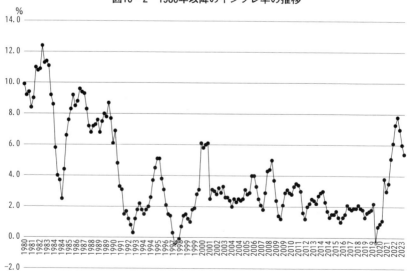

出典：ABS "Consumer Price Index, Australia Cat No 6401.0" データをもとに筆者作成。

を続けた2000年代もインフレ率はおおむね4％を下回る水準にとどまった。そこでは特に，オーストラリア準備銀行による，インフレターゲット目標の設定や政府からの独立性を保った形での金融政策の実施などがインフレ抑制につながったと考えられる[1]。しかし，近年再び，コロナ禍の影響およびウクライナ危機などの世界情勢変化の影響を受け，物価の上昇が政策的に懸念材料として浮かび上がってきている。

3 雇用状況の推移

　図10-3は雇用状況の変化を失業率の推移で示している。オーストラリアでは1980年代以降，賃金決定や雇用条件などをめぐって労使関係での大きな政策転換が行われた。まず，1980年代初めには国内での物価と失業が併存するスタグフレーションや世界景気の後退などの影響を受け，失業率が10％を超える水準にまで大きく悪化した。こうした状況を改善すべく，当時の労働党政権ホーク首相およびキーティング財務相は，政府とオーストラリア労働組合評議会（ACTU）との間で雇用の増加や労使紛争の減少につながる労使関係の見直しのための「物価と所得をめぐる協定（アコード）」を1983年に締結し，雇用や物価の安定を図った。合わせて労働組合などからの強い政治的反対をかわすため，医療や教育への支出増，労働者への減税，さらには退職年金基金制度（スーパーアニュエーション）の導入などの労働者への実質上の賃金が大きく減らないよう「社会賃金」の増加などの措置による政治的な配慮も取られた。アコードを通じる労使関係の見直しはその後も継続し，1987年にはアコードⅢ，1988年には「労使関係法（Industrial Relations Act 1988）」の成立などを経てオーストラリアの労使関係を長らく形作ってきた中央集権型の賃金裁定方式が見直されることになる。そこでは調停仲裁委員会が決定する全労働者一律賃金と合わせ，生産性に基づく自由な賃金交渉を可能とする二層式の賃金決定メカニズムの導入が図られ，賃金決定の分権化に踏み出すことになった。このように労働党政権下では，アコード・メカニズムを通して企業別交渉に軸をシフトした労使関係の基盤形成が進み，失業率は減少した。

　しかし失業率は1993年の景気後退期には再び大きく増加した。これに対しては，1993年に「労使関係法」の見直しによるアコード改正，さらには1996年に

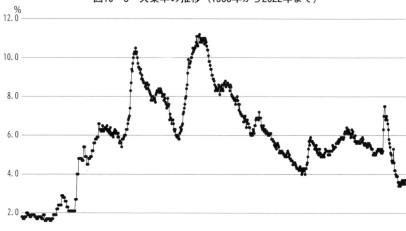

図10-3 失業率の推移（1966年から2022年まで）

出典：ABS "*Labour Force, Australia, July 2023*" データをもとに筆者作成。

はハワード自由党・国民党連合政権への政権交代を受けてさらなる規制緩和や労働組合の権限縮小につながる「職場関係法（Workplace Relations Act 1996）」制定などが行われ個人交渉重視に重きを置く労使関係の構築が目指された。

　さらに2000年代に入っては，ハワード政権下で2006年に「職場選択法（Work Choice Act 2005）」が実施され，労使関係でのさらなる規制改革が行われ，職場での労働契約の実施や賃金決定の一層の分権化が図られた。そこでは，労働組合を通じる政治的保護を行うことを拒み，個人ベースの契約による賃金制度の実施や生産性維持など経済合理性を重視した改革路線がとられることになる。職場選択法は，ハワード政権後に登場した労働党ラッド政権により2008年に廃止され，差別のない公正な労働を強調する2009年「公正労働法（Fair Work Act 2009）」へと置き換えられ，労働時間や諸休暇取得などの全国ベースでの雇用基準のほか，最低賃金制度などの基本的労働条件が定められることになった。オーストラリアの労使関係や雇用創出などをめぐっては，今日においても労働党政権と自由党・国民連合政権の間で労働者保護重視か個人の自由重視かといった視点などで政治的対立が続いている。

こうした改革の結果，労働者保護などの関心が高まる一方で，オーストラリアの労働市場の雇用流動化は進み，さらには長期にわたる経済成長にも支えられ，2000年代以降，失業率は4％から7％の安定した水準を維持することができた。特に2000年代に入ってからは，資源ブームや住宅ブームの到来に伴い，鉱業，エネルギー産業のほか，建設作業などでの雇用の増加，近年では情報技術，デジタルなどの成長産業が台頭し，新たな雇用機会をもたらすことになる。

これに対して，近年の2008年のリーマンショックおよび2020年以降のコロナ禍では失業率が増加したが，経済危機の到来に対しては，連邦および州政府が経済政策や雇用政策を積極的にとった結果，早い段階で失業率の低下がみられている。

雇用以外にも，オーストラリア経済は，産業構造の面においても興味深い成長パターンを有している。特に，豊富な天然資源と広大な大陸を有するオーストラリアは，資源の輸出や広大な土地を利用した土地・住宅開発といった分野で国際的に比較優位をもち，経済成長をけん引してきたのに対し，製造業での伸びはあまりみられなかった。また，オーストラリアでは州都を中心とする大都市への人口の集中がみられ，小売り・卸売の他，旅行サービスや医療，教育・専門技術提供などのサービス産業が発展し，成長を支えてきた。[2]

このようにオーストラリア経済の政策運営では，世界経済の情勢に大きく影響を受けるなか，経済合理主義（新自由主義）の行き過ぎがみられるとの政策批判が一部みられるものの，今日に至るまで経済重視の政策かじ取りが功を奏し，経済成長を続けることができたことは注目に値する。

2　オーストラリア経済の成長を支えた政策力学

オーストラリア経済を支える政策力学として，いかなる特徴ある舵取りがとられてきたのだろうか。この節では，①国際的に開かれた経済環境の構築，②ミクロ経済改革の実施と全国競争政策の成立などに示される経済構造改革への着手，③資源ブームおよび不動産ブームの発生の3点からオーストラリアの政策運営の特色を振り返る。

1 国際的に開かれた経済環境の構築

　オーストラリアは，1970年代にそれまで経済的に深い結びつきを有してきたイギリスが EC に加盟したことを受けて経済面でのイギリス離れが生じ，独自の道を切り開く必要性が生まれた。その結果，1980年代以降，オーストラリアは近隣のアジア太平洋諸国との関係を深め，そこでの市場を開拓することが選択された。

　経済成長著しい近隣新興経済国とのパートナーシップを広げることは，鉱物，石炭など豊富な資源を輸出する重要な販路の確保につながるのと合わせ，地政学的にも独自の政策展開を可能にする。また，オーストラリアは人口規模や産業構造などからみて一国内で経済循環を完結させるにはマーケット規模が小さすぎるという弱点もあるため，常に世界経済の状況変化を意識した政策運営や経済外交への努力が欠かせないという国民の共通認識もあり，スムーズな形での開放政策へのシフトにつながった。

　アジア太平洋諸国との経済外交での具体的な展開としては，オーストラリアは日豪経済関係の緊密化にみられるよう，各国との二国間での経済協力を深めることはもちろん，より開かれた形で多国間さらには地域を広げた貿易自由化や経済協力関係の構築を図ってきた。そこでの特筆すべき成果としては，1989年に第1回アジア太平洋経済協力（APEC）閣僚会議をキャンベラで開催することを成功させ，国際自由貿易体制の維持や各国の経済成長につながる政策協力などでの主導的役割を果たしたことが挙げられる。さらに，オーストラリアはその後も自由貿易協定（FTA），経済連携協定（EPA）を発展させた環太平洋パートナーシップ協定（TPP）や2018年の環太平洋パートナーシップに関する包括的および先進的な協定（CPTPP）の発効などに示されるよう，環太平洋地域での市場アクセスや幅広い分野での貿易・投資ルール作りに貢献してきた。また，オーストラリアは近隣地域である東南アジアでの ASEAN との関係を深めるのと合わせ，2022年には東アジア地域包括的経済連携（RCEP）の発効を通じ，発展段階や制度の異なる国々との間においても市場アクセスの改善や幅広い分野のルール整備にも力を尽くしている。こういったオーストラリアの経済外交戦略の構築にあたっては，他の経済圏に対する差別なく，参加者間の経済統合を促進することを目指す「開かれた地域主義（open regionalism）」

という考え方が生かされている。こうしたオーストラリアの対外的経済外交の展開は，経済政策の手段としての実効関税率の引き下げ努力と合わせて成長の後押しにつながっていると考えられる。

さらにオーストラリアは，近年に至るまで，経済的な観点から移民を積極的に受け入れてきた。そうした努力は，不足する労働力を確保するにとどまらず，人口増加にもつながり，消費や不動産投資の拡大などを通じても経済成長に寄与してきた。

2 経済構造改革への働きかけ

次に，オーストラリアの長期にわたって経済成長を続けてきた国内的要因として，経済構造改革への持続的な取り組みが挙げられる。こうした改革姿勢は今日においても続けられている。オーストラリアの経済構造改革は1983年に発足した労働党政権が不況から脱出するため，伝統的な保護主義を撤廃し，規制改革および公企業改革，官民競争，労働改革などを進めることで経済に競争原理を積極的に導入したことが出発点となる。当初は個別産業ごとの規制緩和などの狭い範囲での改革への着手にとどまっていたが，次第にその対象範囲が広がり，1990年代後半には自由党・国民党連合政権のもとで公共部門に対しても民間部門での競争原理を活用し，競争力の向上を目指した政策が適用されるようになる。

オーストラリアでの構造改革での大きな役割を果たしたのが1995年に実施された全国競争政策（その後，全国競争法として法制化された）である。これは1993年にフレデリック・ヒルマー教授を中心に作成された報告書（ヒルマー報告）がベースになっている。そのなかでは反競争的行為禁止諸法の適用範囲を公的機関にまで拡大し，空港や港湾などの重要なインフラについても誰もが利用しやすくなるような競争的な政策の実施などが謳われている。オーストラリアでは，政治家も国民も経済効率向上を図る構造改革の意義が高いことを認識しており，改革は労働政権のもとで始まったが，その後，自由党・国民党連合政権に変わっても展開が続くことになった。

政策を進めるにあたっては，全国競争委員会が経済構造改革全体を指揮監督し，競争法関連では，競争・消費者委員会（Australian Competition and Consumer

Commission）などが重要な役割を果たしてきた。さらに政策の実施にあたって，オーストラリアは連邦国家であるため，連邦政府が改革を一方的に押し付けるのではなく，多くの公企業や規制権限等を有する州政府の協力を得るためにも，連邦と州が連携して全国ベースで改革を進めようというスタンスが取られた。そこでは，改革を着実に行うために政府間協議会という政策を協議するフォーラムが設けられ，年に2回連邦州政府，首相が議論を交わすことで改革内容の検討・調整などが行われてきた。

ミクロ経済改革は2000年代に入り，改革疲れや容易に成果が出る改革領域に関しては既に改革は終了したなどといった理由から，特に州公企業改革などで足踏みがみられた。しかし，2010年代に入ると再びニューサウスウェールズ州やクインズランド州などでは州公営企業の民営化などの動きが生まれ，生産性向上や官民の間で公平な競争環境の整備などといった点で新たな構造改革の進捗をみることができる。

オーストラリアでは経済構造改革や競争政策を働きかけるため，生産性委員会（Productivity Commission）が1998年に設けられ，政策ブレーンとして重要な役割を果してきた。生産性委員会は，古くは関税委員会をルーツとし，その後，産業委員会，産業経済局，経済計画諮問委員会等が目指してきた産業支援に代わって，今日，生産性向上を主眼とする研究・政策助言のための連邦独立行政機関として機能している。委員会は，競争政策の進捗に関する分析レポートや5年ごとに生産性の実績に関する調査報告書（2016年スタート）を作成・公表するなど，オーストラリア経済の効率化や生産性向上に関する調査研究を行うほか，様々な提言を行っている。

3 恵まれた資源の恩恵——資源ブーム・土地ブームの到来

豊かな天然資源に恵まれたオーストラリアは，経済新興国となったアジア太平洋地域と隣接しているという地理的利点を生かして，鉄鉱石，黒炭，ボーキサイト，アルミナ，アルミニウム鉱石，金，銅，ニッケル，リチウム，亜鉛，原油などの鉱物資源を近隣諸国に輸出してきた。特に，めざましい経済成長を続ける新興経済国の旺盛な原材料需要を受けてオーストラリアでの資源開発は一気に進み，資源ブームを生み出すことになった。資源ブームはリーマン

ショック前の2005年頃から始まり，オーストラリアの経済成長の後押しとなった。特にこの間，中国で目覚ましい経済成長が進み，オーストラリアからの鉄鉱石，石炭をはじめとする鉱物資源の需要を急拡大させ，オーストラリアの貿易パートナーとして中国のプレゼンスを著しく上昇させた。中国との貿易額は2000年代初めに輸出，輸入とも日本やアメリカを抜いてトップに躍り出ることになる。資源ブームは2012年から2014年にかけて資源価格が大きく下落することで一旦終焉するが，ウクライナ危機などの影響を受け，オーストラリアの資源に対する需要は近年再び急速に増えている。

　オーストラリアでの資源ブームと合わせて近年の不動産市場の活況も経済ブームの形成につながっている。そこでは州都を中心とする大都市圏での土地バブル的様相をみることができる。オーストラリアの住宅価格は2012年頃から継続して上昇しており，特にメルボルンやシドニーといった大都市での値上がりが顕著となっている。こうした不動産市場活況の背景には，中国を中心とする新興国グローバル資金の流入や，政策金利の低さ，資金の借り入れにあたっての税制面での優遇などが影響していると考えられる。

3　残された政策課題——財政健全化に焦点をおいて

1　経済危機への対応と財政健全化の課題

　オーストラリア経済は1990年初頭以降，長期的には成長基調を続けてきたものの，経済を取り巻く環境は順風満帆ではなかった。オーストラリア経済は短期的なリセッションにとどまらず，世界経済規模での1997年のアジア通貨危機，2008年のリーマンショックや近年のコロナ禍など，大きな経済危機にも見舞われてきた。そこでは，世界各国と足並みを揃える形で迅速かつ大規模なマクロ経済政策などがとられた[3]。こうした政策対応が取られた結果，高成長期には健全な財政運営を維持し続けてきたオーストラリアは，今日，財政面で大きな課題を抱えている。

　オーストラリアの財政運営は，1990年代の高成長期に政府部門改革が経済構造改革にしっかり組み込まれるなど，制度的に財政効率化の道筋を作るのに成功した。そこでは，1998年に制定された予算憲章法に基づき健全な財政運営の

原則が明示的に示されたことや，国民が財政政策や財政運営の実績をしっかりと監視できる財政ルールや目標設定の必要性を謳った中間経済・財政見通し（Mid-Year Economic and Fiscal Outlook：MYEFO）が作成されることなど画期的な取り組みが行われている。さらに予算財務管理上，従来型の財政資金の投入（インプット）から産出量や成果（アウトカムやアウトプット）を財政運営への反映を求める財政運営プログラムの制定や発生主義に基づく公会計の導入が2000年から実質的にスタートしたことなども財政の健全化への後押しとなっている。

ただし，2008年のリーマンショックや近年のコロナ禍では，大規模な財政政策の実施が余儀なくされ，財政収支が大きく悪化した。オーストラリア経済は，リーマンショックに見舞われることで他の先進諸国と同様，落ち込みを経験した。これに対して政府は迅速かつ大胆な政策をとり，第1四半期のみの景気落ち込みに食い止め，オーストラリア全体として不況に陥ることはなかった。具体的に取られた景気対策としては，2008年10月にラッド労働党政権は総額104億豪ドルの連邦政府による緊急経済対策を打ち出し，その後4年間で総額424億豪ドルの追加対策などを行った。また，住宅購入支援，職業訓練，インフラ整備，低中所得への消費喚起なども行われた。このような裁量的な財政政策が速やかに行われたことに加えて，新興国，特に中国の資源需要が急拡大するという追い風があったことが，リーマンショック後の経済の落ち込みの下支えにつながった。

また，近年のコロナ禍においてもオーストラリア経済は大きく落ち込みを余儀なくされた。コロナ禍が世界を揺るがした2020年の経済成長率も大きくマイナスを記録し，経済の冷え込みを防ぐために大胆かつ積極的な財政・金融政策がとられた。

コロナ禍対策の財政政策としては，連邦政府レベルでの3120億豪ドル（2020年のGDPの15¾パーセント）相当の歳出・歳入措置からなる財政刺激策がとられ，2025年度までの実施が予定されている（IMF資料による[4]）。具体的には，企業へのキャッシュフロー支援と合わせ，国民に対しても雇用維持を支援する賃金補助プログラム（ジョブキーパープログラム）や失業者向け補助金プログラム（ジョブシーカー）などの対策がとられた。そこでは新しいジョブメーカープロ

グラムの提供や求職者向けトレーニングプログラム，低所得者への給付増加なども実施された。また，税制面でも税制改革の延期や中低所得者への減税措置などが行われた。

コロナ禍対策は，州および準州政府を通じても行われ，500億豪ドル（GDPの2.5％）に達する財政刺激策が発表された。そこでは企業向けの給与税軽減措置が取られた他，家計向け救済措置として，公共料金の減額，弱い立場にある世帯への現金支払い，医療費支援などが行われてきた。

こうした短期的な財政措置が大幅な景気の落ち込みを食い止める一方で，近年のオーストラリアの財政状況は大きく悪化することになった。そこでの財政赤字の規模は，日本に比べれば財政赤字の累積などと比べると深刻さはみられないが，財政健全化は今日のオーストラリアでの重要な政策課題になっている。

図10-4はオーストラリア連邦政府（一般政府）の財政収支の推移を示している。図にみられるよう，オーストラリアの連邦政府の財政収支は経済成長が続くことで基調として健全化が維持できているが，特に経済危機に見舞われる

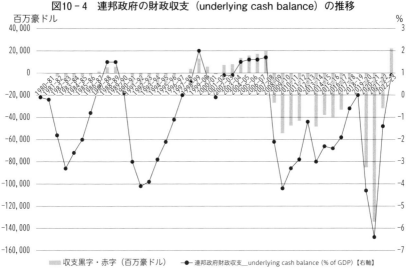

図10-4　連邦政府の財政収支（underlying cash balance）の推移

出典：Commonwealth of Australia, "*MID-YEAR ECONOMIC AND FISCAL OUTLOOK 2023-24*," Statement 11 Historical Australian Government Data をもとに筆者作成。

度に財政政策が積極的に講じられ，収支バランスが大きく悪化している。特に，財政赤字は1980年代初め，1990年代半ばの景気後退時，2008年のリーマンショック，さらには近年のコロナ禍対策などで大きく拡大した。今日の課題はコロナ禍対策で生じた大幅な財政赤字をどう立て直すかが重要な課題となっている。直近の2022/23年および2023/24年でみると財政黒字を計上するなど，健全化への努力がしだいに現れてきている。

オーストラリアの財政健全化にあたり，高齢化とそれに伴う社会保障費の増加に関しては，経済的観点から移民政策を積極的に活用しているオーストラリアでは，長期的課題として対策が議論されるものの，日本ほど深刻な問題とはなっていない。オーストラリアでは，政権党間で政策スタンスの大きな異なりがみられるため，歳出戦略と合わせて財源確保をいかに工夫するのかが大きな政治的焦点となってきた。そこでは特に，各政権が打ち出す税制改革案の違いが財政健全化と成長戦略の両面で重要な鍵になると考えられ，国民の注目を集めている。

2 税制改革への取り組み

オーストラリアでの税制改革へのこれまでの取り組みとしては，1980年代半ばから労働党政権のもとで，成長の後押しとして貯蓄向上につながる所得税改革が様々な形で検討されてきた。それと合わせて，経済の効率化，成長の恩恵の配分ともつながる大型間接税への関心が高まることになる。オーストラリア経済にとって大きな転換点となったのはハワード自由党・国民党連合政権下で2000年に導入された付加価値税としての財・サービス税（Goods and Services Tax：GST）である。そこでは，非効率が長らく指摘されてきた州フランチャイズ税の廃止の引き換えに10％のGSTが導入され，その税収全額がそれまでの財政支援交付金に代わり GST 交付金として連邦政府から州政府への財政支援制度として活用されることになった。[5]

GST 導入後も税制改革の試みは継続している。特に2008年には労働党政権下で資源ブームに白羽の矢が当たった。資源産業への超過利潤課税に焦点をあてたヘンリー税制改革報告が出されたが，産業界から強い反対があった。政治的妥協の結果，課税ベースが限定的になった形で鉱物資源利用税（MRRT）が

2012年に導入された。その後、資源ブームの終焉もあり、MRRT の税収が予想を大きく下回ったこともあり、自由党・国民連合政権は2014年にこの制度を廃止している。

これに対し、自由党・国民連合のアボット政権下では、2015年に税制改革ディスカッションペーパーが出され、GST 改革を中心とした議論が行われたが、連邦政府と州政府の間で調整がつかず、具体案が提出されるには至っていない。さらには自由党・国民連合のモリソン政権下では、2018年から所得税改革を三段階で進めるという提案がなされたが、現在、インフレ進行を受け、政権交代後の労働党アルバニージー政権ではより幅広い層での税負担の軽減を目指すべきだという見直しが余儀なくされるなど、改革の最終的段階で足踏みがみられた。その後、アルバニージー政権は、前政権の税制改革パッケージに代わり、国民全員を対象に生活費支援を目的とする個人所得税での減税措置を2024年7月1日から実施することを決定した。

このようにオーストラリアの税制改革では、労働党政権、自由党・国民党連合政権ともに個人・法人所得税に依存した現行の税体系をどう見直すのか、租税特別措置をどう見直すのかなど多くの課題に関して様々な税制改革の提案を行ってきたが、2000年に GST の導入および連邦・州政府間での交付金改革が行われた後、いずれの政権も決めてとなる抜本的税制改革に成功していない。

3 将来に向けた改革の可能性

今日のオーストラリア経済では、財政運営の健全化や金融政策などでの正常化の課題以外にも、特に我が国同様、賃金引上げにつながる雇用政策や気候変動対策といった環境政策の実施などにおいても政策対応が強く求められている。オーストラリアは先進国のなかで賃金増加率も高い水準を維持してきたが、コロナ禍を経て賃金の伸び悩みが問題となっている。それと合わせて、オーストラリアでは日本同様、高齢化が進んでおり、長期的な観点からの経済制度の見直しも求められている。

こうしたオーストラリア経済が抱える長期的課題に対しては、担当政権が、5年ごとに世代間報告書を提示している。現アルバニージー労働党政権下でも、2023年8月に「2063年に向けたオーストラリアの将来の道のり」と題する

世代間報告書が公表され，今後40年間の政策課題への取り組みが示されている（Commonwealth of Australia 2023）。レポートでは，考慮すべき要因としては，人口高齢化の問題，テクノロジーとデジタル化の進行，気候変動への対処，高齢者ケアにつながるサポートサービスのあり方，地政学的リスクなどが挙げられている。特に人口高齢化の課題は，福祉や医療支出の増加などを通じて国・州財政に大きなしわよせ生むことが危惧され，今後のオーストラリアの経済成長や財政運営に大きく影響する可能性が指摘されている。こうした課題に対処するには，長期的視点に立って財政の持続可能性を重視した政府予算の再検討や抜本的税制改革が必要となるのと合わせて，成長につながる投資促進や生産性向上のための構造改革が求められている。

📖 おすすめ文献

①竹田いさみ・森健・永野隆行編，2007，『オーストラリア入門〔第2版〕』東京大学出版会．

第9章では，産業各部門でのファンダメンタルズを丁寧に読み解き，オーストラリア経済構造の特徴や変化を解説している。同章では，貿易レジームの推移についても戦略分析を試み，オーストラリアの貿易政策や国際収支の特色などについても詳細な考察を加えている。

②ドライスデール，ピーター（山澤逸平・石垣健一・平田章共訳），1991，『アジア太平洋の多元経済外交』毎日コミュニケーションズ．

アジア太平洋地域が多元経済外交政策を進めることの戦略的重要性を唱える名著。世界経済とともに生きる日豪がリーダーシップをとり，開かれた地域主義と称される自由かつ差別のない貿易体制をアジア太平洋地域全域に広げ，発展段階の異なる国々の共存や経済発展を目指す意義を説いている。

【注】
1）日本ではバブル経済崩壊後，失われた20年，30年の低経済成長に悩まされるなか，様々な非伝統的金融政策を通じてデフレ対策が講じられてきたのに対し，オーストラリア準備銀行はリーマンショックへはアグレッシブな金利政策を通じて対処した。ただし近年のコロナ禍に対しては，連邦準備銀行は金利政策と合わせ，オーストラリア国債や州債を購入するといった非伝統的な金融政策がとられ物価の下落および経済の落ち込みなどを食い止めようとした。朝倉（2022）参照。

2）こうした状況は，1991年から2017年の期間，産業別付加価値の形成の平均伸び率をみても，鉱業部門では4.5％近く（特に鉄鉱石に限っては9％），建設業は4.5％，サービス

産業では部門によって異なりをみせるが2.3%から4.9%もの伸びがみられたのに対して，製造業わずか0.9%の伸びにとどまっていることなどからもわかる。O'Brien（2019）参照。
3) ここでは財政面を中心にマクロの経済政策を検討する。金融政策を通じる政策対応などに関しては，朝倉（2022）参照。
4) 財政政策とともに金融政策を通じても，オーストラリア準備銀行（RBA）は，政策金利の引き下げおよび国債買い入れを含む包括的な金融緩和が取られた。
5) GST は標準税率10%とあわせて，逆進性解消のために生鮮食品用品や基礎的な食料品，さらには医療品，教育などは非課税対象が設けられている。

※ 本稿は令和5年度成城大学特別研究助成による研究成果の一部である。

第Ⅱ部　政治社会

コラム4　オーストラリアのメディアと巨大IT企業
────ジャーナリズムの行方

　インターネットの検索やSNSなどでニュース記事が表示される。表示されたページの広告収入は，プラットフォーマーと呼ばれる巨大IT企業に入る。だが，記事自体は，報道機関が取材して発表したものなのだから，広告料収入の一部を報道機関に「対価」として支払わなければならない。オーストラリアで2021年2月，こんな狙いで巨大IT企業に報道機関への支払いを義務づける法案が可決，翌月に施行された。

　「世界初」とされる法律が念頭に置いていたのは，グーグルとフェイスブック（現メタ）である。対価の支払い契約を結ぶ際の「交渉規則」の手続きを定めた。

　この手続きでは，政府が対価を支払うべきIT企業とその企業のサービスを指定する。報道各社が，表示される自社のニュースについて支払いを求めれば，IT企業は交渉に応じなければならない。交渉がまとまらない場合，仲裁機関が支払いの条件を決める。仲裁の決定にIT企業が従わないと，巨額の罰金が科せられる。

　グーグルやメタと「公平な環境」狙い　　話は2017年12月にさかのぼる。政府がオーストラリア競争消費者委員会（ACCC）に，巨大IT企業が報道機関や広告市場に与えている影響を調べるように指示した。

　ACCCが2018年12月と2019年6月に出した報告書が示したのは，グーグルとフェイスブックの市場での占有ぶりだった。人口約2500万人のオーストラリアで毎月，グーグル検索を1900万人が利用。検索サイトのシェアの95％を占めた。フェイスブックも1700万人が利用していた。ネット広告収入の55％をグーグルとフェイスブック2社が稼いでいた（Australian Competition & Consumer Commission 2018, 2019）。

　報告書を受けて，政府は2020年4月に支払い義務化の方針を発表し，規模で大きな差がある巨大IT企業と報道機関との間で「公平なビジネス環境をつくる」と強調した。

　背景には，厳しい報道機関の事情があった。PwCオーストラリアの調査によると，新聞産業の市場規模は，2014年に39億豪ドルから2019年26.5億豪ドルに減った（PwC Australia 2019）。2017年にメディア系労働組合MEAAは「過去6年で少なくとも3000人の記者が解雇」と報告していた（MEAA 2017）。

　大手の活字メディアは寡占化が進み，全国紙は最大手のニューズコープのオーストラリアンとナイン・エンターテインメント傘下の経済紙，オーストラリアン・フィナンシャル・レビューしかない。州都に拠点を置く，日本でいえば，「中日新聞」「中国新聞」といったブロック紙にあたるような新聞も，ウェスタンオーストラリア州を除くと，どちらかのグループの傘下である。これに公共放送のABCを加えた三者が報道機関の3大グループといえるが，人々の選択肢は限られている。

2020年には新型コロナウイルスの影響で報道機関の広告料収入が落ち込み、地方紙の廃刊も相次いだ。非営利組織「公共の利益のためのジャーナリズム・イニシアチブ（PIJI）」によると、ニューズコープは2020年の4～5月、傘下の96の新聞の紙媒体での発行停止を決めた（Public Interest Journalism Institute 2021）。

筆者は2020年6月、そのうちの1紙で150年の歴史がある小さな地方紙の「最後の1日」を取材したことがある。シドニーから北に700キロの町、カシノにある週刊紙「リッチモンドリバー・エクスプレス・エグザマイナー」で、記者は編集長1人。取材、写真撮影、執筆、記事のレイアウトまでこなしていたが、地元住民からは廃刊を惜しむ声が聞かれた。地方紙には、記事を通じて地域の人々をつなぎ、自治体の施策をチェックし、災害時の情報源になるなど、大切な役割があるが、現状は厳しい。

一方で、報道機関に対して人々の理解はある。エッセンシャル社の世論調査（2020年12月）では、59％が「グーグルやフェイスブックは力をもちすぎて、規制すべきだ」、57％が「対価を支払うべきだ」と答えた（Essential poll, 2 December 2020）。PIJIの2020年10～11月の調査では、公共の利益のための報道が「重要」「とても重要」と答えた人が78％に上った（Public Interest Journalism Institute 2020）。

「公共の利益のための報道」は、オーストラリアでジャーナリズムの意義を語るときに、しばしば出てくる言葉である。調査報道などで政府や大手企業などの不正を暴くことを指すことが多い。近年では、アフガニスタンに派遣された軍部隊が、無実の住民たちを殺害していた事件をABCやシドニーモーニングヘラルド紙などが報道した。高い倫理観が求められる軍の蛮行を告発する内容で反響を呼んだ。

義務化は「成功」：他国へも波及　さて、義務化の制度ができた後で、グーグルやメタを支払い対象とする、政府の「指定」は、このコラムを書いている2024年6月現在、行われていない。両社が、指定される前に報道機関と支払いの協定を結んだためだ。

2022年11月の政府の報告書によると、グーグルとメタは、大手メディアに加え、地方紙の団体や中小メディアと個別に支払い協定を結んだ。協定の数はグーグルが23、メタが13に及ぶ。報告書は支払い義務化が、両社の自発的な支払いを促した「実利」を強調する（Australian Government, The Treasury 2022）。報道機関向けには総額で年間約2億豪ドル（約200億円）が支払われると報じられている。

追随する形で、カナダでは2023年6月に同様の法律が成立した。だが、ここではメタは同年8月、義務化に反発して支払いを拒みニュース配信を廃止した。

オーストラリアでも、メタは2024年になって協定を更新せず、ニュース配信を止める方針を発表した。これが実行に移されたとき、政府がメタを指定する可能性はある。

同様の義務化は、アメリカやイギリス、ブラジル、インドネシア、南アフリカなどでも検討されている。力を増すプラットフォーマーにオーストラリア政府がどう対峙していくのかは、各国の義務化の動きや報道のあり方にも影響するだろう。

第III部
国際関係

第11章 オーストラリアの外交政策
▶どのような自画像を描き国際社会に関わってきたか？

> 本章ではまず国際関係の代表的な3つの視点（リアリズム，リベラリズム，コンストラクティヴィズム）からみたオーストラリア外交の特徴を明らかにする。そのうえで第二次世界大戦後のオーストラリア外交を概観していくが，当時の国際関係がどのように展開していたのかもしっかりと把握したうえで理解しておきたい。続いて1970年代末以降の激動期の国際関係におけるオーストラリアのミドルパワー外交に触れ，最後に米中対立時代におけるオーストラリア外交をみていく。本章を通じて，オーストラリア外交だけでなく国際関係の理論や第二次世界大戦後の国際関係史を学ぶことができるだろう。

1 オーストラリア外交をみる眼
――リアリズム，リベラリズム，コンストラクティビズム

　国際関係論には3つの代表的な視点が存在する。リアリズム（現実主義），リベラリズム（自由主義），コンストラクティビズム（構成主義）である。これら3つの視点が描く世界観は大きく異なり，それによって現実の国際関係の見え方も大きく違っている。オーストラリア外交をこの3つの視点に沿ってみてみると，異なる側面や特徴が浮かびあがる。

■1 リアリズムとオーストラリア外交——対米同盟の重視

　リアリズムは，国際関係における「力（パワー）」を重視する立場である。国際関係の主要な行為主体である国家は，独立，安全，経済的繁栄などの「国益」を守るために，パワーの最大化を目指すとする。論者によって程度の差はあるが，パワーの資源として最も重要とされるのが軍事力である。リアリズムの国際政治モデルとして「勢力均衡（バランス・オブ・パワー）論」があるが，それは国家が軍事力の強化や同盟によって他国とパワーの均衡を図り，ひいて

は国際関係の安定（戦争のない状態）を実現するという考え方だ。

　リアリズムの視点からオーストラリア外交をみると，豪米関係を重視する姿勢が浮かび上がる。オーストラリアにとってアメリカは「最も緊密で，主要な戦略的パートナー」（ペニー・ウォン外相）であり，豪米関係の維持は超党派の外交方針である。二大政党の労働党と保守連合は，若干の温度差はあるものの，その立場で一致している。そして，戦後の豪米同盟を支える枠組みがANZUS（アンザス）条約である。オーストラリアは1951年，アメリカとニュージーランド（NZ）との間でアンザス条約を締結し，太平洋における共通の危険に対処するための集団防衛の枠組みを形成した。いずれかの締約国が攻撃された場合の対処については，日米安保条約と同じく「協議」し，「憲法上の手続に従って共通の危険に対処する」ことを求めている。

　オーストラリアにとってアメリカとの緊密な関係は，自らの限られたパワーを補い，国家の安全と領土保全という国益を守る手段であると同時に，自国を取り巻く地域の秩序を維持するために必要な足掛かりである。つまり地域秩序を守るためには，秩序供給者としての大国の存在が不可欠であり，大国との緊密な関係はその大国をこの地域に繋ぎ止めておくための土台となる。アンザス同盟や日米同盟が，アメリカの軍事力の「アンカー」と呼ばれる所以（ゆえん）である。

　オーストラリアは20世紀初頭まではイギリス，そして戦後はアメリカに自国の安全を頼ってきた。オーストラリアはその見返りとして英米の忠実なパートナーとして両国の対外行動を積極的に支援してきた。オーストラリアが，朝鮮戦争，ベトナム戦争，湾岸戦争，アフガニスタン戦争，イラク戦争に兵力を派遣してきたのも，戦争そのものの大義名分に共感したこともさることながら，アメリカとの同盟関係を維持するという政治的思惑があったのである。

❷　リベラリズムとオーストラリア外交── 多国間枠組みの重視

　リベラリズムは，国家間の協力・協調の可能性に期待し，国際組織や制度といった多国間枠組みの役割を重視する視点である。またリアリズムの重要な前提である国家中心アプローチに異議を唱え，国際組織や非政府組織（NGO），さらに多国籍企業なども重要なアクターであるとする。さらに国際政治の主要争点を「ハイポリティクス」である軍事・安全保障に限定せず，「ローポリ

ティクス」といわれてきた経済，環境，人権などにも広げた。

オーストラリアは多国間枠組みを重視しており，それはリベラリズムの思想的系譜に沿ったものといえるだろう。戦後の国際連合創設に積極的にかかわってきたし，1980年代以降にはアジア太平洋経済協力会議（APEC）など，アジア太平洋地域における多国間枠組みの推進役を務めてきた。

南太平洋地域の協力機構として定着している太平洋諸島フォーラム（PIF，旧 SPF）は，1971年の創設以来，オーストラリアと NZ が主導的な役割を果たしてきた多国間枠組みである。80年代にはフランスによる仏領ポリネシア・ムルロア環礁での核実験や日本の低レベル放射性廃棄物の海洋投棄計画をきっかけとして存在意義が高まり，PIF は南太平洋非核地帯設置条約（ラロトンガ条約）を実現させた。オーストラリアは条約締結過程において議論を主導し，域内での核実験や放射性物質の海洋投棄を禁じる一方，アメリカの「核のプレゼンス」は容認する方向で交渉をまとめることに成功した。

他方で多国間主義，もしくは多国間枠組みは，中規模国家であるオーストラリアの限られたパワーを補完する手段でもある。前述の通りオーストラリアは国連創設に尽力したが，そこには従来の大国中心の国際政治のあり方を変え，オーストラリアを含めた中小国の主張や利益がより反映される新たな国際秩序を構築するという狙いもあったのだ。その意味では，オーストラリアにとって多国間主義はリベラリズムの思想的流れを汲んだものであるだけでなく，リアリズムに基づく発想も働いていたといえよう。大国と直接的に対峙する二国間交渉では，大国の圧倒的な力を背景に中小国は大国の主張に押し切られてしまう。それに対し多国間交渉では，他の中小国とタッグを組んで大国の主張を跳ね除け，自国の国益を守ることができる。

3 コンストラクティビズムとオーストラリア
──「ミドルパワー」のアイデンティティ

国際関係論におけるコンストラクティビズムとは，国家の行動は必ずしも合理的，あるいは自己利益の最大化を目指した利己的なものではなく，その国家が置かれた社会的・歴史的文脈によって規定されると考える立場である。なかでもこの立場で特徴的なのは，アイデンティティと利益という側面である。アイ

デンティティとは自己認識であり，国際関係において自国の地位や他国との関係をどのように規定するかという側面に注目するものだ。

オーストラリアは冷戦末期，自らを「ミドルパワー」国家と規定し，国際関係における独自の役割を果たそうとしてきた。「ミドルパワー」とは，大国の論理に縛られず，国際協調の理念を掲げ，国際社会の平和と繁栄を促進すべく行動する中規模国家である。具体的な政策分野としては，核軍縮，民主化，人権，平和維持などが挙げられる。

これらの分野で国家間の対話を促進し，問題解決に取り組むことは，一見すると国益には結びつかない。しかしミドルパワー外交を積極的に推進したギャレス・エバンス外相は，こうした国際協調のための外交努力は「第三の国益」の増進につながると主張した。彼によれば国益には3種類あり，安全保障上の国益を「第一の国益」，経済的な国益を「第二の国益」，そして「第三の国益」を「開かれた国益」と呼んだ。「開かれた国益」とは，国際社会全体の利益，世界全体の利益といえるが，グローバル化した国際社会においては社会全体の利益ももはや国益であると訴えた。そして国際社会の平和と安定のために貢献することは，オーストラリアの国際社会におけるプレゼンスを高めることにつながり，ひいては，第一と第二の国益の増進が図れるという現実的な側面ももっていると考えていたのである。

2 第二次世界大戦後のオーストラリア外交

1 オーストラリア外交の始まり

オーストラリア外交はいつごろ始まったのだろうか。オーストラリア連邦の誕生は1901年であるが，それはあくまでもイギリス帝国の自治領であり，外交や貿易など対外関係についてはイギリス政府のコントロールのもとに置かれていた。

オーストラリアが独自に外交を展開するようになったのは1940年代である。そこには英帝国の影響力の翳りに対する危機感があった。日本の軍事的脅威が高まるなか，イギリスはもはや頼りにならず，アメリカは相変わらず孤立主義を掲げて，国際問題にかかわろうとしなかった。そのような環境のなかで，独

自外交の必要性が高まっていたのである。日本とアメリカに公使館を開設したのが1940年、そして2年後の1942年にはウェストミンスター憲章を批准し、外交政策においてもイギリス本国と対等な立場を得ることになった。このウェストミンスター憲章の土台となった1926年のバルフォア報告では、イギリス本国と自治領諸国との関係を「大英帝国内の自立した共同体であり、その地位は対等であり、内政・外交のいかなる領域においても互いに従属するものではないが、イギリス王室への共通の忠誠によって結ばれ、イギリス連邦の一員として自由意志によって結びついている」と定義していた。

2 第二次世界大戦後のオーストラリア外交
──英米中心の地域秩序を支える

オーストラリア外交の主要な舞台はアジアである。そこは長らく欧米列強諸国の支配下にあったが、第二次世界大戦を経て自由を獲得し、独自のダイナミズムをもった地域としての歩みを始めていた。戦後のアジア国際関係を眺望した時、そこには4つの大きなトレンドをみて取ることができる。第1に覇権の交代、第2にナショナリズムの展開、第3に冷戦の波及、第4に経済開発・開発主義の浮上である。ここではこの4つのトレンドの特徴を整理したうえで、オーストラリアがそれらのトレンドにどのようにかかわっていったのかを振り返り、戦後オーストラリア外交を概観する。[1]

覇権の交代──アメリカに目を向けるオーストラリア

第二次世界大戦はアジアにおける覇権国、つまり主役の交代を促した。多数の植民地・保護領を所有し、ロイヤル・ネイビーによってアジアの海を支配してきたイギリスであったが、日本軍の進出を前にその弱さが露呈した。オーストラリアはイギリスのシンガポール海軍基地の強化に期待を寄せていたが、真珠湾攻撃から数カ月後にはそのシンガポールが陥落、さらにそのわずか数日後には、ダーウィンをはじめとしたオーストラリアの都市への日本軍による空襲が始まった。

イギリスに代わって国際関係における存在感を高めつつあったアメリカは、1942年6月のミッドウェー海戦で日本軍を撃退して戦争の主導権を握り、対日戦勝利に決定的な役割を果たした。カーティン首相は1942年1月、「オースト

ラリアは，イギリスとの伝統的つながりや血縁からくる良心の呵責から解放され，アメリカに目を向ける」と語ったが，オーストラリアはアジアにおける主役の交代という現実を受けて，アメリカとの協力関係を重視するようになっていったのである。

　こうしたアメリカを向くオーストラリアの物語のクライマックスが，アンザス条約の締結である。オーストラリアは戦後，日本の軍国主義再燃を恐れ，アメリカの太平洋地域への軍事的関与を強く求めていた。アンザス条約成立によってオーストラリアはアメリカによる防衛義務を確保する一方で，アメリカの世界戦略を支持し，「忠実な同盟国」としてアメリカの戦争に積極的に協力していくことになった。

　オーストラリアは戦争協力だけでなく，豪国内の軍事施設の米豪共同利用などを通じた協力も進めた。豪米同盟の核心――アメリカにとってのオーストラリアの軍事的価値――はこうした施設の提供にこそあると指摘する研究者もいる。その象徴がパインギャップ情報通信施設である。同施設については公式の情報が限られているが，アメリカの軍事衛星とリンクして，様々な軍事情報の収集を行っているとされている。アフガニスタン戦争やイラク戦争では，ミサイル探知や攻撃目標の設定などで重要な役割を果たしたといわれている。

ナショナリズムの展開――オーストラリアのジレンマ

　第二次世界大戦後，アジア各地ではナショナリズムが高揚し，戦争による社会経済の疲弊と相まって政治的混乱のリスクが高まっていた。イギリスは植民地体制を維持するよりも，むしろ各地で親欧米の「健全なナショナリズム」を育成して，独立後にも自らの影響圏を保持する「帝国の再編成」を目指して，積極的な「脱植民地化」政策を推進した。

　オーストラリアは独立を求める動きに理解を示す一方で，帝国解体によってイギリスがアジア地域への関心を失い，「力の空白」によって域内が不安定になることを懸念していた。こうした考えは，アメリカも共有するところであり，同国は反植民地主義を掲げつつも，アジアにおける欧州諸国，特にイギリスの影響力の延命，もしくは温存を望んでいた。英米に加えオーストラリアが協力して脱植民地化を進め，影響力を温存する「脱植民地化の帝国主義」が進められたといえよう。

オーストラリアはこうした観点から，ANZAM（英豪 NZ 3 カ国によるマレー半島防衛のための協力機構，1948年成立）や AMDA（英＝マラヤ防衛協定，1957年締結）の提携国として，マラヤ（現マレーシア）・シンガポール防衛に主たる責任をもつイギリスを支えてきた。さらに1960年代前半に激化したインドネシアによる対マラヤ「対決政策（コンフロンタシ）」に際しても，インドネシアに配慮しつつも，コモンウェルスの一員として，マレー半島防衛のために軍事力を派遣したのである。

こうしたオーストラリアの姿勢は，時としてアジア諸国の対豪批判の原因ともなった。インドネシアとの関係においては，現地のナショナリズムに理解を示す一方で，対米・対英関係の重要性を無視してインドネシアを支援することには消極的であった。またベトナム派兵は，国内だけでなく，東南アジア諸国との関係においても禍根を残すこととなった。こうしたオーストラリア批判の急先鋒であったのが，マレーシアのマハティール首相であった。

冷戦の波及——オーストラリアの前方展開戦略

戦後まもなくヨーロッパで始まった冷戦はアジアにも波及した。ただし権力争いや住民の統治への不満といったローカルな混乱が，冷戦という文脈で解釈され，処理された側面も強い。たしかに「弱者の抵抗」という点で，ナショナリズムと共産主義は共鳴する傾向があったが，西側諸国はナショナリズム運動をソ連から指令を受けた国際共産主義運動の一環として捉え，警戒感を露わにしていた。

アジアに波及した冷戦はすぐさま「熱戦化」した。英領マラヤ自治に対する中国系住民の不満から生まれたマラヤ共産党による暴動，それへのイギリスの対応策としてのマラヤ非常事態宣言（1948年），朝鮮半島をめぐる権力闘争が米中を巻き込む対立へと発展した朝鮮戦争（1950年），植民地独立をめぐるフランスと現地住民の対立が米中ソを巻き込んだ国際紛争へと発展した第一次インドシナ紛争（1947年），そして北ベトナムの内戦がアメリカの戦後最大の軍事関与へと発展したベトナム戦争（1960年代〜73年）である。

オーストラリアはアジア冷戦に積極的にかかわってきた。第二次世界大戦の経験が示したように，「北からの脅威」は東南アジアを回廊としてオーストラリアにやってくるからだ。共産主義という嵐がオーストラリア大陸を脅かすこ

とがないように，東南アジアに強固な「防護壁」を築く必要があった。「防護壁」の柱はアメリカ軍であり，オーストラリア軍がそれを支えた。つまりアメリカ軍の存在を前提としたオーストラリアの「前進防衛戦略」である。またアジアはオーストラリアにとり対米協力の機会を与えてくれる場であり，協力を通じてアメリカをアジアに引き留めることができた。SEATO（東南アジア条約機構，1955年設立）への軍事的貢献も，さらにベトナム戦争へのおよそ5万2000人のオーストラリア兵の派遣（1962～73年）も，オーストラリアの反共政策・前進防衛戦略の一環であると同時に，対米同盟重視路線の結果であった。

経済開発・開発主義の時代の到来──スペンダー・プラン

　第二次世界大戦の終結によって植民地支配から脱したアジアの新興独立諸国にとって，政治的安定を実現するためのカギは，戦後復興の実現，さらに経済開発の推進にあった。経済発展を通じて国民の生活を豊かにし，将来への不安を取り除くことこそが，国家と政府に正当性を与え，国家の求心力・国民の忠誠心を高めるからだ。また英米豪の西側諸国にとってもアジア諸国の経済発展は，共産主義の温床となりうる貧困をなくすという観点から重要なものであった。

　オーストラリアはアジア諸国の戦後復興，経済開発に重要な役割を果たした。アジア地域の戦後復興のために必要な資金を負担する能力をもはや持たないイギリスと，その能力はあるが消極的なアメリカを前に，当時のパーシー・スペンダー外相は英連邦の枠組みを土台に「コロンボ・プラン（1951年）」を実現させた。スペンダーの役割を評価して「スペンダー・プラン」と呼ぶこともある。リージョナルな視点に立ったアジアの戦後復興の重要性を示したことは，その後の東南アジアの地域主義の形成と発展に重要な役割を果たしたといえよう。

　「コロンボ・プラン」のもと1950年代から70年代にかけて，多くのアジア人留学生がオーストラリアにおいて高等教育や技術研修を受ける機会を得た。アジア人留学生の多くが帰国後，政治家や様々な公職に就き，国家を支え，両国関係の発展に貢献する人材となった。留学中にオーストラリア人女性と結婚し，帰国を嫌がる学生が増えて困ると，派遣国がオーストラリア政府に窮状を訴えるケースもあったという。オーストラリア政府はアジア諸国との関係強化

にあたり「人と人のつながり」を重視しているが、「コロンボ・プラン」はその原型ということができるだろう。こうした精神は現在にも引き継がれ、「ニュー・コロンボ・プラン」として、オーストラリア人学生のアジア各国への留学を支援するプログラムが展開されている。

　ちなみにウォン外相の父であるフランシス・ウォン氏は、マレーシアからのコロンボ・プラン留学生だった。彼はアデレード大学で建築を学ぶなか、結婚相手となる女性と出会っている。つまりウォン外相の母親となる人だ。その意味で、ウォン外相にとってコロンボ・プランは縁深いものがあり、自らが外相として「ニュー・コロンボ・プラン」を推進する側に立つにあたっては、感慨深いものがあったに違いない。

　オーストラリアは戦後から1970年代末ごろまで、戦後のアジアを大きく揺るがしたナショナリズムや共産主義の問題に対して、イギリスの帝国再編とアメリカの冷戦政策を支持し、「前方展開戦略」をもとに東南アジアに軍事力を展開してきた。「北からの脅威」の源泉が何であろうと、自らの脆弱な軍事力では対抗できないオーストラリアにとっては、歴史や価値観を共有する英米両国と安全保障上の強固な協力関係を構築し、それを維持することが何よりも重要であった。「コロンボ・プラン」にみられるアジア諸国に対する経済協力も、究極的には英米が中心の国際秩序を支えるためでもあった。

3　冷戦末期からポスト冷戦期——アジア太平洋国家のミドルパワー外交

　こうした外交姿勢に大きな修正を迫ったのが1960年代末から70年代にかけてのアジア国際環境の変動であった。イギリスの「スエズ以東」からの軍事的撤退表明（1968年）、ニクソン・ドクトリン（1969年）、米中接近（1972年）、ベトナム戦争からの米軍撤退（1973年）などを通じ、オーストラリアがアジア安定の前提とした英米の軍事プレゼンスが消滅し、アジアの勢力均衡が大きく変わる不安定な時期に入ったのである。

　オーストラリアが自らを「ミドルパワー」であると訴えるようになったのには、以上のような時代背景があったのだ。米ソの二極対立の国際環境下では、いずれかの超大国の側につくことが、国益を守る常套手段であった。しかしアメリカの相対的力の衰退によって国際関係は多極化し、不確実性が高まるなか

で，平和と繁栄のために主体的に役割を果たして，国際社会から見捨てられないように自分たちの「居場所」を確保することが必要であった。

　オーストラリアのミドルパワー外交の舞台のなかでも特筆すべきは，核軍縮への積極的取り組みである。同国が包括的核実験禁止条約（CTBT）の実現に向けて，国際社会の支持拡大に努めたことはよく知られている。1984年のジュネーブ軍縮会議（CD）での提案に始まり，1994年の交渉開始，そして2年後の国連総会での条約案の採択に至るまで，オーストラリアは活発な核軍縮外交を展開した。またCTBT交渉とほぼ同時期に誕生したのが，オーストラリアの多国間核軍縮外交の舞台となる「核兵器廃絶のためのキャンベラ委員会 (Canberra Commission on the Elimination of Nuclear Weapons)」である。このキャンベラ委員会はフランスによるムルロワ環礁での核実験強行を契機に，キーティング政権が1995年11月に発表した核兵器廃絶に関する世界賢人会議構想がもとになっている。

　1996年8月に核廃絶に向けた具体的方策について提言した最終報告書がアレグザンダー・ダウナー外相に手交された。報告書の特徴は，究極の理想として核廃絶を掲げながら，核兵器の削減を段階的に検証しながら安全かつ確実に進めていくことの重要性を謳っている点である。核廃絶を単なるスローガンとして唱えるのではなく，時間はかかるが実現に向けて具体的に歩むことの必要性を示した意義は大きい。キャンベラ委員会による報告は日豪が共同して「核不拡散・核軍縮に関する国際委員会（ICNND）」を立ち上げる土台となっている。2009年12月に日豪両首相に提出された報告書『核の脅威を絶つために』は，キャンベラ委員会報告書と同様に最終的な核兵器ゼロに向けた包括的行動計画を提案した。

　ただしここにも，理想を追い求めつつ，オーストラリアの国益を追求するリアリズムの発想があった点に注意が必要である。核軍縮を唱えながら，オーストラリアはアメリカによる「核の傘」を受け入れていたのだ。前述の通り，南太平洋地域における非核地帯設置の動きに対するオーストラリアの行動はその典型である。当時のオーストラリア政府は条約形成に積極的にかかわることで，非核という価値を尊重しつつ，その非核の動きが自国の安全保障—南太平洋地域におけるアメリカの核のプレゼンス—に影響を与えない方向に誘導して

いったのである。オーストラリアの核軍縮の積極的な取り組みの背景には、反核の動きが対米同盟関係や「核の傘」に批判的な論調につながらないようにするための、国内の非核世論のガス抜きの目的があったとの指摘もある。

また外交という範疇には必ずしも当てはまらないものの、平和維持活動 (PKO) への参加も「ミドルパワー」オーストラリアの国際貢献といえるだろう。平和維持活動については、オーストラリアはインドネシア独立宣言に伴う紛争激化を受けて設置された「国連領事委員会」への代表団派遣（1947年）を皮切りに、国連をはじめとする60以上のミッションに軍事・警察要員を提供してきた。オーストラリアの平和維持活動への貢献はアジア、南太平洋だけでなく、アフリカへと広がっており、世界的規模である。

「アジア太平洋国家」のアイデンティティ

「ミドルパワー」と並んで、オーストラリアが自らを「アジア太平洋国家」と規定するようになったのも、1980年代のことであった。1970年代に英米が東南アジアから軍事的に撤退し、アジア諸国との関係再構築の必要性に迫られたオーストラリアは、国民統合の原理として白豪主義を放棄し、多文化主義へと大きく舵を切った。イギリスのEC（欧州共同体）加盟（1973年）も影響して、日本を筆頭としたアジア諸国との貿易関係が拡大し、アジアはもはや脅威の源泉ではなく、経済的恩恵をもたらす存在となったことも大きい。オーストラリアはアジア諸国との外交関係強化に本格的に乗り出したのである。

こうしたなかで「アジア太平洋国家」としてのオーストラリアは、同地域をミドルパワー外交の実践の場とし、地域の平和と繁栄のために、様々なアイデアを構想し、その実現に尽力してきた。前述のAPEC構想を実現させたのも、またカンボジア和平プロセスでは国連主導の和平案を提出して、カンボジアを和平に導いたのも、まさに「アジア太平洋国家」としてのミドルパワー外交の賜物であった。

3　米中対立時代のオーストラリア外交

❶　ルールに基づく秩序──危機感を強めるオーストラリア

21世紀、米中対立時代のオーストラリアにとって、法とルールに基づいた国

際秩序「ルールに基づく国際秩序 (rule-based international order)」の擁護は，極めて重要な外交理念である。『2017年外交白書』によれば，オーストラリアの理想とする安全保障環境は「ルールを守ることで永続的な平和がもたらされ，すべての国家の権利が尊重され，開かれた市場によって貿易，資本，アイデアの自由な流れが促進されるような地域」とされた。そして「ルールに基づく国際秩序」とは，『2016年国防白書』によれば，国際法や地域的な取り決めなど，国家間で合意されたルールに基づいて行動するという，「すべての国が共有するコミットメント」であり，「合意されたルール」とは，紛争の平和的解決，自由で開かれた国際経済，公海を含めたグローバルコモンズ（国際公共財）への自由なアクセスの保証などであった。

オーストラリアは「ルールに基づく国際秩序」の存在こそが，国力が限られた中小国が国際政治において国益を守るために不可欠なものであると考えている。戦後アジア太平洋の平和と繁栄を可能としたのもこの「ルールに基づく国際秩序」であり，そしてそれを支えてきたのがアメリカのプレゼンスであった。オーストラリアにとっての対米同盟の重要性も，こうした文脈のなかで理解されるべきである。しかしトランプ米政権の誕生によって対米同盟に対する不確実性が高まった結果，「ルールに基づく国際秩序」が動揺した。オーストラリアは日本や韓国をはじめとした友好国と「ルールに基づく国際秩序」を守っていく必要があるとの認識を強めていった。

「ルールに基づく国際秩序」を擁護するオーストラリアにとって，近年の中国とロシアの行動は極めて懸念すべきものである。中国は南シナ海の領有権問題をめぐって，圧倒的な軍事力を背景に一方的な行動によって現状変更を試みているばかりか，2016年7月の国際海洋法条約に基づいた常設仲裁裁判所の判断を「ただの紙くず」として受け入れを拒否する姿勢を示していた。また2022年2月に始まったロシアによるウクライナ軍事侵攻（ウクライナ戦争）も，国家の独立と領土保全，法の支配，紛争の平和的解決といった「ルールに基づく国際秩序」を揺るがす，極めて深刻な事態であった。しかも中国もこの軍事侵攻を事実上黙認しており，中露両国が「ルールに基づく国際秩序」に挑戦する「専制国家の弧（arc of autocrats）」を形成していたのである。「専制国家の弧」とは，モリソン首相が使った言葉で，中露両国を念頭に「原理や原則，説明責

任，透明性」のない世界を作ろうと企てる国家群のことである。オーストラリアは，第二次世界大戦以来となる最も困難で危険な安全保障環境に直面していると危機感を強めた。

❷ 米中二大国間関係とオーストラリア──「歴史か，地理か」

　英米豪3カ国は2021年9月，AUKUS（オーカス）と呼ばれる防衛技術協力のパートナーシップを発表した。この枠組みに基づき3カ国は共同でオーストラリアの原子力潜水艦（原潜）の開発を進め，2040年代初頭から同国への配備を目指すこととなった。

　原潜の導入は，21世紀に入ってから対立の度合いを深めていった米中関係に対する，オーストラリアの処方箋といえるものであった。オーストラリアは1972年の中国との国交正常化以来，「共通の利益と相互尊重」を原則に，豪中双方にとって有益な経済・貿易の拡大を最優先にした関係を築いてきた。特に21世紀に入ってから中国がオーストラリアにとって最大の貿易相手国になると，同盟国アメリカと中国のあいだでどちらとの関係を優先するかという問いかけがなされるようになっていった。オーストラリア政府はこれに対して，「我々は米中のいずれかを選ぶ必要はない」として，米中等距離外交を展開してきた。

　オーストラリアでは外交方針をめぐる論争で「歴史か，地理か」というものがある。「歴史」とは，歴史的関係を重視し，英米加NZのアングロサクソン諸国との連携を重視する立場であり，「地理」とは，地理的に近接し，経済的にも重要なアジア地域諸国との関係を重視する立場である。キーティング政権が豪史上初めてアジア重視姿勢を明確に示して以来，「歴史か，地理か」，すなわち「アメリカか，アジアか」で議論が交わされてきた。しかしハワード首相が訴えていたように「歴史か，地理かいずれかを選ばなければならないのはナンセンス」といえるであろう。実際には明確な取捨選択を迫る議論ではなく，どちらをより重視するかというスタンスの問題であった。オーストラリアにとっては，対米同盟関係も，アジアならびに中国との関係も，どちらも切り捨てることはできなかったのである。

　しかし2010年代中頃以降，豪中関係は悪化の一途を辿っていく。それには3

つの背景があったと考えられる。第1は、すでに述べた通り、オーストラリアが中国の力を背景とした現状変更の試みに対して、既存の国際秩序を動揺させる行為として、強い危機意識をもった点である。第2は、2010年代後半からの米中関係の悪化により、中国はアメリカとその同盟国の関係を断ち切るべく、その一環としてオーストラリアに対して様々な政治的揺さぶりをかけるようになっていた点である。オーストラリアは内政干渉やサイバー攻撃、さらに対中輸出品目の禁輸措置などで圧力を受けたものの、むしろ対中態度を硬化させていった。第3は、アメリカの力の衰退である。オーストラリアのこれまでの対中協調路線は、対中関係がはらむリスクに対するヘッジとしての強固な米豪同盟の存在が前提であった。しかしトランプ政権の誕生により、アメリカが同盟国との関係を軽視する姿勢を示すと、対中リスクへのヘッジがなくなり、自ずと中国への眼差しも厳しくなっていったのである。

　このように豪中関係が戦後最低の状態に陥ったなかでの原潜開発計画の発表であった。2023年4月に公表された「防衛戦略見直し（DSR）」では、中国の軍事力増強を脅威と明確に捉え、原潜などの軍事アセットを通じてそれに備える態勢を整えると同時に、米国の核抑止力を補完する役割を果たすとした。オーストラリアはこれまでアメリカとの軍事的統合を継続的に強めてきたが、AUKUSはインド太平洋地域における抑止力を高め、勢力均衡の維持に貢献するというオーストラリアの態度を明確に示したといえる。オーストラリアはアメリカを選んだのである。

4　オーストラリアのアイデンティティと外交

　冒頭の「オーストラリア外交をみる眼」で示したように、国家の対外行動や国際関係へのかかわりは、単に国益だけで決まるものではない。自らをどのように規定するか、もしくは世界における自らの立ち位置をどのように捉えるのかによって大きく影響を受ける。

　オーストラリアは1980年代以降の国際環境の変動を受け、「ミドルパワー」そして「アジア太平洋国家」と自己規定し、アジア太平洋（インド太平洋）の責任ある中規模国家として、国家間の平和と協調を促す外交を展開してきた。

また「歴史か，地理か」との問いかけに対しては，政権によって若干の温度差はあれど，オーストラリアは西側世界の一員であると同時に，アジア諸国との関係強化をはかってきた。

　21世紀に入り，オーストラリアのアイデンティティに変化が生じているようにみえる。目覚ましい経済的成長を遂げて経済大国の仲間入りを果たし，先進国の「優等生」とまでいわれるようになった。1人あたりのGDP（国内総生産）は日本を遥かに上回る豊かな国となり，生活水準は高く自らを「ライフスタイル・スーパーパワー」と称することもあるほどだ。

　軍事力についても同様で，オーストラリアの軍事費は世界第13位（2023年）に位置づけられている（ストックホルム国際平和研究所2024年4月発表資料）。原潜の調達は，大洋に囲まれるオーストラリアに戦略上の利益をもたらすばかりか，軍事的な意味での主要国の仲間入りを確固たるものにするであろう。原潜保有国は現在のところ，アメリカ，イギリス，ロシア，フランス，中国，インドの6カ国で，インドを除いては国際の平和に主たる責任をもつ，国連安保理の常任理事国である。インドが大国の道を歩んでいることは衆目の一致するところだ。そこにオーストラリアが7番目の国家として名を連ねることとなる。しかもその原潜の開発はイギリスと「100年来の仲間」であるアメリカが担う。アングロサクソン連携の再登場である。

　そしてオーストラリア国民は2023年10月，先住民（ファースト・ネイションズ・ピープル）の地位を認め，彼らの声を国政に反映させるための機関を設ける条文を加えた憲法改正投票に際して，「ノー」を突きつけたのであった。この憲法改正案は多文化社会の価値を反映したものであり，否決は世界に旧態依然たるオーストラリアの国家イメージを与えることにつながった。「アジア太平洋国家」を標榜しながら，その実態は白豪主義の時代を何も変わらないという印象を与えかねない。これからオーストラリアはどのような国家像を描き，世界とかかわっていくのか。私たちは注視していく必要があるだろう。

📖 おすすめ文献

①佐竹知彦, 2020,「冷戦後のオーストラリアの秩序構想と対外政策」佐橋亮編『冷戦後の東アジア秩序――秩序形成をめぐる各国の構想』勁草書房.

　国際秩序をキーワードに, オーストラリアが冷戦後, どのような構想を描き, それにかかわってきたのかを「アメリカの優越」,「多国間制度」,「リベラルな価値」の3つの要素から論じる研究。国際・地域秩序の形成と維持に対する, オーストラリア外交の可能性と限界を理解できる。

②竹田いさみ・永野隆行, 2023,『物語オーストラリアの歴史――イギリス植民地から多民族国家への200年（新版）』中央公論新社.

　植民地時代から現代に至るまでのオーストラリアの歴史を振り返った入門書。1901年の建国以来, オーストラリアが諸外国との関係のなかでどのような国家を築いていったのかが理解できる。

③竹田いさみ, 1991,『移民・難民・援助の政治学――オーストラリアと国際社会』勁草書房.

　本章では触れることができなかったオーストラリアの移民政策や援助政策の背景要因を理解するのに役立つ。ただし情報のアップデートは必要。

【注】

1) 戦後のアジアのトレンドについては宮城（2004）参照。

第12章　日本との関係

▶日本はどのように「最良の友」となったのか？

> 「最初は同盟国，次に敵，そして今は最良の友」——これは2014年に，当時のアボット首相が，豪日関係に言及した際に使用したフレーズだ（Abbott 2014）。最後の「今は最良の友」は正に現在の豪日関係が非常に良好であることを端的に表現した言葉だが，前段の「最初は同盟国」では第一次世界大戦時には両国が味方同士だったこと，続いて「次に敵」で，第二次世界大戦時には敵同士として戦ったことを示している。非常に単純化されたフレーズではあるが，浮き沈みのあった豪日関係の歴史を振り返る際のわかりやすい表現となっている。本章では，両国の関係が「同盟国」「敵」であった時代から，「最良の友」となる現在の地点まで，どのような経緯を辿ってきたかをみて，オーストラリアにとって日本はどのような距離感の国なのかを探る。

1　「最初は同盟国」——第一次世界大戦期

　1901年1月1日，それまでの6つの英国の植民地が1つにまとまり，オーストラリア連邦，という国が誕生した。米国のように宗主国を相手に独立を勝ち取った，という形の建国ではなく，連邦政府設立以降も「大英帝国」（のちに「ブリティッシュ・コモンウェルス・オブ・ネイションズ」）の一員として英国との主従関係が継続したため，何か国として国民を統合するアイデンティティが欠けたまま，オーストラリアは歩んでいた。そのような時に起こったのが第一次世界大戦だ。

1　戦争中の豪日協働

　オーストラリアは，自国からは遠い地で起こった戦争に，母国英国のために，と志願兵を募り，派兵。中東からヨーロッパにかけた戦線で，6万人を越える戦死者を出した。第一次世界大戦全体の1600万人といわれる戦死者の数と

比べると小さい数字だったが，当時人口が500万人にも満たないオーストラリア社会に残した爪痕は甚大だった。結果，第一次世界大戦はオーストラリアにとって特別な意味をもつこととなった。

　その戦争に，日本はオーストラリアと同じ連合国側で参戦した。「最初は同盟国」とアボットが表現したのは，この時のことを指している。大戦勃発から100年を迎えたのを機に，オーストラリアでは2014年から2018年まで，アンザック100周年を記念する行事が複数執り行われたが，その最初を飾る式典でアボットはそのように日本に言及した。そして，その2014年11月1日にウェスタンオーストラリア州の港町アルバニーで開催された式典の場には，海上自衛隊の護衛艦「きりさめ」の姿もあった（原田 2016：175）。

　アルバニーは，1914年11月1日にヨーロッパ戦線に送られるアンザック兵士たちを乗せた第一船団が出港した地だ。インド洋を渡り，紅海の入口のアデンまで向かった38隻の船団は，オーストラリアを出発した際4隻の軍艦に護衛されていたが，その内の1隻が大日本帝国海軍の巡洋戦艦「伊吹」だった。その史実を踏まえての「きりさめ」の式典参加だが，当時日本の艦隊は，日英同盟が締結されていたことから，また何より自らの野心もあったことから，ドイツ艦船掃討のために南太平洋を広くパトロールしていた（山室 2011：61-68）。それは結果として，オーストラリアが自らの海域を日本に護ってもらう結果になっていたのだ。

　戦後，世界の軍縮の流れを受けて解体された「伊吹」だが，オーストラリアの要請に応えて，日本はオーストラリア側に「伊吹」の廃材を使って製作された「伊吹」の模型と，実物の鐘を大戦中の協働の記念として贈っている。前者はキャンベラの戦争記念館，そして後者は上記の式典時にアルバニーに新規オープンした「アンザック記念館」に現在は収蔵されている。

2　「同盟国」への警戒感

　このように第一次世界大戦時味方同士だったオーストラリアと日本だが，それでは，当時オーストラリアが「同盟国」日本に対して信頼を置いていたかというと，話はそれほど単純ではなかった。近代国家としての歩みを英国の植民地としてスタートさせたオーストラリアは，そもそもヨーロッパから遠く離れ

た地域に存立した「ヨーロッパの出先機関」という存在だった。ヨーロッパに起源をもつオーストラリアの人々は，周囲を文化が違い，人口が圧倒的に多いアジアの国々に囲まれ，人口もまばらで大いなる空白が存在するオーストラリア大陸北部が，いつかアジア人に侵略をされてしまうのではないか，とアジアに対して脅威を感じていた（Walker 1999）。その脅威の表出が，1901年，連邦政府成立の年に成立した「移民制限法」だ。

19世紀半ばに起こったゴールドラッシュをきっかけに多くの中国人が流入したことで，「北からの侵略」の脅威は煽られ，6つの植民地が1つの国としてまとまった理由の1つは，移民の規制をオーストラリア大陸全体で行うことだった。同時に，"遅れたアジア"の一国でありながら，西洋に追いつき追い越せとひたひたと近代化の道を歩み，1894〜95年の日清戦争での勝利など，軍事的にも国際社会においてプレゼンスを示すようになった日本は，エキゾチックな東洋の国であり，貿易のポテンシャルを保有する国でありつつ，常に「北からの侵略」を想起させる脅威の1つであった。

日本に対する警戒感は，味方同士であった第一次世界大戦中にもそこここで表出した。たとえば，戦時を率いたヒューズ首相は，徴兵制を導入するために2度の国民投票を行っているが，賛成，反対両陣営は投票に先立って展開したキャンペーンでいずれも「北部からの侵略」「日本の脅威」を市民に訴えた。前者はオーストラリアが英国に加勢せず，連合国側が負けてしまったら，日本がその機を捉えて侵略してくるのではないか，と主張。一方後者は，オーストラリアの若者たちがヨーロッパへ行ってしまうと，自国が手薄となり，その隙を突いて有色人種の労働者が流入してしまうのではないか。だから派兵することはまかりならぬ，との論陣を張った（Johnson et al. 2022：126）。

この「日本脅威論」は戦後更に強硬に発せられた。1919年1月より開催されたパリ講和会議には，ヒューズが大英帝国の一員として出席をしているが，南太平洋地域の旧ドイツ領の処理に際し，ニューギニアを自らの植民地とすることを強く主張。これには日本が赤道以南に勢力を伸ばしてくることを阻止する狙いがあった。結果，オーストラリアは国際連盟の委託統治地として旧ドイツ領ニューギニアを得，日本はその意に反して，赤道より北にある南洋諸島のみを委託統治することになった（Johnson et al. 2022：129）。

また，この講和会議で行われた国際連盟設立の話し合いの過程でも，ヒューズは日本絡みの案件でプレゼンスを示した。当時日本から海外への移民たちが，移民先で人種差別に合うケースが増え，日本は同連盟の規約に人種差別を撤廃する条項を挿入するよう提案をした。しかしながら，ヒューズはこれに猛反発し，英国，米国など大国を説得。最終的にその条項の挿入を阻止した（Johnson et al. 2022：129）。自国の白豪主義を守るために，それは譲れない一線だったのだ。

3 戦間期の微妙な関係

一方で19世紀末に始まった豪日間の羊毛などの貿易は粛々と続いており，貿易相手国としての日本への期待は高かった。それが一変したのが，1929年に起こった世界大恐慌だ。これを機に，オーストラリアは英国連邦の国々と1932年に「オタワ条約」を締結。英国を中心とする経済ブロックが作られ，結果，日本は輸出工業製品に高い関税を課され，英国からの繊維製品輸入を優先されてしまうなど，不利な扱いを受けることになった。当然これに日本は反発し，オーストラリアからの羊毛の買い付けを控え，それがオーストラリア国内の羊毛生産者に打撃を与えることにもなった（竹田・永野 2023：165-168）。

この時期には，日本はオーストラリアにとって，それまでの精神的な脅威から，もっと物理的，現実的な脅威を感じる国となっていた。日本は1931年の満州事変を経て，1933年には国際連盟を脱退し，1937年に日中戦争へ突入。1939年にはヨーロッパで第二次世界大戦が勃発したが，その翌年ドイツ，イタリアとの三国同盟を結んだ。オーストラリアは，第一次世界大戦時の熱狂はないものの，やはり英国支援でヨーロッパへ派兵をしていた。自らが属するアジア太平洋地域で，日本が勢力を拡大し，軍事的衝突が起こることは当然避けたかったため，日本に対して宥和政策をとり，その政策の一環で1940年に東京に公使館を開設した（竹田・永野 2023：170-171）。しかし，その願いも空しく，翌年末に両国は戦火を交えることになる。

第Ⅲ部　国際関係

2　「次は敵」──第二次世界大戦アジア太平洋地域編

　1941年12月8日，日本軍はハワイの真珠湾を攻撃。これによって，ヨーロッパで始まった第二次世界大戦は舞台がアジア太平洋地域にも広がった。先に記載したように，オーストラリアは1939年の第二次世界大戦勃発を機に，ヨーロッパへ兵士を送っていたが，日本が参戦し，その主戦場は自らの隣接地となってしまった。

1　北部からの侵略の脅威

　日本で第二次世界大戦といえば，米国と戦った戦争という印象が非常に強い。そのために，アジアも巻き込んだ戦争だった，ということが忘れられがちだと一般にいわれるが，この指摘はオーストラリアについても当たっている。先の大戦においてオーストラリアとも戦ったことを具体的に認識している日本人は多くないが，オーストラリアからしてみれば，第二次世界大戦における主たる敵は日本だった。

　太平洋戦争の前半は，オーストラリアにとっては正に悪夢の時間だった。真珠湾攻撃と同時にマレー半島に上陸した日本軍はそのまま快進撃を続け，1942年2月15日に英領で，英軍のアジアにおける拠点のあったシンガポールが陥落。その4日後にはダーウィンが空爆される憂き目にあった。これはオーストラリアが植民地時代から恐れていたアジア人による北部からの侵略が現実のものになってしまった瞬間だった。日本軍によるオーストラリア北部への空爆は1943年11月まで続き，ダーウィンは64回，その他ブルーム，ダービー，タウンズビルなどの町を含め97回を記録している（AWM 2024）。実際には，日本はオーストラリアを侵略する計画はなかったことがわかっているが，同年5月31日から翌日にかけ特殊潜航艇によるシドニー湾攻撃も起こっており，オーストラリアの人たちが実際に日本に侵略されると信じ恐れても，不思議ではない状況だった。

2 囚われた人々——日本人編

　日本からの外からの攻撃に加え，オーストラリアは自国内にも不安の種を抱えていた。それが，戦争が始まった時点で，何らかの理由によりオーストラリアに居住していた日本人，あるいは日系人の存在だった。日本人は開国後，19世紀末から様々な形でオーストラリア大陸に渡って行った。砂糖プランテーションの労働者や真珠貝採取のダイバーとして渡豪した出稼ぎ組を初めとして，商社兼松のように貿易業のためにオーストラリアへ進出した企業の駐在員とその家族もいたし，20世紀初頭にヴィクトリア州で米作りを手掛けた高須賀譲のようにオーストラリアに新天地を求めた者などもいた。太平洋戦争が勃発した頃には，短期の滞在者だけではなく，日本にルーツをもちつつも何十年とオーストラリアに暮らす者，オーストラリアで生まれ，オーストラリア国籍をもつ者など，オーストラリアにアイデンティティをもつ日本人および日系人が居住していた。

　1941年12月8日，オーストラリア国内での彼らのステータスは「敵性外国人」となった。そして，彼らは一夜にしてオーストラリア当局に身柄を拘束され，国内の3カ所の民間人抑留者収容所に送られた。この民間人抑留者のなかには，オーストラリア北部に在住していた真珠貝採取ダイバーたちもいたが，彼らは後にオーストラリア側のカテゴリー替えで「準戦争捕虜」扱いとなった。これは，彼らがオーストラリア北部の地形を熟知していたことから，オーストラリアの国防上の機密を握っている可能性が疑われたからだ。なお，戦争中オーストラリア国内で収容された日本人には，ほかに近隣のニューカレドニアなどに在住していた人たち，日本軍兵士で捕虜となった「戦争捕虜」の人たちもいた（カウラ日本人戦争墓地オンラインデータベース）。

　オーストラリア側による収容所での抑留者の扱いはジュネーブ条約に則ったもので，食料などは充分に補給され，収容所内は抑留者自身の自治に任されていた。しかしながら，オーストラリアで生まれたり，オーストラリア国籍を取得したりした者はもちろん，長らくオーストラリアに住んだ実績のある者にとっても，「敵」として身柄を拘束されることは納得のいかないことだっただろう。加えて，戦後収容から解放された後にオーストラリア国内に留まることを許された人たちはごくわずかで，ほとんどが日本へ強制送還されている。日

本人の血は流れていても、日本が馴染みではなかった人たちにとって、「日本に送り返される」という措置は、全く理不尽なことであっただろう。

そもそもオーストラリアは、国内にいる日本人および日系人に、同じ敵国であるドイツ系、イタリア系の住民に対するよりも厳しい態度をとった。ドイツ系、イタリア系の人たちについては、オーストラリア国内にいた両国縁の人たち全員が対象だったわけではなかったのに対し、日本人および日系人についてはほぼ全員が収容されており、明らかに扱いに違いがあった（カウラ日本人戦争墓地オンラインデータベース）。これは、ここまで何度も触れてきた、オーストラリアが植民地時代から抱えている「北部からのアジア人による侵略」を恐れる気持ちから、日本人・日系人に対する警戒心がより強かった、ということがいえる。

3 囚われた人々——オーストラリア人編

翻(ひるがえ)って、オーストラリア側にも理不尽な囚われの身となった人たちがいた。日本軍が捕った戦争捕虜だ。日本は、先に記したシンガポールが陥落した際に、予想をしていなかった数の戦争捕虜を抱えることになった。捕虜たちは、たとえば泰緬鉄道の建設に従事させられるなど、日本軍の労働力として、東南アジア各所、そして日本国内で使役された。太平洋戦争の期間を通して、その数は約14万人に上ったが、彼らの処遇は劣悪で、過酷な労働、食糧の不足による飢えや、疾病、虐待、虐殺などのため、27％の捕虜たちが死亡した（内海・笹本 2024）。その内オーストラリア兵は2万2000人を越え、約8000人が捕虜として命を落としており、その死亡率は36％に上っている。

彼らの受けた日本軍による非人道的な扱いの実態は、戦後なんとか捕虜生活を生き延びた人たちがオーストラリアに帰国をしていったことで、徐々に一般市民の知るところとなっていった。その過酷な体験から、戦後も健康上の問題を抱えていたり、今で言うところのPTSDを患っていたりした者も多く、彼ら自身にはもちろん、その家族、そして広くオーストラリア社会に暗い影を落とした。そして、それは、元々自分たちより劣った存在であると認識していたアジアの一国日本が、野蛮な国であるというイメージを助長した。戦後長らくオーストラリア社会のなかに通底していた日本に対する忌避、あるいは嫌悪の

感情は，この捕虜の問題に起因するところが大きい。

4 残存する日本の脅威

　このように，植民地時代から続くオーストラリアの「北部からのアジア人による侵略」に対する恐れは，1945年8月15日の日本の敗戦によって払拭されるようなものではなかった。日本は戦後比較的早く連合国最高司令官総司令部（GHQ）によって南氷洋での捕鯨への復帰が認められた。当時日本は深刻な食糧難で，貴重なタンパク質の供給元として鯨にスポットライトが当たったのだ。

　オーストラリアは，このダグラス・マッカーサーの決定に猛反発した。当時はまだ捕鯨が花形産業の1つだった時代で，大戦中に中断されていた南氷洋での捕鯨には，当時の捕鯨国ノルウェーと英国が早い段階で復帰していた。オーストラリアは地理的に有利なことから，南極探検の英雄ダグラス・モーソンや，南極観測船の寄港地になる確率の高いタスマニア州の首相などが，政府が率先して捕鯨船の建造をすることを推奨していた（*Sydney Morning Herald*, August 14, 1946）。それだけに，彼らにとって，戦敗国日本の南氷洋捕鯨復帰は，戦勝国オーストラリアとしての沽券にかかわる事案であったわけだが，同時に，それは「敵国日本」が自分たちの領域にやって来る，という脅威でもあった。下院議員で，1960年代に首相に就任するホルトは，日本の南氷洋捕鯨産業は，戦争の補償の一部としてオーストラリアの管轄下におかれるべきだ，と述べると同時に，捕鯨船が機雷を敷設したりする恐れがあることを指摘している（Riddell 1946：13）。終戦を迎えても，日本の脅威がオーストラリア社会に暗い影を落としていたことがみて取れる。

3　「最良の友」——第二次世界大戦後

　戦後日本は連合軍による占領期を経て，1952年のサンフランシスコ条約発効で国際社会に復帰。高度成長期を迎え，1964年には東京オリンピック，そして1970年には国際万国博覧会が大阪府吹田市で開催された。その「エキスポ'70」にオーストラリアも出展したが，葛飾北斎の「富嶽三十六景」を模した

オーストラリア館の標語は「東経135度の隣人」。兵庫県明石市を通る子午線を南へ辿って行くと、オーストラリア大陸の真ん中を通ることから、日本とのつながりを表現するフレーズだった。

オーストラリアは、オーストラリア館のパンフレットのなかで、「私たちはお互いに助け合う隣人同士です」といい、日豪関係がお互いの友好精神によって、より緊密になってきた、と強調している。戦争が終わってから25年、オーストラリアの日本に向き合う姿勢は明らかに変化をみせていた。

1 日豪通商協定

1957年、オーストラリアは日本と通商協定を結んだ。前述のように、終戦後も日本に対する警戒感をなかなか振り払うことができなかったオーストラリアだが、日本が徐々に国際社会に復帰して行くなかで、過去にもそうであったように、日本の貿易相手国としての可能性をみるようになった。これは、1つには、既に日本との貿易を再開した他国が利益を上げているのをみて、国内の産業界からオーストラリアがそのトレンドに乗り遅れることのへの懸念の声が上がったことがある (Committee 2000)。しかし、それ以上に、それまで植民地時代から一貫して主な輸出相手国であった英国の、太平洋地域における地位の低下という問題が大いに関係していた (福嶋 2021：272)。英国依存から脱し、戦後の新しい国際秩序のなかでオーストラリアが自立していく必要性が高まるなかでなされた、現実に即した舵取りの結果だった。

先のEXPO'70のパンフレットには、協定締結から10余年が経ち、豪日両国が経済的補完関係にあることが明示されている。日本は英国に取って代わり、オーストラリアにとって最大の輸出相手国になっており、逆に日本からオーストラリアへの輸出も伸長。日本にとってオーストラリアが重要な輸出市場の1つとなっていた。また、同パンフレットには、同協定を受けて1963年に設立された「日豪経済委員会」が、両国の人的交流の面で一役買ったことにも触れている。同委員会は、「両国経済界の相互理解と協力の促進を通じて経済関係を発展させることを目的」に設立されたが、現在でも年に1回会合が行われており、息の長い二国間の対話、交流の場となっている (東京商工会議所 2024)。

当時のオーストラリアから日本への輸出物として注目を集めていたのは、古

くからの石炭や羊毛に加えて，鉄鉱石だ。1950年代からウェスタンオーストラリア州のピルバラと呼ばれる地域の鉱山に注目が集まり，60年代に入って，その開発が進もうとしていた。一方日本は高度成長期にあり，鉄やエネルギー源の需要が増しており，オーストラリアの豊かな資源への投資に積極的な姿勢を示した。前述の日豪経済委員会設立を提唱したのが，1961年にオーストラリアを訪問した東京商工会議所の通商親善視察団で，その団長が当時富士製鐵（のちに八幡製鐵と合併し，新日本製鐵に）の社長だった永野重雄であったことは象徴的だ。

2 シドニー日本人学校

この，戦後の豪日関係の黎明期，とも呼べる1960年代から70年代にかけた時期に，海外の日本人コミュニティの象徴的な施設の1つがシドニーに開設されている。戦後先進国に設置されるのは初めての，文部省（当時）管轄の全日制の日本人学校だ。いつの時代でも，自国のなかに他国のいわゆる民族学校ができることに，警戒感を抱く人たちは多い。ましてや，常にアジアからの侵略の脅威として捉え，少し前まで戦争をしていた国の民族学校ができるということは，現地のオーストラリア人からは歓迎されない可能性が大いにあった。

実際には，当時のニューサウスウェールズ州州首相や教育相が同校設立に前向きに動いてくれたことで，1969年に日本人コミュニティの念願が叶い開校。仮校舎での運営を経て，1971年にはシドニー郊外の広大な敷地に，独自の校舎を建てるに至った。その後同校はニューサウスウェールズ州の認可校となり，州，そして連邦政府からの補助金も段階を踏んで得られるようになった。このように同校の設立がソフトランディングできたことには，民族学校開校への忌避感をオーストラリア側が抱かないよう，当時の在シドニー総領事などが丁寧に州首相や教育相他関係者に趣旨につき説明を繰り返し行ったことや，メディアに対しても積極的にアプローチしたことが功を奏している（種谷 1979：16）。同時に，オーストラリア側に，重要な貿易相手国となった日本に対して，「脅威」「敵国」以外の感情が徐々に湧いて来る時期に差し掛かっていた，ということがいえるだろう。

3　田中角栄首相の訪豪

　1974年の10月末から11月にかけ，田中角栄首相はオーストラリアを訪問し，当時の日豪貿易の象徴ともいえるピルバラを訪ね，鉄鉱石の鉱山，およびその鉄鉱石を船積みする施設を視察した。その訪豪時に発表された共同新聞発表をみると，両国が近しい関係であることを確認しつつ，両国の近接地域であるアジアの国際情勢など広い領域をカバーするウィットラム首相と田中首相による会談が行われたことがわかるが，やはり会談の主題は，鉱物やエネルギー資源に関するものだった（田中・ウィットラム 1974）。日本国内ではエネルギー需要がますます高まっていたため，田中首相はさらなる石炭の輸出を依頼，ウィットラムが協力すると応じる内容が記録されている。オーストラリアが日本の発展を支える構造になっていたことがよくわかる。

　なお，この共同新聞発表には，オーストラリア側が，これも日本側からの要請に応え，原子力発電用のウランの輸出を保証する話が記録されている。21世紀に入った現在でも原発を自身ではもたないオーストラリアが積極的に応じている様は，今振り返ると興味深い。

4　貿易摩擦

　ところで，このウィットラム・田中会談後の共同新聞発表最後の部分に「奈良条約」についての短い言及がある。これは，その2年後，フレイザー，三木武夫両首脳によって署名された「日豪友好協力基本条約」のことで，奈良が日本の古都であり，ウィットラムが1973年に来日した際に訪問した地であったこと，また日豪関係の条約（Nippon-Australia Relations Agreement）の頭文字を取った愛称としてこう呼ばれることがある。この条約は，それまでの貿易中心の関係でなく，貿易を越えたもっと多面的な相互の理解増進を目的としていた（遠藤 2009：224-227）。

　そのような構想が持ち上がる発端となったのは，1970年代に入って勃発した，オーストラリアの主要輸出産品，鉄鉱石，砂糖，牛肉のそれぞれの品目にかかわる貿易摩擦である（遠藤 2009：206-223）。なかでも，1970年代後半に起こった砂糖をめぐる紛争では，オーストラリア側が交渉半ばで日本の意向に反し砂糖を積んだ船を日本に送ったところから，日本側が引き取りを拒否し，複

数の貨物船が東京湾で留め置かれる事態にまで発展した。両国関係が貿易のみに特化して進展したことが、却(かえ)ってそのような事態を招いている、との反省から、貿易を越えたより広範で多面的な相互理解の促進が必要だ、と両者が思い、結ばれた協定だった。経済の現場で困難が生じているなか、それを越えたレベルでの信頼関係を築くための外交努力が結実した、ということがいえるだろう。

5　アジア太平洋経済協力（APEC）

　オーストラリアにとって1970年代は、1972年の労働党政権の樹立をきっかけとして、社会に大きな変化がもたらされた時代だった。特に1901年の建国以来堅持して来た「白豪主義」が正式に終焉を迎えたことは、国のありようを変える大きな一歩となった。オーストラリアは日本との関係を深化させるのと同時に、アジア諸国への態度も変化させていった。折しもアジアでは、日本に次ぐ貿易相手国としての潜在能力を秘めた新しい経済圏が立ち上がっており、経済的な意味でもアジア、そして太平洋地域に自らの活路を見出すのは必然だった。

　1989年に発足したAPECは、文字通りアジア太平洋地域に存在する国や地域による経済協力を目的とする枠組みだが、提唱者はホーク首相とされ、第1回会合は同年12月にキャンベラで開催されている。当時は世界的に経済のブロック化の傾向が表出していた時期で、ヨーロッパでは市場の統合を計り、欧州連合（EU）を結成する動きがあり、北米では米加自由貿易協定結ばれた。そのどちらにも属さないオーストラリアは、自らの世界のなかにおけるポジションを模索するなかで、地理的に属するアジア太平洋地域での経済協力ができることが望ましいという考えに至ったのだ。

　同時期に同様の思いを抱いていたのが日本だ。大平正芳首相の「環太平洋連帯構想」にみられるように、日本も欧米どちらにも属さない国、かつ先進国であり、広くアジア太平洋地域の国々の連携の必要性を強く感じていた。そして、その構想の実現について同じ先進国であるオーストラリアに働きかけ、最終的にAPECが立ち上がっている。その際、日本ではAPECの創設に向けて積極的に立案作業をした当時の通商産業省に対し、日本が前面に出てアジア太

平洋地域を包括する枠組みを提唱することは，かつての大東亜共栄圏を想起させ，アジア諸国において反発が出る，と外務省がこの構想に異を唱えていたことが当時の公文書から判明している（『産経新聞』2020年12月23日）。その意味では，オーストラリアにイニシアチブをとってもらったことで，日本はあらぬ批判を浴びずにその構想の実現をみた。APECの創設は豪日協働の賜物だった，ということがいえる。

4 「最良の友」──新しい世紀に

　2010年3月末日，オーストラリア政府は日本を国際司法裁判所（ICJ）に提訴した。事案は，捕鯨である。日本が南氷洋で行っていた調査捕鯨について，オーストラリアは国際捕鯨取締条約などの国際法に反すると主張した。オーストラリアは自身が過去に捕鯨を行っていた国で，最後の捕鯨基地が閉鎖したのは1978年。英語圏の国で最後まで捕鯨を行っている国と称されていたこともあり，その汚名を返上とばかりに，その後強硬な反捕鯨国に転じた。毎年国際捕鯨委員会総会で熱い闘いを繰り広げて来た豪日両国だったが，遂にオーストラリアが司法の場での判断を仰いだのだ。

　2014年4月に下された判決では，オーストラリア側に軍配が上がった。しかし，これが何か豪日関係に決定的な亀裂を生んだか，というとそのようなことはなかった。そもそも種々ある国際問題のなかで，捕鯨問題は21世紀において実はそれほど大きい問題ではないところにもってきて，豪日間でもこの事案が良好な両国関係の他の分野に波及しないよう，両国政府が腐心して来た経緯がある。捕鯨問題は二国間で唯一意見の相違がある問題だ，とされ，友人同士の意見の相違，とか，捕鯨については同意しないことに同意した，と言った表現が使用された。この顛末を辿ると，オーストラリア政府が日本を提訴できたのも，一定の相互理解が醸成された国相手だったから，ということもできるのではないだろうか。

■ 「安全保障協力に関する日豪共同宣言」（2007年）

　2007年1月，「安全保障協力に関する日豪共同宣言」がハワード首相と安倍

晋三首相の間で署名された。これは，条約ではなかったものの，日本にとってみれば，戦後安全保障上の同盟国は日米安全保障条約を結んでいる米国のみであり，この宣言に署名したことで，オーストラリアが米国の次に安全保障分野で近しい国となったことを意味していた。そしてオーストラリア側からみてみても，隣国のインドネシアと安全保障に関する条約を前年に結んでいたが，それ以外にはやはり米国とのアンザス（ANZUS）条約をもつのみであり，日本の安全保障上のオーストラリアにとってのポジションが高いものであることを明示したものだった。加えて，この「宣言」が，あの第二次世界大戦時の敵国日本と結んだものであったことから，同国内で大いに注目を集めた。

　安全保障分野で二国が連携することが過去には皆無だったという訳ではない。1970年代には諜報部門での情報交換が始まっており，1990年代になって自衛隊が初めて参加したカンボジアでの国連平和維持活動では，軍事部門の責任者にオーストラリア人が就いたこともあり，オーストラリア軍と自衛隊の連携も行われていた（福嶋 2021：272-276）。しかし，安保共同宣言に署名し，お互いが準同盟国ともいえる関係になるきっかけとなった大きな転換点は，イラク戦争だった。

　この米国が2003年に始めた侵略戦争に，オーストラリアは最初から参加していたが，日本も同年12月に国内では批判もありつつも自衛隊を派遣し，サマーワでの復興支援活動に携わった。その際，現地で自衛隊の護衛に当たったのは当初オランダ軍だったが，オランダ軍が撤退した後，2005年からその任務を引き受けたのがオーストラリア軍だった。ハワードは，前年の総選挙時の公約で，もうイラクに増兵はしないといっており，それを覆しての曰くつきの派遣となったが，これがオーストラリア軍と自衛隊の協働が加速する端緒となる，歴史的な機会となった（原田 2016：176）。

2　特別な戦略的パートナーシップ

　「安全保障協力に関する日豪共同宣言」の署名後，両国の関係は一般にもみえる形で，現在進行形で深化していっている。同年には両国の外務大臣と防衛大臣が定期的に会合をもつ「外務・防衛閣僚協議」（通称2 + 2）が開始された。現在ではインドやフランスとも2 + 2を行うオーストラリアだが，他国に

先駆け，日本と開催をすることになった。それは日本側の事情も同様で，米国を除けば，このような協議の場を定期的に設定したのは，オーストラリアが初めてだった。

2010年には「日豪物品役務相互提供協定」(2017年に更新)，2012年には「日豪情報保護協定」がそれぞれ結ばれ，豪日の安全保障の分野での連携が進んで行った。そして，2013年9月にオーストラリアで政権交代が起こり，アボット首相が誕生すると，オーストラリアと日本の距離はまた一段と縮まった。アボットは一貫して日本，そして何より安倍首相にシンパシーを示す人で，最終的には実現しなかったものの，オーストラリアが自国の老朽化した潜水艦を新調する案件のなかで，日本の潜水艦を買うという計画まで飛び出した。その話が進行するなか，両国は2014年，「防衛装備品及び技術の移転に関する協定」を締結した。

この2014年は豪日にとって1つの画期となった年で，4月にアボット首相が来日，続く7月に安倍首相が訪豪した。同協定に署名したのは安倍がキャンベラを訪れた際だが，両首脳が発表した共同声明のタイトルは「21世紀のための特別な戦略的パートナーシップ」で，豪日関係が次のフェーズに入ったことが示された（安倍・アボット 2014）。そのなかで，以後両国首脳は，毎年両国を交互に訪問し，会合を行うことが取り決められた。

その後この相互訪問は継続して行われているが，コロナ禍でテレビ会談となった2022年1月の会合では，やはり安全保障分野でキーとなる「日本国の自衛隊とオーストラリア国防軍との間における相互のアクセス及び協力の円滑化に関する日本国とオーストラリアとの間の協定」（日豪円滑化協定）への署名が行われた。そしてその年の10月には，5月に政権交代をし，新首相となったアルバニージー首相が岸田文雄首相をパースへ迎え，署名から15年が経過した「安全保障協力に関する日豪共同宣言」をリニューアルした文書に共に署名をした。

3 経済分野および人的交流分野の豪日関係の今

以上のように，新しい世紀に入ってから，特に安全保障分野におけるオーストラリアと日本の連携は，二国関係を越えた，たとえばQUADなどの枠組み

のなかでも急ピッチでの進展をみせている。しかし、もちろん両者の関係が深化しているのは、安全保障の分野だけではない。2014年7月の首脳会談時には、「日豪経済連携協定」が締結された。これは2006年から両国間で粘り強くなされていた二国間貿易自由化の交渉が結実したものだった。農産物大国、また元々二国間の貿易量が多い国との自由貿易には慎重だった日本が協定締結を決断したことは、豪日関係の堅さを示した事例といえるのではないだろうか。

また、人的交流の分野では、オーストラリア政府がやはり2014年に導入した「ニュー・コロンボ・プラン」が注目に値する。これは、オーストラリアの若者が、オーストラリアに近接する国々についての知見を身に着けられるようにと、インド・太平洋地域の国々への留学を促進するために設けられた留学奨学金制度だ。特徴は教育機関への留学のみならず、勉学を終えた後にその地の企業でのインターンシップを体験するプログラムも備えているところだ。

このニュー・コロンボ・プランは、元々はアジア諸国の知見を深めるために設置された制度で、日本は当初より留学対象国となっていた。加えて、オーストラリア政府が本格的にこの計画を走らす前に実施したパイロットプログラムでも、対象5カ国の1国に選ばれている。これは、豪日間には既に長年にわたって構築された、オーストラリアの大学と日本の大学の留学プログラムが多数存在し、新奨学金制度を試運転するのに充分なリソースが整っていたことが理由だった。これは戦後豪日両国が地道に積み上げてきた人的交流が、しっかり根付いていることが確認出来た事案となった。

ここまでみてきた通り、現在オーストラリアにとって日本は、安全保障、経済、そして人的交流の各場面において近い存在であることがうかがえる。両国関係の約150年を振り返ると、日本が常に信頼のおける国であった訳ではない。むしろ厄介な相手だった時期が長い。しかし、第二次世界大戦後、世界、そしてアジアの情勢は変化し、何よりオーストラリア自身が国のあり様を変化させるなかで、オーストラリアにとっての日本も大きく変化した。現在日本を「最良の友」、「特別な戦略的パートナー」と目するオーストラリア。今後の展開が注目される。

📖 おすすめ文献

①ジョーンズ，ノリーン（北條正司・松吉明子・エバン・クームズ訳），2012，『北上して松前へ――エゾ地に上陸した豪州捕鯨船』創風社出版.

　この章では，1901年のオーストラリア連邦成立時からの豪日関係を辿ったが，同書はそれ以前の，日本の開国前に起こった豪日の接触についての記録だ。のちに捕鯨をめぐり対立する両国だが，記録された最初の接触が捕鯨がらみだったのは，皮肉と言えば皮肉だろう。

②在日オーストラリア大使館広報文化部「Tell me about AUSTRALIA――もっと知りたいオーストラリア」（https://tell-me-about-australia.jp/）.

　同ウェブページは，大使館作成のオーストラリアの「入門書」。このなかの「日豪関係」の項目に，本章とも重なる日豪関係のポイントが記載されている。高校までの学校教育現場での使用が想定されており，文言，説明が平易で基本的な知識が得やすい資料だ（日豪関係 URL：https://tell-me-about-australia.jp/japan/）。

③SBS 日本語放送（https://www.sbs.com.au/language/japanese/ja）.

　SBS（Special Broadcasting Service）は，1978年に開設されたオーストラリアの多言語放送局。各国のニュース（NHK など）や映画などを原語で流し，多文化社会オーストラリアのニーズに対応。日本語放送は，在豪日本人向けの番組だが，日豪関係を含むオーストラリア発の情報を拾うのに有用だ。

コラム5 オーストラリアの日系人社会——増える2世の若者たち

　オーストラリアは世界の国のなかで，アメリカ，中国に次いで3番目に多くの日本人が住む。その日本人・日系人社会は，アジアの国々などに多い「日本企業の駐在員と家族」とは違い，永住者の家族が多い。そして，永住者の日本人とオーストラリア人の間に生まれた，いわゆる日系の「ハーフ」の若者たちがたくさん住む。

　日系ハーフの人たちは，オーストラリアに何人いるのかを調べた統計はないが，手がかりはある。日本の外務省の海外在留邦人数調査統計によると，2023年10月現在でオーストラリアに住む日本人は9万9830人。そのうち，企業の駐在員や留学生のような長期滞在者ではなく，永住者をみると，6万3055人と在留邦人全体の63.2％を占めた。オーストラリアの国勢調査（2021年）も調べると，「日本生まれ」と答えた人は4万5267人。さらに，「母が日本生まれ」は6万8520人，「父が日本生まれ」が約4万7822人いた。

　これらの統計から考えると，日系第2世代となるハーフの子どもや若者は，数万人いるとみられる。おそらく，日本国外では屈指の多さだろう。オーストラリアには，主に日系ハーフの子どもたちが週末に日本語を学ぶ補習授業校が20ほどもある。

　「ハーフ」ではなく「ミックス」　クイーンズランド大学でオーストラリアの日系ハーフを研究するイーファ・ウィルキンソンは，筆者とのインタビューで，18〜29歳の20人以上への聞き取りをもとに，典型的な人物像を次のように説明した。

　　オーストラリア人の父と永住者の日本人の母の間に生まれ，子どものころは1，2年に1度，母の一時帰国で日本に行き，滞在中に日本の小中学校に通う場合もある。日本語は，家で母親と交わす日常会話程度はできるが，漢字が壁になる。

　日本では最近，「ハーフ」という呼び方には，「よそ者」と差別するようなネガティブな響きがあるとの指摘がある。ウィルキンソンらは2023年，若者たちがどんな民族的なアイデンティティーをもっているかを分析した。彼らは，「日本人」，「オーストラリア人」，あるいは，移民の家庭の場合は父の生まれた国など，複数のアイデンティティーを併せもっていることを明らかにし，彼らのアイデンティティーを示す言葉としては，「ハーフ」より「ミックス」の方が適切だと指摘する。そして，そんな自己自認を形成する背景の1つに，学校での多文化教育があるとしている（Wilkinson and Chapman 2023）。

　筆者も2021年に，こんな若者たちに取材した。彼らが語る内容は，ウィルキンソンの分析と重なっていた（年齢は当時）。

　たとえば，英国生まれでオーストラリアに移住した父と，日本人の母の間に生まれたトム・ディッキンソン（24）は「自分はまず，オーストラリア人。そして日本にルーツをもつ。英国のルーツもあるが日本寄りだと思う」と話した。

　毎年，学校の長期休みは日本にある母の実家で過ごして地元の小中学校にも通い，目

上の人に敬意を表す文化や，人との間に一定のスペースを保つ振る舞いが身についたという。一方で，住みやすいのはオーストラリアだと言い，「見た目や話し方から，におい，着ているものまで，何も心配することはないから」と語った。

エンダ・セヤマ＝ヘネガン (25) は英国人の父と日本人の母をもち，5歳のとき東京からシドニーに移住し，豪国籍を得た。中高時代は父の仕事で再び東京で過ごした。大学はシドニーを選び，単身で戻ってきた。やはり，様々な背景をもつ人々が住むオーストラリアの方が快適だと感じたという。日本で身についた「勤勉さや，細心の注意を払う姿勢は役に立っている」と話す一方で，「日本では，日本語を話し，歴史やあらゆる文化行事も知っていないと，日本人として認められないように感じる。自分は全部の項目にチェックを入れられないから，『私はハーフ』という感じです」と語った。

2024年のパリ五輪では，ともに母親が日本人のオーストラリア人，サヤ・サカキバラ (BMXレーシング女子)，アリサ・トルー（スケードボード女子パーク）が金メダルを獲得した。

親は「ワーホリ」世代　日本からの移民としては19世紀後半から20世紀前半にかけて真珠貝を採る潜水士たちがいた。白豪主義下でも，その技術と勤勉さから就労が認められた。数千人いたが，太平洋戦争が起こると収容所に入れられ，戦後に日本へ送還された。1950～60年代には連合軍の一員として日本に駐留した豪軍兵士と結婚した女性の移住が認められた。「戦争花嫁」と呼ばれたが，約650人にとどまった。

現在の日本人・日系人社会を構成するのは，大半は白豪主義が廃止された1970年代半ば以降にやってきた人たちで，日系ハーフの若者たちの親の世代と重なる。移住のきっかけとして特徴的なものの1つにワーキングホリデー（通称ワーホリ）がある。日本政府が1980年に初めて協定を結んだのがオーストラリアで，現在は1年間を原則として最長で3年間，働きながら滞在できる。新型コロナウイルスで入国を制限した時期を除き，近年は常に8000～9000人ほどの日本の若者がワーホリで滞在している。

ワーホリの仲介支援業を営むアイエス留学の社長，田中和弘によると，1990年代はハングリー精神のある若者が多く，国内を何カ月も車やバイク，自転車で旅する「ラウンド」が人気だった。シドニー五輪があった2000年以降は人数が右肩上がり。休学して来る学生が目立ち始めたのが2005年ごろで，2010年以降は企業でのインターン希望が増えた。他方，どの時代も日本に居心地の悪さを感じて来る人がいた。

新型コロナが明けた後は，日本の2倍以上の最低賃金に魅力を感じてくる人も目立つ。滞在中に結婚相手をみつける人も珍しくないという。

これからも，日系2世（さらに3世）は増えていくだろう。日系人社会としては，移民第6世代までいるアメリカやブラジルなどと違い，「若い日系人社会」という意味で興味深い。また，2つの社会を知る彼らの経験は，少子高齢化社会で海外からの人材を必要とする日本の将来を考えるうえでも，大切な視点を提供するだろう。

＊本コラムは，小暮哲夫，2021，「『ハーフィー』の国　オーストラリアで考えた GLOBE＋」（前編：https://globe.asahi.com/article/14440014, 後編：https://globe.asahi.com/article/14440017）を参考にした。

第13章　南太平洋とオーストラリア
▶太平洋島嶼国との適切な関係とは？

　本章は，南太平洋とオーストラリアの関係を歴史的な文脈から理解することを目的とする。第二次世界大戦後は，太平洋島嶼諸国と協力して地域秩序を形成することもあったオーストラリアだが，歴史的にみれば，南太平洋地域を「場」としてしか認識せず，アクターとしてみる意識は希薄であった。しかし，近年になって中国が太平洋島嶼地域でプレゼンスを高めるようになると，オーストラリアは，太平洋島嶼国を中国から「取り戻す」ために，太平洋島嶼地域でのコミットメントを拡大するようになった。このような植民地時代から近年までの関係性の変化を歴史的な文脈を通じて把握することで，今日のオーストラリアと南太平洋地域の関係を理解するのが本章の目的である。

1　歴史的文脈からみる南太平洋との関係

　オーストラリアは，地域区分ではオセアニアに分類される。オセアニアは，大陸部（オーストラリア）と島嶼部に大別でき，さらに島嶼部はメラネシア，ポリネシア，ミクロネシアに分類される（図13-1）。メラネシアは，オーストラリア北東の海域であり，一般的にはフィジーまでが含まれる。メラネシアのさらに東側で，ハワイ，イースター島，ニュージーランドを結んだ三角形の広大な海域がポリネシアである。ミクロネシアはメラネシアの北側の北半球を中心とした海域である。本章では，オーストラリアと南太平洋地域の関係を射程にしているため，メラネシアとポリネシア，特に地理的に近接し，地政学的な要衝となってきたメラネシアとの関係を重点的に取り扱う。

　本章では，経済関係や安全保障，地域協力などの個別の外交イシューは論じない。その理由は，これらの外交イシューを理解するためには，オーストラリアだけではなく，南太平洋の文化や政治制度，歴史的背景を理解する必要があるからだ。たとえば，地域経済統合の議論では，太平洋島嶼国は自由な労働移

第Ⅲ部　国際関係

図13-1　オセアニアの地図

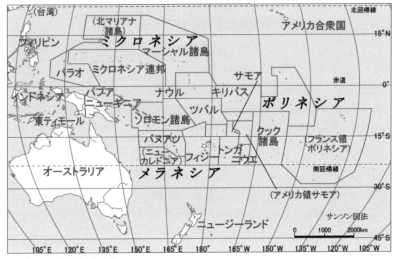

出典：平凡社地図出版作成。

動をオーストラリアに求めてきた。これは，自給自足的な経済活動が残る太平洋島嶼地域では，季節労働による現金収入や外国に移住した親族からの送金が貴重な現金獲得手段になっているからだ。このような太平洋島嶼国特有の事情を理解していなければ，この地域の経済統合の議論を理解するのは難しい。しかし，日本でオセアニアに関する知識を習得する機会はかなり限定されているのが現状だ。

　紙幅の関係で南太平洋の文化，政治，経済などの背景情報までを論じることはできない。そこで本章は，オーストラリアと南太平洋諸国の関係を歴史的な背景から概観し，現代の関係性を歴史的な文脈から理解できるようになることを目的にする。まずは両者の関係性を理解し，そのうえで個別具体的な外交イシューに関心がある読者は，章末の参考文献を使って南太平洋の文化的，政治的背景も学びながら学習を続けてもらいたい。

2 「支配」するオーストラリアと「場」としての南太平洋

1 経済活動からみる植民地期のオーストラリアと南太平洋の関係

　イギリスから高度な自治が与えられていたオーストラリアの各植民地は，労働力が不足すると，日本，中国，インド，アフガニスタン，メラネシアなどから労働者を調達するようになった。メラネシア人が主として送り込まれたのは，サトウキビ・プランテーションであり，20世紀初頭までにおよそ5万人がクインズランドとニューサウスウェールズのプランテーションに送り込まれた。

　メラネシア人契約労働者に関してしばしば問題視されるのは，その調達方法と非人道的な待遇である。多くのメラネシア人は強制的に労働契約書にサインをさせられており，時には誘拐まがいの方法で連れて来られる者もいた。契約労働制が導入された初期は法律や制度も十分に整備されておらず，労働者は無給か不当に安い給料で厳しい労働を強いられていた。このような実質的に奴隷制度のような労働調達はブラックバーディングと呼ばれる。

　しかし19世紀後半になると，今度は労働者の流入が制限されるようになった。白人の間では，大量の非白人労働者が白人の職を奪うといった不満が噴出していたため，クインズランドやニューサウスウェールズは徐々に非白人の移住を制限するようになった。そして，白人国家を目指すことが決まった1901年，移民制限法が制定され，非白人の移住が原則として禁止された。ここで問題となるのが，すでに移住していた移民の扱いである。オーストラリア連邦政府は，移民制限法と同時に太平洋島嶼労働者法を制定し，20年以上居住している者などの例外を除き，メラネシア人を強制送還することを決定した。

　一方，オーストラリアは，南太平洋のイギリス植民地に対しても，別の形で影響を与えていた。クインズランドと同様にサトウキビ・プランテーションが栄えたフィジーでは，契約労働者としてインド人を大量に採用していた。そのインド人を雇っていたのは，オーストラリア企業のCSR社（Colonial Sugar Refining Company）である。クインズランドやニューサウスウェールズでサト

ウキビ・プランテーションを経営していた CSR 社は，1880年代からフィジーで事業を開始し，すぐにフィジーの砂糖産業で独占的な地位を築くことになった。フィジーで基幹産業になった砂糖産業による利益の多くは CSR 社によってもたらされており，CSR 社はフィジー植民地政府にとってなくてはならない存在であった。CSR 社は，労働者の人数や雇用環境などについてフィジー植民地政府と交渉するなど，実質的にフィジーの植民地経営の一翼を担うほどの影響力を持っていたのである。

契約労働制度が廃止される1920年までに6万人以上のインド人がフィジーに移住し，契約労働終了後も多数のインド人がフィジーに残ることを選択した。そのため，インド系は今日においても先住民系と並ぶフィジーの主要民族の1つである。インド系と先住民系の民族対立は19世紀後半から始まっており，民族関係の悪化からクーデターが発生するなど，民族対立は現在まで続く大きな課題となっている。また1980年代後半からは，クーデターがきっかけとなり大量のインド系フィジー人がオーストラリアに移住するようになるなど，人口動態の変化の要因にもなっている。このような南太平洋における社会変容や民族対立は植民地主義の遺産とみることができるが，その原因にはインド人を大量に雇用していた CSR 社の影響があったのである。

このように，オーストラリアと南太平洋の関係は，都合よく労働力を搾取し，不必要になると排除するという植民地主義的なものであった。白人資本による搾取的な経済政策や企業活動は，植民地社会を根本から変容させ，植民地の遺産として現在まで続く問題を生み出している。オーストラリアと南太平洋島嶼地域の関係は，ヨーロッパ諸国と植民地の「支配―被支配」の関係と本質的には同じだったのである。

2 安全保障上の要衝としての南太平洋

19世紀後半は，フランス，ドイツ，アメリカが相次いで太平洋に進出した時期であった。特にイギリスとの間で軍拡競争を繰り広げていたドイツの南太平洋への進出は，オーストラリアにとって直接的な安全保障上の脅威になった。1884年には，領有権交渉の末，ニューギニア島の南東部（パプア地方）をイギリスが，北東部（ニューギニア地方）をドイツが領有することに決まった。仮想

敵であるドイツがオーストラリアのすぐ近くの領土を獲得したことは，その後のオーストラリアの国防政策に大きな影響を及ぼすことになる。

　イギリスは，オーストラリアが連邦を結成すると，早々にパプア地方の統治をオーストラリアに委ねることにした。このような状況下で第一次世界大戦が勃発する。眼前に迫るドイツの脅威に危機感を感じていたオーストラリアは積極的に参戦し，30万人以上をニューギニア地方から北太平洋，そして中東からヨーロッパに至るまで派遣した。

　第一次世界大戦でドイツが敗北すると，ドイツ領だったニューギニア島北東部もオーストラリアに委任統治されるようになった。他の太平洋上のドイツ領もニュージーランドや日本に委任統治されることになり，オーストラリアは一番の懸案だったドイツを太平洋から追い出すことに成功した。

　しかし，これでオーストラリアの懸念が完全に払拭された訳ではなかった。オーストラリアには，まだ日本という仮想敵が残っていたのである。第二次世界大戦が始まると，オーストラリアはすぐに参戦の意思を表明する。開戦直後の日本の進撃はすさまじく，1942年にシンガポールが陥落すると，その後オーストラリア北部のダーウィンが空爆された。日本が南進するなか，オーストラリア軍は米軍と協力して日本と交戦した。オーストラリア軍は，パプアニューギニアのココダで激戦を繰り広げ，最終的には日本軍を撃退することに成功する。ソロモン諸島では，植民地政府があったツラギが占領され，日本軍はガダルカナル島に軍の拠点を建設しようとしていたが，これも米軍の攻撃により撃退され，日本軍は敗走することになる。

　このように，第一次世界大戦から第二次世界大戦にかけて，南太平洋はオーストラリアが参戦した地域であった。しかし，関心があったのは仮想敵であるドイツや日本の動静であり，戦争の場が南太平洋だっただけである。つまり，オーストラリアの視点から見れば，南太平洋はドイツや日本と交戦する「場」であり，ここに太平洋島嶼地域がアクターとして登場することはなかった。戦争装備品を運ぶ労働力として現地の人を利用することはあっても，国際関係上のアクターとしては認識されていなかったのだ。

第Ⅲ部　国際関係

3　地域秩序の形成と戦後の南太平洋島嶼諸国との関係

1　独立をめぐる宗主国と植民地の思惑

　南太平洋のイギリス植民地だった地域住民には，イギリスによる支配を肯定的に受け入れる人たちも多かった。むろん，先住民社会も一枚岩ではなく，白人支配に抵抗する人たちもいたが，伝統的に階層性の強い文化をもつポリネシアやフィジーでは，有力首長の子息がオーストラリアやイギリスに留学することがエリートの出世街道になっていたこともあり，植民地支配が好意的に受け止められていた。そのため，戦後に脱植民地化の流れが加速しても，イギリスやオーストラリアの統治を希望する植民地が少なくなかった。たとえばパプア地方では，独立よりもオーストラリアの州として編入されることを望む人もいた。

　しかし，イギリスやオーストラリアは，植民地をもち続けることが財政上の負担になっていたため，できるだけ植民地を独立させようとしていた。1960年代以降に相次いで南太平洋の植民地が独立していくが，その多くは宗主国からの働きかけによって独立を「強いられた」ものである（小林・東 1998）。しかし，小島嶼国家が独立してすぐに自立できる訳もなく，独立後も宗主国の政治，経済，社会における影響力は大きかった。

2　南太平洋の地域秩序

　太平洋における最初の地域機構は，南太平洋に支配領土をもつオーストラリア，ニュージーランド，フランス，オランダ，イギリス，アメリカの6カ国が1947年に設立した南太平洋委員会（South Pacific Commission：SPC）である。SPCは，宗主国が太平洋地域の経済と社会発展について対話する場として設立された。しかし，それぞれの自立性を尊重するとの観点から，政治的な課題は取り扱われないことが申し合わされていた。

　戦後の地域課題のなかで太平洋島嶼地域の人々が最も問題視していたのがフランスによる太平洋での核実験だった。フランスはフランス領ポリネシアのムルロア環礁やファンガタウファ環礁を核実験場としており，同じポリネシアに

位置するクック諸島やサモアは，核実験の中止をフランスに要請していた。しかし，そのような要望がフランスに聞き入れられることはなく，SPC に問題提起しても，政治的な課題であるとして議論すらされなかった。

こうした経緯から，地域の問題を自分たちで討議できる地域機構の設立が必要とされ，1971年に南太平洋フォーラム（South Pacific Forum：SPF）が開催された。この会議に参加したのは，クック諸島，フィジー，ナウル，トンガ，西サモア（現在のサモア），ニュージーランド，オーストラリアであり，フランスの核実験に抗議する声明を採択することに成功した。以降，独立した国を次々とメンバーに取り込みながら，地域課題を討議する地域機構としての役割を高めていった。

ここで注目したいのは，ニュージーランドとオーストラリアが太平洋島嶼地域の討議の場として設立された SPF の原加盟国になっている点である。ナウルは，両国の影響力が大きすぎるとの理由から，両国の加盟に反対していた。しかし，フィジーの初代首相であるカミセセ・マラは，両国の資金力がフォーラムの活動に欠かせないこと，両国が加入することで対外発信力が強化されることなどを理由に，両国が加盟することには意義があると主張した。この意見が採用されたことで，オーストラリアとニュージーランドは，SPF の加盟国として太平洋地域の課題を討議する場を確保することができたのである（小柏 2000）。

SPF が主導した地域協力の成果の1つが，1985年に署名された南太平洋非核地帯条約（ラロトンガ条約）である。ラロトンガ条約は，核兵器の製造，取得，管理を禁止し，領域内での実験や核廃棄物の投棄を禁じている。1972年には，オーストラリア，ニュージーランド，フィジーが太平洋での核実験停止を求める大気圏核実験停止決議案を国連総会に提出し，1973年には再びこの3カ国が核実験を続けるフランスを国際司法裁判所に提訴した。これらの活動にはすべて SPF が支持を表明している（小柏 2000）。こうした活動が実を結び，1985年にラロトンガ条約が調印されることになった。

オーストラリアは，太平洋島嶼国と協力しつつ，SPF のチャンネルを活用しながら国際社会に核実験の停止を呼びかけており，国際交渉でも主導的な役割を果たしてきた。オーストラリアの貢献なしには，南太平洋を非核地帯とす

る条約の成立は難しかっただろう。南太平洋の地域課題を解決するうえで，オーストラリアは必要不可欠な存在なのである。

1970年代から90年代にかけて，太平洋島嶼地域の植民地が相次いで独立したことで，SPFの加盟国も増えていった。北半球のミクロネシア諸国も加盟したことから，2000年に太平洋諸島フォーラム（Pacific Islands Forum：PIF）に改称した。PIFは，現在でも地域の中核的な協力機構としてその存在感を発揮している。

3 オーストラリアから見た安全保障上の南太平洋の位置づけ

第二次世界大戦から今日に至るまで，オーストラリアの安全保障政策の根幹は対米協力である。そのため，ラロトンガ条約の成立に尽力する一方で，アメリカの核抑止政策も受け入れてきた。ラロトンガ条約の成立に尽力したホーク政権は，アメリカの核推進艦艇や核兵器搭載艦が条約締約国に寄港することや米国の核艦船が南太平洋で活動することまでは禁止されないようにするなど，アメリカの核戦略と矛盾しないような条約の策定を企図していた。オーストラリアは，地域としての反核姿勢とアメリカとの安全保障協力というふたつの命題を包含しうる条約の締結を目指していたのである（永野・竹田 2007）。

対米重視の外交政策に加えて戦略的に重要とされてきたのがアジア太平洋地域である。多くの関心は経済成長著しいアジアに向けられていたとはいえ，メラネシアに対しても高い関心が払われていた。たとえば，オーストラリアの援助の供与先はメラネシアとアジアに集中しており，それもガバナンスや教育など統治機能や秩序維持能力の向上を意図した援助が多い。これは，メラネシアの国々が内戦や紛争によって統治能力を失うと地域秩序が不安定化しかねないと考えられたからだ。

このような安全保障上の懸念は，特に冷戦後に強く意識されるようになった。キーティング政権は，アメリカとの同盟関係の維持に加え，冷戦後の新たな国際秩序に対応するために，アジア太平洋地域へ積極的に関与する方針を示した。そのなかでは，南太平洋諸国でのオーストラリアのプレゼンスを強化することが定められている。ハワード政権も，これまでの本土防衛を中心とした安全保障政策から，アジア太平洋地域全体の安全保障を視野に入れる方針に転

換した。このような政策転換は，当時のアジア太平洋地域が不安定化していたことに由来する。メラネシアでは，1980年代後半から2000年代にかけて，フィジーのクーデターやパプアニューギニアのブーゲンヴィルでの分離独立運動，ソロモン諸島での部族紛争（エスニック・テンション）が発生しており，このような不安定化する地域に対応するために，積極的に介入して地域安全保障を確立する方針が採用されたのだ（永野・竹田 2007）。

太平洋地域への積極介入路線は，2001年のアメリカ同時多発テロで一層強まった。特に2002年にバリ島で発生した連続爆破事件で多数のオーストラリア人が犠牲になると，オーストラリアでもイスラム原理主義やテロリストに対する警戒感が高まった。懸案となっていたのが，国家の統治能力が低い破綻国家と呼ばれる国の存在である。警察組織やガバナンス能力が低い破綻国家にはテロ組織が侵入しやすくなるため，イスラム原理主義組織が活動拠点にするリスクが指摘されたのだ。そして，周りを見渡せば，オーストラリアの周辺にはソロモン諸島という破綻国家とみなされうる国が存在していたのである。

PIF も，内政問題には深入りしないという従来の方針を変更し，頻発する地域紛争に対して地域機関として介入するようになった。2000年には，地域紛争に介入する際の指導原則となるビケタワ宣言が採択されている。こうしてオーストラリアは，PIF と協力しながらソロモン諸島地域派遣ミッション（RAMSI）を主導して結成し，ソロモン諸島に対して武力介入を行った。このほかにもオーストラリアは，パプアニューギニアやインドネシアなどに介入している。2006年にフィジーで発生したクーデターでも，オーストラリアは強硬な姿勢を示し，フィジー政府要人の入国制限などの制裁を課した。

オーストラリアによる太平洋島嶼地域への積極介入路線は，オーストラリアの周辺でテロの温床となるような破綻国家を生み出さないための安全保障上の対応である。そして，オーストラリアは介入する際，可能な限り PIF の枠組みを使っている。これは，オーストラリアが太平洋島嶼地域を支配するような植民地時代の構図ではなく，対等な関係で地域秩序を維持していく姿勢を示す意味で必要な手続きだった。PIF と協力して地域紛争に関与する協調的介入は，2000年代オーストラリアの積極介入路線の理論的支柱であった。

4 オーストラリアと太平洋島嶼国の対立関係

　しかし，積極介入路線は，大国による新たな支配であると批判されることが少なくなかった。オーストラリア人のアドバイザーをパプアニューギニアの政府組織に派遣してガバナンス強化を支援する取り組みは，政府や国家組織を内部からコントロールする「新植民地主義」であるとして批判されることもあった（畝川 2016）。紛争後のソロモン諸島にもアドバイザーを送っているが，やはり同様の反発があった。

　「新植民地主義」に最も強く反発しているのがメラネシアである。その理由は，メラネシアがポリネシアやミクロネシアに比べて国土が相対的に大きく人口規模もあり，資源も存在することから，経済的に自立しやすいからだ。メラネシア諸国は，1980年代にはオーストラリアの影響力を排除して自力で発展する道筋を模索しており，1986年にはパプアニューギニア，ソロモン諸島，バヌアツがメラネシア・スピアヘッド・グループを結成した（後にフィジーも加盟）。

　オーストラリアが太平洋地域を支配しようとしているとの懸念は，決して杞憂とは言えない。ハワード首相は，ソロモン諸島に RAMSI を派遣する意義について，南太平洋がオーストラリアの「縄張り (patch)」であり，自分たちの「玄関先 (doorstep)」にテロ組織が出現するのが脅威だから介入すると述べたことがある（八杉 2020）。そこには，ソロモン諸島やパプアニューギニアをアクターとして認識する意識は希薄なままである。形式的には PIF と協力しているが，関心はあくまでも自国の安全保障問題なのである。

　もっとも，安全保障政策において自国の利益を優先することに何ら問題はない。しかし，太平洋島嶼国をアクターとして認識する意識の低さが島嶼国からの不信感を高めてきたのも事実である。ここでは，その象徴的な政策の例としてパシフィック・ソリューションを紹介する。パシフィック・ソリューションは，オーストラリアに密入国してくる難民希望者をナウルやパプアニューギニアのマナス島に送り，同地で難民審査を受けさせる難民政策である。オーストラリアは，ナウルやパプアニューギニアに対して，追加の援助を供与するなどの交渉を行い，両国もこの提案を受け入れた。しかし，パシフィック・ソリューションは，面倒な難民希望者を太平洋島嶼国に押し付ける政策として，太平洋島嶼国側からの批判に晒されてきた。

このようにみてみると、たしかに戦後は地域協力が進展し、ラロトンガ条約のように地域の課題解決に向けてオーストラリアが太平洋島嶼国と協力して達成した成果もある。しかし、安全保障政策や難民政策をみる限り、やはり南太平洋を「裏庭」としてしかみておらず、太平洋島嶼国をアクターとしてみる意識は希薄なままであった。こうした背景から、メラネシア・スピアヘッド・グループなどのオーストラリアの影響力を排除した地域秩序を形成しようとする動きも顕在化するようになった。オーストラリアからの制裁を受け、PIFへの参加資格も停止させられたフィジーは、オーストラリアとニュージーランドを除いた太平洋諸島開発フォーラムを2013年に開催するなど、オーストラリア抜きの地域秩序の形成に動き出すようになった。

4 試されるオーストラリア

1 中国の太平洋進出とオーストラリアの反応

近年の太平洋島嶼地域の国際環境は、中国の台頭により転換期を迎えている。中国の対太平洋島嶼国向けの援助額は、2000年代から急速に拡大し始めた。オーストラリアのシンクタンクであるローウィー研究所の推計によると、2008年には1億1400万米ドルだった援助が2015年には3億2100万米ドルに膨れ上がっている。

中国の援助が増えることは、太平洋島嶼国にとっては好ましい状況だ。伝統的には、オーストラリアが援助で圧倒的な存在感を示してきたが、そのような状況は、太平洋島嶼国からすればオーストラリアに過度に依存することにつながってしまう。また、オーストラリアは、西欧諸国と同様に民主主義や法の支配、人権尊重などの価値観を重視する。オーストラリアしか主要ドナー国がない状況では、太平洋島嶼国はオーストラリアの価値観外交に従うしかないのだ。

一方、中国は民主主義などの価値観を援助の条件にせず「ひとつの中国」に賛同する限り、独裁政権であっても支援の手を差し伸べる。そのため、欧米からの制裁を受ける権威主義的な国家は中国の援助を頼りにすることになる。フィジーもその例外ではなかった。クーデターを起こしたことでオーストラリ

アから制裁を受け，PIF からも参加資格を停止させられたフィジーは，対フィジー援助を急速に膨らませた中国との距離を一気に縮めたのだ（黒崎 2016）。

実は，1980年代にはソ連がキリバスやバヌアツと漁業協定を結び，太平洋地域へのプレゼンスを拡大する素振りをみせたことがある。この時，反共同盟で結束していた豪米は，太平洋からソ連を締め出すために，太平洋島嶼国に対する援助を増額するなどの対抗措置をとった。しかし，冷戦が終結して太平洋地域の戦略的な重要性が下がると，アメリカはこの地域でのプレゼンスを下げ，対テロ戦争が発生すると，軍事力を中東に集中させるようになった。このような力の隙間をついて進出してきたのが中国だった。中国の影響力拡大に危機感を覚えたアメリカは，アジア太平洋への回帰を進めるリバランス政策を採用することになる。このアメリカの戦略を理解するオーストラリアは，中国と南太平洋で対峙することになった。

たとえば，中国企業のファーウェイがソロモン諸島の首都であるホニアラとシドニーを結ぶ海底ケーブルの敷設事業を請け負うことが決定されると，オーストラリアは，国の重要データが中国に抜き取られる懸念があるとし，政府の資金を投入しながら，オーストラリア企業がホニアラとシドニーの海底ケーブル敷設を請け負う対案を提示し，ファーウェイの受注を阻止した。また，パプアニューギニアで携帯電話事業の圧倒的なシェアをもつデジセルが太平洋の事業を売却する意向を示すと，中国企業が買収に関心を示したとされる。ここでもオーストラリア政府は介入し，オーストラリア大手のテルストラと協力してデジセルの太平洋事業の買収に乗り出した（木村 2023）。このほかにもバヌアツやフィジーなどのメラネシアを中心に，特に通信や港など安全保障上の懸念が疑われる動きについては，オーストラリアが官民一体となって介入し，中国の進出を防ごうとしてきた。

2 新たな関係を模索するオーストラリア

中国のプレゼンス拡大により，オーストラリアと太平洋島嶼諸国の関係の質が変容した。フィジーがオーストラリア抜きの地域秩序を追求することができるようになったのは，中国の後ろ盾があったからだ。これまでの地域秩序は，

地域の圧倒的なパワーとしてのオーストラリアが前提になっていたが，中国の台頭により，今では太平洋島嶼諸国が支援を求める先を選択できるようになった。中国への傾斜を強めるフィジーに対してオーストラリアは，民政復帰が実現する前から関係の修復を模索していたが，それは制裁を強化すればするほど，フィジーが中国への傾斜を強めてしまうと考えられたからだ。また，アメリカは冷戦後に戦略的重要性が低下したソロモン諸島の大使館を閉鎖したが，ソロモン諸島と中国が2022年に安全保障協定を締結すると，ソロモン諸島への関与を再度強めるべく，翌2023年にはソロモン諸島の大使館の再開を発表している。

このように，フィジーやパプアニューギニア，ソロモン諸島などは，中国との協力関係を深めることで，オーストラリアに対する依存度を減らしており，オーストラリアやアメリカは，中国からこれらの島嶼国を「取り戻す」ために，援助の拡充などの関与を拡大させている。もっとも，太平洋島嶼国は，オーストラリアを見限って中国側についた訳ではない。太平洋島嶼国は，中国とオーストラリアの間でバランスを取る外交戦略を展開しており，両者から有利な条件を引き出す外交交渉をするようになったのだ（片岡 2018）。

こうして，2010年代から太平洋島嶼国の歓心を買うことでオーストラリアのプレゼンスを高める外交政策が展開されるようになった。ここでは，その1つの例として，太平洋島嶼国の間で特に関心が高い労働移動に関する最近の動きをみてみよう。太平洋島嶼国は，オーストラリアに対して非熟練労働者の受け入れを求めてきたが，オーストラリアは主な関心をアジアに向けていること，そして受け入れる移民が高技能人材中心であることから，冷淡な反応を示し続けていた。しかし，新たな対太平洋島嶼地域外交の方針のもと，非熟練労働者の受け入れにも門戸を開くようになった。2012年には，いくつかの太平洋島嶼国および東ティモールに対し，9カ月の就労を認める季節労働者プログラム（Seasonal Worker Program：SWP）が導入された。さらに2018年には，非熟練労働者を1〜3年の期間で受け入れる太平洋労働制度（Pacific Labour Scheme：PLS）が導入された。そして，2022年には，SWPとPLSを一本化する太平洋豪州労働移動制度（Pacific Australia Labour Mobility：PALM）と呼ばれる包括的な労働制度が導入された。PALMには，非都市圏のすべての業種で最長9カ

月まで就労が可能な季節労働と，1〜4年の長期労働が可能な2つのカテゴリーが設けられている（小柏 2023）。懸案となっていた家族の帯同についても制度の改善が図られており，太平洋島嶼国にとっては望んだ方向に議論が進んでいる。

　もちろん，このような非熟練労働者受け入れの動きには，オーストラリア国内での労働力不足も大きくかかわっている。しかし，太平洋島嶼国からの単純労働者の流入に一貫して後ろ向きだったオーストラリアがその方針を転換した背景に中国の存在があったことは間違いないだろう。2005年のPIF首脳会議の場でパプアニューギニアのマイケル・ソマレ首相から非熟練労働者の短期受け入れを求められたハワードは，不法滞在の懸念があることや国内に非熟練労働者がいることを理由に，この要求を拒否している（小柏 2023）。その時の反応を考えれば，今のオーストラリアは太平洋島嶼国の要求に柔軟に対応しているようにみえる。中国の太平洋進出が，このようなオーストラリアの態度の変化を促した要因の1つだと考えられる。

5　南太平洋諸国との良好な関係を維持するために

　ラグビーを通じた友好関係の構築など，最近のオーストラリアと太平洋島嶼国の文化レベルでの関係は決して悪くない。しかし，パシフィック・ソリューションのように太平洋島嶼国を軽視するような政策や発言がいまだに残っていることから，太平洋島嶼国からの懸案や不満を解消するには至っていない。中国の影響力拡大を受け，オーストラリアは太平洋島嶼地域へのコミットメントを強めているが，それは中国のプレゼンス拡大に対する対応であり，太平洋島嶼国が関心の中心ではない。そして，そのことは太平洋島嶼国からは見透かされている。実際，太平洋島嶼国は大国間競争に巻き込まれることを警戒している。オーストラリア（またはアメリカ）につくか中国につくか，という二者択一の選択は冷戦時代の発想であるとして，自分たちの利益に応じてどちらとも付き合うことができるとの立場を鮮明にしている。これは，西欧からの価値観外交には付き合わず，自国の信念と利益に基づいて大国と向き合う，今日のグローバル・サウスの姿と重なる部分がある。今後も太平洋島嶼国は，オースト

ラリアと中国の間で適度な距離を計りながら大国との外交を続けていくことだろう。

　太平洋島嶼国がこのような外交政策を展開できるようになったのは，中国の出現によって相対的に有利な外交ポジションを得ることができるようになったからだ。しかし，その状況は太平洋島嶼国自身が創出したものではない。1970年代から80年代にかけてソ連が援助や漁業協定の締結を通じて太平洋への関与を拡大する素振りをみせたとき，豪米は太平洋島嶼国への支援を拡充させた。結局，ソ連は太平洋に積極的に進出することはなく，冷戦が終結すると，アメリカは太平洋から手を引いてしまった。つまり，太平洋島嶼地域への関心の高まりは，国際環境がそうさせているのであって，太平洋島嶼国はその国際環境を利用しているにすぎない。これは，冷戦終結後のように国際環境に変化が生じれば，オーストラリアや中国が太平洋島嶼地域への関心を失ってしまう可能性があることを示している。

　しかし，今日のグローバル・サウスの影響力の拡大を考えると，太平洋島嶼国を「場」として考え続けるのは現実的ではない。特に気候変動問題では，太平洋島嶼国の世界的なプレゼンスは高まっている。モリソン首相は温室効果ガスの排出削減に消極的であったが，太平洋島嶼国はこのようなオーストラリアの姿勢を厳しく非難してきた。国際社会における太平洋島嶼国のプレゼンスと影響力は，地政学的な状況によってはさらに高まっていくだろう。もとより，地理的に近接する南太平洋との関係は，安全保障の観点からも，気候変動などのグローバル課題への対応としても，さらに重要になっていくと考えられる。オーストラリアとしては，米中対立などの国際環境を踏まえながら，同じオセアニアに住むパートナーとして，太平洋島嶼地域との関係を良好に保ち続ける必要がある。そのためには，南太平洋諸国をアクターとして認識し，それぞれのニーズや懸念を理解したうえで，時宜にあった外交政策を策定していく必要がある。オーストラリアには，南太平洋に対する認識と外交意識の転換が求められているのだ。

📖 おすすめ文献

①Pacific Aid Map, Lowy Institute（https://pacificaidmap.lowyinstitute.org/）.

ローウィー研究所が提供する太平洋島嶼諸国に対する援助のデータを入手できるウェブサイト。被援助国，ドナー国，援助の種類などでソートできる。

②黒崎岳大・今泉慎也，2016，『太平洋島嶼地域における国際秩序の変容と再構築』アジア経済研究所．

近年の太平洋地域における国際環境の変化を解説した論文集。近年の動向を事例やテーマごとに詳しく分析している。

③塩田光喜，2014，『太平洋文明航海記——キャプテン・クックから米中の制海権をめぐる争いまで』明石書店．

太平洋島嶼地域が直面してきた植民地化や独立国家としての歩み，安全保障上の課題を，植民地から米中対立までの歴史的な背景から解説している。

引用・参考文献

【欧 文】

Abbott, Tony, 2014, *Address to Convoy Commemorative Service, Albany*, Department of the Prime Minister and Cabinet.

Australia Bureau of Statistics "Census" (Retrieved July 5, 2024, https://www.abs.gov.au/census)

Australian Competition & Consumer Commission 2018, 2019, *Digital Platforms Inquiry (Preliminary report, Final report)*.

Australian Government, The Treasury, 2022, *News Media and Digital Platforms Mandatory Bargaining Code, The Code's first year of operation*.

Australian Government Commission of Inquiry into Poverty, 1975, *Poverty in Australia: First Main Report, April 1975*, vol. 1, Australian Government Publishing Service.

Australian Government Productivity Commission, 2021, "Closing the Gap Annual Data Compilation Report July 2021," 19-21.

Australian Human Rights Commission, 2018. "Leading for Change A blueprint for cultural diversity and inclusive leadership revisited," 5-12.

Australian Institute of Criminology, 2023, "Deaths in custody in Australia 2022-23" (Retrieved November 5, 2024, https://www.aic.gov.au/publications/sr/sr44).

Australian Labor Party (ALP), 2018, *ALP National Constitution*, adopted on 18 December 2018.

Australian War Memorial (AWM), 2024, "Darwin Bombing" (Retrived July 5, 2024, https://www.awm.gov.au/collection/E84294).

Beauregard, Katrine, and Marija Taflaga, 2019, "Party Quotas and Gender Differences in Pathways to Run for Office in Australia: 1987-2016," Paper prepared for the 2019 American Political Science Association Annual Meeting, Washington DC, 29 August-1 September.

Beilharz, Peter, Mark Considine and Rob Watts, 1992, *Arguing About the Welfare State: The Australian Experience*, Allen & Unwin.

Bongiorno, Frank, 2022, *Dreamers and Schemers: A political history of Australia*, La Trobe University Press.

Brent, Peter, 2023, "Timing, and other referendum obstacles", *Inside Story*, 29 September.

Brett, Judith, 2007, *Robert Menzies' Forgotten People, Second Edition*, Melbourne University Press.

Brett, Judith, 2019, *From Secret Ballot to Democracy Sausage: How Australia Got Compulsory Voting*, Text Publishing.

Bryson, Lois, 1992, *Welfare and the State: Who Benefits?*, Macmillan Education.

Carney, Terry, 2012, "Social Security Law: What Does the Politics of 'Conditional Welfare' Mean for Review and Client Representation?" *Sydney Law School Research Paper*, 12/24, (Retrieved November 1, 2012, http://ssrn.com/abstract=2041086).

Cass, Bettina and Deborah Brennan, 2003, "Taxing Women: The Politics of Gender in the Tax/Transfer System," *eJournal of Tax Research*, 1(1): 37-63.

Castles, Francis G., 1996, "Needs-Based Strategies of Social Protection in Australia and New Zealand," Gøsta Esping-Andersen ed., *Welfare States in Transition: National Adaptations in Global Economies*, Sage Publications, 88-115.（門林道子・久保田貴美・田宮游子訳, 2003,「ニードにもとづく社会保護の戦略——オーストラリアとニュージーランド」埋橋孝文監訳『転換期の福祉国家——グローバル経済下の適応戦略』早稲田大学出版部, 141-183.）

Castles, Francis G. and Deborah Mitchell, 1993, "Worlds of Welfare and Families of Nations," Francis G. Castles ed., *Families of Nations: Patterns of Public Policy in Western Democracies*, Dartmouth Publishing Company, 93-128.

Commonwealth of Australia, 1997, "Bringing them Home: Report of the National Inquiry into the Separation of Aboriginal and Torres Strait Islander Children from Their Families."

Commonwealth of Australia, 2023, *Intergenerational Report 2023: Australia's future to 2063* (Retrived July 5, 2024, https://treasury.gov.au/sites/default/files/2023-08/p2023-435150.pdf).

Curtin, Jennifer, 1997, "The Gender Gap in Australian Elections", *Research Paper 3 1997-98*, Department of Parliamentary Library.

Curtin, Jennifer and Brian Costar, 2015, "The Contest for Rural Representation: The celebrated contest over Indi and the fate of the independents," Carol Johnson, John Wanna and Hsu-Ann Lee eds., *Abbott's Gambit: The 2013 Australian Federal Election*, ANU Press, Canberra.

Davis, Megan, 2023, "Voice of Reason on Recognition and Renewal," Quarterly Essay Vol. 90, Black Inc.

Department of Immigration and Border Protection (DIBP), 2017, *A History of the Department of Immigration: Managing Migration to Australia*.

Elder, David, 2012, *House of Representatives Practice, 6th Edition*, Department of the House of Representatives.

Esping-Andersen, Gøsta, 1996, "After the Golden Age? Welfare State Dilemmas in a Global Economy," Gøsta Esping-Andersen ed., *Welfare States in Transition: National Adaptations in Global Economies*, Sage Publications, 1-31.（埋橋孝文訳, 2003,「黄金時代の後に？——グローバル時代における福祉国家のジレンマ」埋橋孝文監訳『転換期の福祉国家——グローバル経済下の適応戦略』早稲田大学出版部, 1-51.）

Esping-Andersen, Gøsta, 1999, *Social Foundations of Postindustrial Economies*, Oxford University Press.（渡辺雅男・渡辺景子訳, 2000,『ポスト工業経済の社会的基礎——市場・福祉国家・家族の政治経済学』桜井書店.）

Essential poll, 2 December 2020, two-thirds of Australians say government should regulate

Facebook and Google.

Evans, Harry and Rosemary Laing eds., 2012, *Odgers' Australian Senate Practice, 13th Edition*, Department of the Senate.

Fraser, Malcolm and Margaret Simons, 2010, *Malcolm Fraser: The Political Memoirs*, The Miegunyah Press.

Fraser, Nancy, 2009, "Feminism, Capitalism and the Cunning of History," *New Left Review*, 56: 97-117. (関口すみ子訳, 2011,「フェミニズム,資本主義,歴史の狡猾さ」『法学志林』109(1): 27-51.)

Freeman, Damien and Shireen Morris, 2016, *The Forgotten People: Liberal and Conservative Approaches to Recognising Indigenous Peoples*, Melbourne University Press, Carlton.

Galloway, Anthony, 2023, "Do we need 234 MPs? Labor open to expanding parliament" in The Sydney Morning Herald, 2023/04/23 (Retrived August 22, 2023, https://www.smh.com.au/politics/federal/do-we-need-234-mps-labor-open-to-expanding-parliament-20230419-p5d1lh.html).

Goddard, Martyn S., 2014, "How the Pharmaceutical Benefits Scheme Began," *Medical Journal of Australia*, 201(1): S23-S25.

Grant, Stan, 2023, *Queen Is Dead*, Forth Estate.

Green, Antony, 2016, "How Voters Reacted to the Senate's New Electoral System," Antony Green's Election Blog, 11 October 2016 (Retrieved October 9, 2024, https://www.abc.net.au/news/2016-10-11/how-voters-reacted-to-the-senates-new-electoral-system/9388834).

Haines, Janine, 1992, *Suffrage to Sufferance: 100 years of women in politics*, Allen & Unwin Australia.

Hartcher, Peter, 2023, "Why Trumpism failed here, despite Morrison giving it a red-hot go", *The Sydney Morning Herald*, 05/August/2023.

High Court of Australia, 1992, *Sykes v Cleary*.

Intergenerational Report 2023; Australia's future to 2060 (世代間レポート2023) (Retrived July 5, 2024, https://treasury.gov.au/sites/default/files/2023-08/p2023-435150.pdf).

Irving, Helen, 2004, *Five Things to Know about the Australian Constitution*, Cambridge University Press.

Jaensch, Dean, 1997, *The Politics of Australia*, Macmillan Education Australia, South Melbourne.

Johnson, Louise C., Tanja Luckins and David Walker, 2022, *The Story Of Australia: A New History of People and Place*, Routledge.

Joint Standing Committee on Electoral Matters (JSCEM), 2018, *Excluded: The Impact of section 44 on Australian democracy*, Parliament of the Commonwealth of Australia.

Jupp, James, 2002, *From White Australia to Woomera: The story of Australian immigration*, Cambridge University Press.

Kefford, Glenn, 2018, "The Minor Parties' Campaigns" in Anika Gauja, Peter Chen, Jennifer Curtin and Juliet Pietsch eds., *Double Disillusion: The 2016 Australian Federal Election*,

ANU Press.

Kefford, Glenn, 2020, "The Minor Parties" in Anika Gauja, Marian Sawer and Marian Simms eds., *Morrison's Miracle: The 2019 Australian Federal Election*, ANU Press.

Macintyre, Stuart, 2004, *A Concise History of Australia*, 2nd Edition, Cambridge University Press.

Macintyre, Stuart, 2020, *A Concise History of Australia*, 5th Edition, Cambridge University Press.

Markus, Andrew, 2023, "The 1967 referendum offers a cautionary tale for the Voice to Parliament campaigns," crikey.com.au (Retrieved October 9, 2024, https://www.crikey.com.au/2023/08/08/1967-referendum-cautionary-tale-voice-parliament/).

Martinez i Coma, Ferran, 2019, "Increasing in number, better educated and bringing over 1000 votes more than men: ALP and Coalition Women Candidates in the House 2001-2019," Paper presented at POP work shop, Australian Political Studies Association, Australian National University.

Mayo, Thomas and Kerry O'Brien, 2023, *The Voice to Parliament: Handbook*, Hardie Grant Explore.

McGowan, Cathy, 2020, *Cathy Goes to Canberra: Doing Politics Differently*, Monash University Publishing.

Mendes, Philip, 2017, *Australia's Welfare Wars: The Players, the Politics and the Ideologies*, 3rd Edition, University of New South Wales Press.

Media, Entertainment & Arts Alliance (MEAA), 2017, submission to the Senate Select Committee Inquiry into the Future of Public Interest Journalism.

Morris, Shireen, 2018, Radical Heart: Three Stories Make Us One, Melbourne University Press.

O'Brien, Greg 2019, "27 years and counting since Australia's last recession," *Parliamentary Library Briefing Book*, Parliament of Australia, July 2019 (Retrived July 5, 2024, https://www.aph.gov.au/About_Parliament/Parliamentary_Departments/Parliamentary_Library/pubs/BriefingBook46p/LastRecession).

Pearson, Noel, 2023, "Noel Pearson's Address to the National Press Club of Australia," (Retrieved July 5, 2024, https://www.youtube.com/watch?v=vOExgOlE_Ns).

Philip Dorling (The Australia Institute), 2017, *"Still Anti-Asian? Anti-Chinese? One Nation policies on Asian immigration and multiculturalism."*

Productivity Commission, 2003, *From Industry Assistance to Productivity: 30 Years of 'The Commission*, 11 December 2003.

Public Interest Journalism Institute, 2020, Community Value of Public Interest Journlism.

Public Interest Journalism Institute, 2021, Australian Newsroom Mapping Report.

PwC Australia ,2019, *Australian Entertainment & Media Outlook 2020-2024*.

Reference Group on Welfare Reform, 2015, *A New System for Better Employment and Social Outcomes: Report of the Reference Group on Welfare Reform to the Minister for Social Service*s, *Final Report*, Department of Social Services.

Riddell, Elizabeth, 1946, "Australians should control Japan's whaling boats," *Daily Telegraph*.
Sartori, Giovanni, [1976] 2005, *Parties and Party Systems: a framework for analysis*, The ECPR Press.
Saunders, Cheryl, 1997, *The Australian Constitution*, Constitutional Centenary Foundation.
Senate Select Committee on Medicare, 2003, *Medicare: Healthcare or Welfare?*, Commonwealth of Australia, (Retrieved April 1, 2024, https://www.aph.gov.au/~/media/wopapub/senate/committee/medicare_ctte/fairer_medicare/report/report_pdf.ashx).
Settlement Service International (SSI), 2023, "Settlement timeline: Meet Yassir" (Retrieved July 5, 2024, https://www.ssi.org.au/wp-content/uploads/2023/03/Yassirs-story.pdf).
Simons, Margaret, 2019, *Penny Wong: Passion and Principle*, Black Inc.
Soutphommasane, Tim, 2009, *Reclaiming Patriotism: Nation-building for Australian Progressives*, Cambridge University Press.
Sugita, Hiroya, 1995, *Challenging "Twopartism": The Contribution of the Australian Democrats to the Australian Party System*, PhD thesis submitted to The Flinders University of South Australia.
Sugita, Hiroya, 2018, "The governor-general's forgotten power," *Inside Story*, 27 September 2018.
Taflaga, Marija, 2019, 'A short political history of Australia', Peter Chen et.al, eds., *Australian Politics and Policy: Senior Edition*, Sydney University Press.
The Senate Foreign Affairs, Defence and Trade References Committee (Committee), 2000, "Australia and Japan – A trading tradition", *Japan's Economy Implications for Australia*, 89-111.
The Treasury, Department of Home Affairs, 2018, "Shaping a Nation Population growth and immigration over time."
Turnbull, Malcolm, 2020, *A Bigger Picture*, Hardie Grant.
Walker, David, 1999, *Anxious Nation: Australia and the Rise of Asia 1850-1939*, University of Queensland Press.
Walker, Tony, 2018, "Why Malcolm Fraser's political manifesto would make good reading for the Morrison government", *The Conversation*, 2018/08/28.
Wallace, Chris, 2018, "A 'woman problem'? No, the Liberals have a 'man problem' and they need to fix it," *The Conversation*, 30 August 2018.
Ward, Russell, 1985, *A Nation for a Continent: the history of Australia 1901-1975*, reprinted with amendments, Heinemann Educational Australia.
Ward, Russell, 1992, *Concise History of Australia*, University of Queensland Press.
Wilkinson, Aofie and David Chapman ,2023, "Mixed Japanese identities and multiculturalism," *Japan Forum*, 36：226-245.

【日本語】
朝倉健男，2022，「〈研究ノート〉オーストラリア準備銀行による非伝統的金融政策」『オース

トラリア研究』(35):45-58.
安倍晋三・トニー・アボット,2014,共同声明「21世紀のための特別な戦略的パートナーシップ」外務省.
内海愛子・笹本妙子,2024,「POW 研究会について」POW 研究会(2024年7月5日取得,http://www.powresearch.jp/jp/about/index.html).
遠藤嘉博,2009,『日豪経済関係の研究』日本評論社.
小柏葉子,2000,「太平洋島嶼国関係と地域協力」山本真鳥『オセアニア史』山川出版社,350-378.
小柏葉子,2023,「地域としての「太平洋」――越境労働移動をめぐる制度構築とネットワーク形成を通じて」黒崎岳大・今泉慎也『移民たちの太平洋――太平洋諸島をめぐる人の移動と国際制度』アジア経済研究所,69-94.
カウラ日本人戦争墓地オンラインデータベース,2019,「民間人抑留者」(2024年7月5日取得,https://www.cowrajapanesecemetery.org/jp/civilian-internment/).
片岡真輝,2018,「中国の台頭と太平洋島嶼国の独自外交:大国間でしたたかに生きる島嶼国家」『IDE スクエア』(2024年7月5日取得,https://www.ide.go.jp/Japanese/IDEsquare/Eyes/2018/ISQ201820_025.html).
鎌田真弓編,2021,『大学的オーストラリアガイド――こだわりの歩き方』昭和堂.
木村友彦,2023,「豪州の太平洋島嶼地域への関与政策,2016-2022年――中国による進出と『太平洋の家族』」『オーストラリア研究』(36):1-16.
黒崎岳大,2016,「太平洋島嶼地域における国際秩序の変容と再構築」黒崎岳大・今泉慎也『太平洋島嶼地域における国際秩序の変容と再構築』アジア経済研究所,3-47.
小林泉・東裕,1998,「強いられた国民国家」佐藤幸男『世界史のなかの太平洋』国際書院,69-106.
小暮哲夫,2017,「(世界発2017)行き場失うボートピープル 豪州に拒まれ国外収容施設も閉鎖へ」『朝日新聞』2017年10月25日.
小暮哲夫,2019,「(世界発2019)自殺率「世界最悪」,悩む先住民 オーストラリアのキンバリー地方」『朝日新聞』2019年4月18日.
小暮哲夫,2020,「(世界発2020)「拘束中の死」,豪州先住民でも 背景に差別の歴史,遺族ら不信」『朝日新聞』2021年7月28日.
小暮哲夫,2021,『バイリンガルの作り方〜移民社会・豪州より〜』「何時間でも無料で英語レッスン オーストラリアはなぜ,外国出身者に手厚いのか」GLOBE+(Retrieved July 5, 2024, https://globe.asahi.com/article/14350447).
小暮哲夫,2021a,「(世界発2021)豪州国歌,young→one に 先住民へ敬意込めた歌詞に変更」『朝日新聞』2021年2月11日.
小暮哲夫,2021b,「インドから帰国禁止,豪州波紋 違反に禁錮刑も,水際対策「差別だ」」『朝日新聞』2021年5月5日.
小暮哲夫,2021c,「豪,インドへ帰国便を手配」『朝日新聞』2021年5月8日.
杉田弘也,2007a,「オーストラリア労働党の過去・現在・未来」『大原社会問題研究所雑誌』(584):40-55.

杉田弘也, 2007b,「比較労働運動研究(4)オーストラリアの労働運動――背景と現状」『生活経済政策』(128): 26-35.

杉田弘也, 2014,「戦略的依存に終止符を――オーストラリア・リベラル保守のラディカルな提言」『世界』2014年7月号, 岩波書店.

杉田弘也, 2015,「既存政党の逆襲:オーストラリア連邦上院の選挙制度改革」『選挙研究』31(2): 109-122.

杉田弘也, 2018,「『混沌』は解消されるのか:オーストラリアの上院選挙制度改革とその結果」『選挙研究』34(1): 161-175.

杉田弘也, 2020,「オーストラリアの事例」内閣府男女共同参画局編『令和元年度 諸外国における政治分野への女性の参画に関する調査研究報告書』(2024年7月5日取得, https://www.gender.go.jp/research/kenkyu/pdf/gaikou_research/2020/01.pdf).

畝川憲之, 2016,「転換期にあるオーストラリアのメラネシア援助政策」黒崎岳大・今泉慎也『太平洋島嶼地域における国際秩序の変容と再構築』アジア経済研究所, 141-172.

髙佐知宏, 2014,「オーストラリア経済の成長要因分析――なぜ、リーマン・ショックを超えることができたのか」『オーストラリア研究』(27): 45-62.

武川正吾, 2011,『福祉社会〔新版〕――包摂の社会政策』有斐閣.

竹田いさみ・永野隆行, 2023,『物語 オーストラリアの歴史〔新版〕――イギリス植民地から多民族国家への200年』中央公論新社.

竹田いさみ・森健・永野隆行編, 2007,『オーストラリア入門〔第2版〕』東京大学出版会.

田中角栄・ゴフ・ウィットラム, 1974,「田中総理大臣のオーストラリア訪問に際しての日本とオーストラリアの共同新聞発表」『外交青書』(19): 90-94.

種谷清三, 1979,「創設当時の想出」『開校10周年記念誌』シドニー日本人学校, 16.

堤純編, 2018a,『変貌する現代オーストラリアの都市社会』筑波大学出版会.

堤純, 2018b,「気候変動と自然災害が人間社会へもたらす影響」宮崎里司・樋口くみ子編『サスティナビリティ・サイエンスとオーストラリア研究――地域性を超えた持続可能な地球社会への展望』オセアニア出版社, 15-28.

堤純, 2020,「オーストラリア――多民族化に着目した地誌」矢ケ﨑典隆・加賀美雅弘・牛垣雄矢編『地理学基礎シリーズ3 地誌学概論〔第2版〕』朝倉書店, 82-91.

東京商工会議所, 2024,「日豪経済委員会」(2024年7月5日取得, https://www.tokyo-cci.or.jp/about/international/australia/).

ドライスデール, ピーター (山澤逸平・石垣健一・平田章共訳), 1991,『アジア太平洋の多元経済外交』毎日コミュニケーションズ.

永野隆行・竹田いさみ, 2007,「外交・安全保障」竹田いさみ・森健・永野隆行『オーストラリア入門〔第2版〕』東京大学出版会, 181-235.

野村亜紀子, 2013,「オーストラリアのスーパーアニュエーション――1.6兆豪ドルの私的年金の示唆」『財界観測』2013年秋号: 4-37.

橋都由加子, 2013,「オーストラリアにおける財政再建――政府間財政の視点」井手英策編『危機と再建の比較財政史』ミネルヴァ書房, 107-128.

花井清人, 1996,「オーストラリアの政府所有企業改革――政府間財政関係の視点から」『成城

大學經濟研究』(132), 94-128.
花井清人, 2006,「水平的財政平衡原則の二元的運用──オーストラリア」持田信樹編『地方分権と財政調整制度──改革の国際的潮流』東京大学出版会, 83-105.
花井清人, 2016,「オーストラリア税制改革の残された課題──財・サービス税改革と政府間財政関係に着目して」『成城大學經濟研究』(212)：25-58.
原田容子, 2016,「西洋とアジアの狭間で──オーストラリアと日本, そして"西洋コンプレックス"」『生存学』9：174-185.
福嶋輝彦, 2021,「ゆっくりと着実に進む日豪安全保障協力」鎌田真弓編『大学的オーストラリアガイド－こだわりの歩き方』昭和堂, 272-276.
藤川隆男編, 2004,『オーストラリアの歴史──多文化社会の歴史の可能性を探る』有斐閣.
藤田智子, 2016,「新自由主義時代の社会政策と社会統合──オーストラリアにおける福祉給付の所得管理をめぐって」『オーストラリア研究』29：16-31.
ブレイニー, ジェフリー (加藤めぐみ・鎌田真弓訳), 2000,『オーストラリア歴史物語』明石書店.
三浦まり, 2015,「新自由主義的母性──『女性の活躍』政策の矛盾」『ジェンダー研究』18：53-68.
八杉哲司, 2020,「オーストラリアのソロモン諸島への介入と南太平洋政策の転換」『オーストラリア研究』33：29-51.
山田邦夫, 2003,「オーストラリアの憲法事情」」『諸外国の憲法事情3』国立国会図書館調査及び立法考査局, 85-134, (2023年12月31日取得, https://dl.ndl.go.jp/view/download/digidepo_999538_po_20030206.pdf?contentNo=5).
山室信一, 2011,『複合戦争と総力戦の断層──日本にとっての第一次世界大戦』人文書院.
労働政策研究・研修機構, 2009,『オーストラリアの労働市場の課題　JILPT 資料シリーズ No.56』.
「APEC 創設, 外務省「共栄圏構想」と批判　通産省と対立」『産経新聞』2020年12月23日 (2024年7月5日取得, https://www.sankei.com/article/20201223-V3J2JFJQ7JNLZHYJVJYF7BHFII/).

人名索引

【あ 行】

アーヴィング，ヘレン（Irving, Helen）……54
アーチャー，ブリジット（Archer, Bridget）
　………………………………………66
安倍晋三………………………………202, 204
アボット，トニー（アンソニー・ジョン）
　（Abbott, Tony (Anthony John)）……17,
　88, 89, 97, 117, 148, 167, 190, 204
アリー，アン（Aly, Anne）……………123
アルバニージー，アンソニー（アンソニー・
　ノーマン）（Albanese, Anthony
　(Norman)）……………17, 58, 65, 66, 88,
　111, 115, 122, 148, 167, 204
ウィットラム，ゴフ（エドワード・ゴフ）
　（Whitlam, Gough (Edward Gough)）…14,
　15, 19, 55, 61, 69, 85, 95, 96, 99, 100, 108,
　111, 113, 142, 143, 145, 152, 200
ウィルキー，アンドルー（Wilkie, Andrew）
　……………………………………………79
ウィルキンソン，イーファ（Wilkinson,
　Aoife）……………………………207
ウォード，ラッセル（Ward, Russel）……105
ウォレス，クリス（Wallace, Chris）……132
ウォン，ペニー（Wong, Penny）……47, 122,
　123, 130, 175, 182
エヴァット，ハーバート（Evatt, Herbert）
　………………………………………107
エスピン‐アンデルセン，イエスタ
　（Esping-Andersen, Gøsta）………136, 145
エバンス，ギャレス（Evans, Gareth）……177
エリザベス2世（Elizabeth the Second）…58
エルダー，デイヴィッド（Elder, David）
　………………………………………92, 101
オードナヒュー，ロイス（O'Donoghue,
　Lowitja）………………………62, 63
大平正芳…………………………………201

オーファレル，バリー（O'Farrell, Barry）…66
オコナー，リチャード（O'Connor, Richard）
　………………………………………71, 72

【か 行】

カー，ジョン（Kerr, John）……14, 55, 96, 113
カーティン，ジェニファー（Curtin, Jennifer）
　………………………………………131
カーティン，ジョン（ジョン・ジョゼフ・アンブ
　ローズ）（Curtin, John (Joseph Ambrose)）
　………………12, 68, 106, 107, 111, 141, 142
カーネル，ケイト（Carnell, Kate）………66
カウアン、イーディス（Cowan, Edith）……9
キーティング，ポール（ポール・ジョン）
　（Keating, Paul (John)）……15, 16, 19, 58,
　62, 63, 102, 108, 111, 119, 131, 132, 138,
　144, 145, 152, 158, 183, 186
キーン，マット（Kean, Matt）…………66
岸田文雄………………………………204
キャター，ボブ（Katter, Bob）…………123
キャッスルズ，フランシス・G.（Castles,
　Francis G.）………………………137
ギラード，ジュリア（ジュリア・アイリー
　ン）（Gillard, Julia (Eileen)）……17, 64,
　89, 101, 111, 130, 131, 147
クック，ジェームズ（Cook, James）……43, 50
クック，ジョー（ジョゼフ）（Cook, Joseph）
　………………………………………10, 94, 95
グラント，スタン（Grant, Stan）…………58
グリフィス，サミュエル（Griffith, Samuel）
　………………………………………94
ケリー，ネッド（Kelly, Ned）……………7
ゴールドスタイン，ヴァイダ（Goldstein,
　Vida）………………………………11
コールバッチ，ハル（Colebatch, Hal）…125
コックス，ドリンダ（Cox, Dorinda）……121

233

【さ 行】

サッチャー，マーガレット（Thatcher, Margaret） ……………………………… 113
サルトーリ，ジョヴァンニ（Sartori, Giovanni） ……………………… 103, 116
ジー，アンドルー（Gee, Andrew） ……… 115
ジェンキンズ，ケイト（Jenkins, Kate） … 134
シトゥ，サリー（Sitou, Sally） …………… 123
シャーマ，デイヴ（Sharma, Dave） ……… 123
ショーテン，ビル（Shorten, Bill） ………… 64
スカリン，ジム（ジェイムズ・ヘンリー）（Scullin, Jim (James Henry）） …… 12, 106
スクリムジャー，マリオン（Scrymgour, Marion） ………………………………… 121
スチュアート，ヤナ（Stewart, Jana） …… 121
スティーヴン，ニニアン（Stephen, Ninian）………………………………………… 96, 100
ステガル，ザーリ（Steggall, Zali） ……… 117
ストット・デスポヤ，ナターシャ（Stott Despoja, Natasha） ……………………… 134
スペンダー，パーシー（Spender, Percy） … 181
セオドア，テッド（Theodore, Ted） …… 106
ソープ，リディア（Thorpe, Lidia） … 67, 121
ソマレ，マイケル（Somare, Michael） … 222

【た 行】

ターンブル，マルカム（マルカム・ブライ）（Turnbull, Malcolm (Bligh）） …… 17, 58, 64-66, 68, 84, 88, 91, 97-99, 101, 126, 148
ダウナー，アレグザンダー（Downer, Alexander） ……………………… 135, 183
高須賀譲 …………………………………… 195
ダットン，ピーター（Dutton, Peter） … 63, 67, 88
田中角栄 …………………………………… 200
タフラガ，マリア（Taflaga, Marija） … 130, 131
タングニー，ドロシー（Tangney, Dorothy）……………………………………………… 9
ダンスタン，ドン（Dunstan, Don） ……… 61
チェスター，ダレン（Chester, Darren） … 115

チップ，ドン（Chipp, Don） ………… 96, 108
チフリー，ベン（ジョゼフ・ベネディクト）（Chifley, Ben (Joseph Benedict）） …… 12, 13, 88, 107, 111, 142
チャールズ3世（Charles III） …………… 58
ディーキン，アルフレッド（Deakin, Alfred）………………………………………… 10, 104
デュヴェルジェ，モーリス（Duverger, Maurice） ………………………………… 103
トゥーミー，アン（Twomey, Anne） …… 100
ドッドソン，パトリック（パット）（Dodson, Pat） ………………………… 62, 65, 121
トランプ，ドナルド（Trump, Donald） ………………………………………… 185, 187
ドルーリー，グレン（Druery, Glenn） … 109

【な 行】

ナマジラ，ヴィンセント（Namatjira, Vincent） ………………………………… 50
ニクソン，リチャード（Nixon, Richard）………………………………………… 65, 183

【は 行】

バーチ，リック（Birch, Ric） ……………… 50
ハーチャー，ピーター（Hartcher, Peter） … 76
バートン，エドマンド（Barton, Edmund）………………………………… 9, 71, 94, 104
バーニー，リンダ（Burney, Linda） …… 121
パーマー，クライヴ（Palmer, Clive） … 109, 119
パイ，リチャード（Pye, Richard） ……… 100, 101, 133
ハラディン，ブライアン（Harradine, Brian）………………………………………………… 63
ハワード，ジョン（ジョン・ウィンストン）（Howard, John (Winston）） …… 16, 17, 19, 50, 58, 63, 66, 86, 88, 98, 99, 108, 114, 132, 135, 146, 147, 152, 158, 186, 202, 203, 218
ハンソン，ポーリン（Pauline Hanson） … 89, 114
ハンソン・ヤング，セアラ（Hanson-Young,

人名索引

Sarah）……………………133, 134
バント，アダム（Bandt, Adam）…………116
ピアソン，ノエル（Pearson, Noel）……64-68
ヒギンズ，ブリタニー（Higgins, Brittany）
　　……………………………………48
ヒギンズ，ヘンリー（Higgins, Henry）…72, 139
ヴィクトリア女王（Victoria）……………15
ビショップ，ジュリー（Bishop, Julie）……66
ヒュージック，エド（Husic, Ed）…………122
ヒューズ，ビリー（ウィリアム・モリス）
　　（Hughes, Billy（William Morris））…105, 106, 192, 193
ヒューソン，ジョン（Hewson, John）……20, 113, 114, 132
ビヨーキ・ピーターセン，ジョー（Bjelke-Petersen, Joh）………………………97
ヒルマー，フレデリック（Hilmer, Frederick）…………………………161
ファドゥン，アーティー（アーサー・ウィリアム）（Fadden, Artie（Arthur William））
　　……………………………106, 119
フィッシャー，アンドルー（Fisher, Andrew）
　　…………………11, 95, 104, 105, 111
フィリップ，アーサー（Phillip, Arthur）…3
ブライ，ウィリアム（Bligh, William）………4
プライス，ジャシンタ・ナンピギンパ（Price, Jacinta Nampijinpa）…………66, 121
ブラウン，ボブ（Brown, Bob）……………116
ブランディス，ジョージ（Brandis, George）
　　……………………………………89
プリバセク，タニヤ（Plibersek, Tanya）
　　……………………………122, 130
ブルース，スタンリー（スタンリー・メルボン）（Bruce, Stanley（Melbourne））…106
フレイザー，ナンシー（Fraser, Nancy）…138
フレイザー，マルカム（ジョン・マルカム）
　　（Fraser, Malcolm（John Malcolm））…14, 15, 19, 55, 61, 85, 96, 97, 99, 100, 113-115, 143, 144, 200

ブレット，ジューディス（Brett, Judith）…71
ペイジ，アール（アール・クリスマス・グラフトン）（Page, Earle（Christmas Grafton））……………………………106
ヘイドン，ビル（Hayden, Bill）……………97
ペイマン，ファティマ（Payman, Fatima）
　　……………………………………123
ヘインズ，ジャニン（Haines, Janine）……108
ヘインズ，ヘレン（Haines, Helen）………118
ペリス，ノヴァ（Peris, Nova）……………121
ヘンダーソン，ロナルド（Henderson, Ronald）……………………………143
ホーク，ボブ（ロバート・ジェイムズ・リー）（Hawke, Bob（Robert James Lee））…15, 18, 19, 61, 62, 88, 91, 97, 99, 100, 108, 111, 112, 114, 119, 125, 131, 132, 138, 144, 145, 152, 158, 201
ボールガード，ケイトリン（Beauregard, Katrine）……………………130, 131
ボナー，ネヴィル（Bonner, Neville）……120, 121
ホルト，ハロルド（ハロルド・エドワード）（Holt, Harold（Edward））………61, 197

【ま　行】

マードック，ルパート（Murdoch, Rupert）
　　……………………………………124
マーボウ，エディー（Mabo, Eddie）………62
マガウアン，キャシー（McGowan, Cathy）
　　………………………………80, 118
マクウォーリー，ロクラン（Macquarie, Lachlan）…………………………4
マケル，ウィリアム（McKell, William）…95
マッカーサー，ダグラス（McArthur, Douglas）…………………106, 197
マッカーシー，マランディリ（McCarthy, Malarndirri）………………………121
マッキンタイア，スチュワート（Macintyre, Stuart）……………………………68
マック，テッド（Mack, Ted）……………117

235

マックリン, ジェニー (Macklin, Jenny) … 130
マハティール, ビン・モハマド (Mahathir bin Mohamad) …… 180
マラ, カミセセ (Mara, Kamisese) …… 215
マンディーン, ウォーレン (Mundine, Warren) …… 67
三浦まり …… 138
三木武夫 …… 200
ミッチェル, デボラ (Mitchell, Deborah) … 137
ミューア, リッキー (Muir, Ricky) …… 109
ミラベラ, ソフィー (Mirabella, Sophie) …… 80, 81
メンジーズ, ロバート (ロバート・ゴードン) (Menzies, Robert (Gordon)) …… 13, 95, 106, 107, 111-113, 115
メンデス, フィリップ (Mendes, Philip) … 148
モーソン, ダグラス (Mawson, Douglas) … 197
モリソン, スコット (スコット・ジョン) (Morrison, Scott (John)) …… 17, 57, 101, 148, 167, 185, 223

【ら 行】

ライオンズ, ジョー (ジョゼフ・アロイシャス) (Lyons, Joe (Joseph Aloysius)) …… 106
ライオンズ, イーニド (Lyons, Enid) … 9, 12
ライン, ウィリアム (Lyne, William) …… 105
ラインハート, ジーナ (Rinehart, Gina) … 50
ラヴァーシュ, マイクル (Lavarch, Michael) …… 102
ラッド, ケヴィン (ケヴィン・マイクル) (Rudd, Kevin (Michael)) …… 16, 17, 63, 64, 98, 111, 147, 158, 164
ラング, ジャック (Lang, Jack) …… 106
ランビー, ジャッキー (Lambie, Jacqui) …… 109, 121
リー, ダイ (Le, Dai) …… 123
リーサー, ジュリアン (Leeser, Julian) … 66
リード, ジョージ (ジョージ・ヒューストン) (Reid, George (George Houstoun)) … 104
リッジウェイ, エイドン (Ridgeway, Aden) …… 120, 121
レイノルズ, リンダ (Reynolds, Linda) … 48
レーガン, ロナルド (Reagan, Ronald) … 113
ローランド, ミシェル (Rowland, Michelle) …… 123
ロックリフ, ジェレミー (Rockliff, Jerremy) …… 66

【わ 行】

ワイアット, ケン (Wyatt, Ken) …… 66, 121
ワトソン, クリス (ジョン・クリスティアン) (Watson, Chris (John Christian)) … 104

事項索引

【あ 行】

ATSIC→アボリジナル・トーレス海峡島嶼民委員会
アジア太平洋経済協力（APEC）
······160, 176, 184, 201, 202
アジア太平洋国家············184, 187, 188
亜熱帯高圧帯················22, 23, 25, 27
アボリジナル······2, 18, 20, 36, 43, 50, 61, 62, 64, 66
アボリジナル・トーレス海峡島嶼民委員会（ATSIC）················62, 63
アボリジナルとトーレス海峡島嶼人の声→Voice（先住民の声）
アボリジナル和解評議会····················62
ANZUS条約························175, 179
安全保障協力に関する日豪共同宣言·202-204
移民······1, 5, 10, 11, 13, 16, 20, 28, 29, 31-33, 36-41, 47-49, 59, 71, 81, 83, 88, 89, 99, 107, 111-115, 120, 122-125, 127, 137, 161, 166, 189, 192, 193, 207, 208, 211, 221
移民制限法·············10, 37, 71, 192, 211
インフレターゲット·······················157
ウィク判決···························16, 63, 69
ウクライナ戦争···························185
ウルル―宣言·························60, 65-67
英語プログラム（AMEP）···········39, 40
APEC→アジア太平洋経済協力
英連邦······················50, 58, 178, 181
ACTU→オーストラリア労働組合評議会
液化天然ガス·······························34
エマンシピスト···························4
エスニック・マイノリティ····64, 88, 122, 127
エミリーズ・リスト·······················131
LGBT··························14, 15, 46, 51
エルニーニョ現象···················24, 26
AUKUS·······························186, 187

オーストラリア競争消費者委員会（ACCC）
·······················170
オーストラリア式投票······················8, 70
オーストラリア選挙委員会（AEC）·····74, 75, 78, 81, 82
オーストラリア選挙調査（AES）······117
オーストラリア保安情報機関（ASIO）······88
オーストラリア労働組合評議会（ACTU）
······················112, 132, 157
オーストラリアン・グリーンズ···17, 79, 80, 84, 89, 93, 108, 109, 116-118, 126, 129, 133
オーストラリアン・デモクラッツ·········80, 96-98, 108, 116, 119, 120, 134
オセアニア·······················209, 210, 223
オリンピック·················19, 50, 51, 62, 197

【か 行】

核の傘····································183
核兵器廃絶のためのキャンベラ委員会····183
カジュアル・ローディング···············152
家族賃金···························139, 143, 145
ガラスの天井·····························43, 48
議院内閣制···············54, 56, 87, 93, 101
キュランダ国立公園························23
強制投票制度··············60, 70, 74-77, 85
共和制·················19, 58, 63, 67, 68, 101
巨大IT企業に報道機関への支払いを義務づける法案·······················170
金銭法案·································92, 93
クエスチョン・タイム（QT）···········88, 89
グレートディヴァイディング山脈·········22
経済合理主義→新自由主義
結婚平等→同性婚の合法化
憲政危機··········55, 61, 85, 96, 98, 99, 108, 113
憲政上の慣習···················54-56, 96, 102
憲法44条················71, 73, 122, 124-128

237

憲法51条26項……………………59, 64
憲法57条……………………94, 95, 100
憲法58条………………54, 68, 100, 101
憲法改正投票……12, 15, 19, 58, 60, 71, 75, 188
公共の利益のための報道………………171
鉱山集落………………………30, 31
拘束中の死……………………………45
鉱物資源利用税（MRRT）………166, 167
ゴールドラッシュ……2, 6, 7, 13, 15, 31, 37, 192
国民党（地方党・国民地方党）……11, 19, 55, 66, 79, 80, 97, 103, 106, 115, 116, 119, 126, 129
コミュニティ・インディペンデント……58, 81, 104, 118, 128, 135
コロンボ・プラン………………181, 182

【さ　行】

財・サービス税→消費税（GST）
ジェンダー・ギャップ………51, 120, 131, 132
資源ブーム…………155, 159, 162, 165, 166, 167
市民権………15, 37, 50, 60, 73, 88, 122, 124-127
市民権法………………68, 123, 124, 127
社会賃金………………………………157
囚人流刑制度……………………………5, 7
自由党………10, 13-15, 18-20, 55, 63, 66, 67, 74, 79, 80, 84, 85, 96, 103-105, 107, 108, 112-120, 129, 132
自由党・国民党連合（自由党・地方党連合）
………13, 14, 16, 17, 41, 42, 47, 57, 58, 61, 66, 77, 78, 80, 81, 84, 85, 93, 95, 97, 98, 102, 103, 107, 108, 113, 114, 116, 117, 119, 120, 128, 129, 131-133, 158, 161, 166, 167
収入管理……………………………147, 149
自由貿易派………………9, 10, 104, 105, 112
小選挙区制……………………78, 87, 120
消費税（GST）……57, 98, 108, 113, 114, 166, 167
新自由主義…………15, 50, 111, 113-115, 119, 137-139, 144-149, 159
人種差別禁止法………………59, 61, 99, 147, 148
人道的定住プログラム（HSP）………38, 39

水素シフト……………………………35
スクオッター……………………………6, 7
ストールン・ジェネレーションズ→盗まれた世代
スノーウィーマウンテンズ……………22
スポーツ・ウォッシング………………50
生産性委員会…………………………162
政府支出精査委員会（Senate Estimates Committee）……………………………93
セレクター………………………………7
世襲…………………………………135
先住民…2, 3, 5, 8, 15-20, 36, 43-46, 48-50, 54, 58-69, 71, 72, 75, 77, 83, 99, 111, 113, 115, 120-123, 140, 141, 147, 149, 150, 188
先住的土地権……………………62-64
戦争捕虜……………………………195, 196
相互義務……………………………146, 147

【た　行】

第1次選好得票……73, 74, 78, 80, 84, 109, 110
退役軍人連盟（RSL）……………………11
第三の国益……………………………177
第三の道…………………………………15
太平洋豪州労働移動制度………………221
太平洋諸島フォーラム（PIF）……176, 216
太平洋島嶼労働者法………………71, 211
竹の天井…………………………………42, 43
多重市民権………………73, 122, 124-127
多文化教育……………………………40, 207
多文化社会………35-38, 40, 41, 49, 188, 206
多文化主義………14-16, 19, 20, 37, 88, 99, 113, 114, 184
賃金稼得者の福祉国家………………137-140
男性――……………………138, 142, 143, 145
通商協定………………………………198
敵性外国人……………………………195
統一オーストラリア党………9, 11, 12, 106, 107
統一オーストラリア党（2013年～）……110, 129
同性婚の合法化…………………47, 75, 115
東南アジア条約機構（SEATO）………181

独立汚職対策委員会…………………………57

【な 行】

ナショナリスト党…………9, 11, 79, 105, 106
難 民………13, 15, 16, 28, 38-42, 49, 99, 101, 113, 114, 123, 218, 219
二院制………………………8, 56, 87, 90, 91, 93
二重過半数…………………………………60
二重市民権→多重市民権
日豪経済委員会…………………………198, 199
日豪経済連携協定…………………………205
日豪友好協力基本条約……………………200
日系人社会…………………………207, 208
ニューサウスウェールズ軍団………………3
ニュージーランド………19, 20, 22, 29, 36, 41, 42, 51, 67, 70-72, 111, 126, 137, 150, 175, 209, 213-215, 219
ニュー・コロンボ・プラン………182, 205
盗まれた世代……………………44, 46, 50, 63

【は 行】

ハーヴェスタ判決……………………………139
パインギャップ情報通信施設………………179
白豪主義……10, 28, 36-38, 41, 59, 71, 72, 88, 112, 184, 188, 193, 201, 208
パシフィック・ソリューション…16, 218, 222
バランス・オブ・パワー…………106-108, 112
開かれた地域主義……………………160, 168
ピルバラ地区…………………………………31
ヒルマー報告……………………………162
比例代表制…14, 78, 79, 83, 85, 87, 90, 94, 120
ファースト・ネイションズ・ピープル→先住民
ファースト・ネイションの声………………65
福祉国家………12, 15, 107, 136-142, 145, 146, 149, 150
福祉レジーム…………………………137, 138
物価と所得をめぐる協定（アコード）……157
ブッシュファイアー…………………24-27
ブラックバーディング……………………211

Bringing Them Home………………………44, 63
ペア……………………………102, 134, 135
ヘア・クラーク式……………………………90
ベトナム戦争…………………38, 175, 180-182
ペナルティ・レイト………………………152
Voice（先住民の声）……………………43, 65-67
捕 鯨……………………………197, 202, 206
保護貿易派…………………9, 10, 104, 105, 112

【ま 行】

マーボウ判決……………………………16, 60, 62
マティルダズ………………………………51
ミドルパワー……174, 176, 177, 182-184, 187
南太平洋非核地帯設置条約（ラロトンガ条約）………………………176, 215, 216, 219
民主主義ソーセージ……………………70, 81
民主労働党…………………14, 95, 107, 108
メディケア……………………15, 111, 125, 145
喪章史観……………………………………63

【や 行】

ユーカリ……………………………………26, 27
優先順位付き投票制………18, 70, 77-82, 84, 85, 107
有袋類………………………………………27, 28
ユリーカ砦の反乱……………………………6
羊 毛……………………………6, 7, 33, 139
予算憲章法…………………………………163

【ら 行】

ラッドの謝罪………………………………63
ラム酒反乱……………………………………4
リアラインメント……………………117, 135
立憲君主制…………………………………54, 56
両院解散選挙……55, 83, 91, 94-100, 105, 108, 109, 125
両院合同議会………………………94, 97, 98, 100
レアメタル…………………………………30, 34
連邦最高裁判所………11, 12, 16, 54, 57, 59, 60, 62, 63, 68, 72, 86, 94, 96, 102, 107, 125-

128, 141
連邦制……………………8, 10, 56, 60, 83, 134
連邦選挙法…………59, 60, 71, 73-75, 82, 84, 86
連邦総督（総督）……14, 54-56, 68, 73, 87, 90,
　　94-96, 100-102, 113
労使関係和解仲裁裁判所…………………72
労働運動……………76, 107, 110-112, 118, 132
労働党………7-18, 40, 41, 48, 55, 58, 61-64, 66,

67, 72, 76-81, 84, 89, 90, 93-120, 126, 128-
132, 138, 142-145, 147-149, 151, 152, 157,
158, 161, 164, 166, 167, 175
ロボデット・スキーム……………………148

【わ　行】

ワン・ネイション……………109, 110, 129

著者紹介 （執筆順，＊は編者。①所属，②経歴，③主要業績）

村上雄一（むらかみ　ゆういち）　　　　　　　　　　　　　　　　[第1章]
① 福島大学行政政策学類教授
② クインズランド大学大学院学術博士（Ph.D. in History）
③ 「アレグザンダー・マークス──日豪を越境した領事」『移動と境界──越境者からみるオーストラリア』昭和堂，2023年。
　「日本人の夢の跡──ブルーム」『大学的オーストラリアガイド──こだわりの歩き方』昭和堂，2021年。
　「日本人移住の歴史(1)──白豪主義期まで」『オーストラリア多文化社会論──移民・難民・先住民族との共生をめざして』法律文化社，2020年。

堤　純（つつみ　じゅん）　　　　　　　　　　　　　　　　　　[第2章]
① 筑波大学生命環境系教授
② 筑波大学大学院博士課程地球科学研究科中途退学，博士（理学）（筑波大学）
③ 「ギリシャ系移民のセンターとしてのオークレイ──ギリシャ系コミュニティの役割に着目して」『オーストラリア研究』（共著）第35号，2022年。
　「オーストラリア・メルボルン急激な人口増加に対応する都市機能の集約」『世界のコンパクトシティ──都市を賢く縮退するしくみと効果』学芸出版社，2019年。
　『変貌する現代オーストラリアの都市社会（Contemporary Transformation of Urban Societies in Australia）』筑波大学出版会，2018年。

小暮哲夫（こぐれ　てつお）　　　　　　　　　　　[第3章，コラム4・5]
① 朝日新聞 GLOBE 副編集長（前シドニー支局長）
② 東京大学文学部卒業

＊杉田弘也（すぎた　ひろや）　　　　　　　　　　[第4～8章，コラム1～3]
① 神奈川大学経営学部教授
② フリンダーズ大学博士課程修了（Ph.D. in Politics）
③ 「オーストラリア政治におけるジェンダー・ギャップ─クオータによる明暗」『女性の政治参画をどう進めるか』公益財団法人日本学術協力財団，2024年。
　「オーストラリア自由党とアイデンティティ政治──2018年8月の首相交代の背景と正当性への影響」『日本比較政治学会年報』第21号，2019年。
　"Overlaps between the Executive and the Legislature: the Governor-General's forgotten power"『オーストラリア研究』第32号，2019年。

藤田智子（ふじた　ともこ）　　　　　　　　　　　　　　　　　　　　[第9章]
①九州大学大学院比較社会文化研究院准教授
②慶應義塾大学大学院社会学研究科博士課程単位取得退学，博士（社会学）（慶応義塾大学）
③「生殖補助医療と家族——その影響と課題」『入門・家族社会学——現代的課題との関わりで』学文社，2024年。
「家族を規制する——オーストラリア・ヴィクトリア州の生殖補助医療法をめぐる議論の事例研究」『保健医療社会学論集』第33巻1号，2022年。
『オーストラリア多文化社会論——移民・難民・先住民族との共生をめざして』（共編著）法律文化社，2020年。

花井清人（はない　きよひと）　　　　　　　　　　　　　　　　　　　[第10章]
①成城大学経済学部教授
②オーストラリア国立大学太平洋問題研究大学院博士課程修了（Ph.D. in Economics）
③「個人所得税での税額控除を活用した税・移転システム構築の可能性——国際比較のレッスンを通して」『成城大學經濟研究』第231号，2021年。
「オーストラリア税制改革の残された課題——財・サービス税改革と政府間財政関係に着目して」『成城大學經濟研究』第212号，2016年。
「水平的財政平衡原則の二元的運用——オーストラリア」『地方分権と財政調整制度——改革の国際的潮流』東京大学出版会，2006年。

永野隆行（ながの　たかゆき）　　　　　　　　　　　　　　　　　　　[第11章]
①獨協大学外国語学部教授
②上智大学大学院博士後期課程国際関係論専攻満期退学，博士（国際関係論）（上智大学）
③『物語オーストラリアの歴史——イギリス植民地から多民族国家への200年〔新版〕』（共著）中央公論新社，2023年。
『イギリスとアメリカ——世界秩序を築いた四百年』（共編著）勁草書房，2016年。
『オーストラリア入門〔第2版〕』（共編著）東京大学出版会，2007年。

原田容子（はらだ　ようこ）　　　　　　　　　　　　　　　　　　　　[第12章]
①オーストラリア研究者
②ウーロンゴン大学博士課程修了（Ph.D. in History & Politics）
③「港町アルバニーのアイデンティティ・シフト——最後の捕鯨の町からアンザック発祥の地へ」『サスティナビリティ・サイエンスとオーストラリア研究』オセアニア出版社，2018年。
「西洋とアジアの狭間で——オーストラリアと日本，そして"西洋コンプレックス"」『生存学』第9号，2016年。
"Hegemony, Japan, and the Victor's Memory of War," *Hegemony: Studies in Consensus and Coercion*, Routledge, 2008.

片岡真輝（かたおか　まさき）　　　　　　　　　　　　　　　　　　　　［第13章］
①東京外国語大学世界言語社会教育センター講師
②カンタベリー大学博士課程修了（Ph.D. in Pacific Studies）
③「フィジーにおける多人種主義概念の批判的検証——被害者記憶を用いた記憶論的分析」
　『太平洋諸島研究』第11号，2024年。
　"Reconceptualisation of Girmit Memory: Fiji's Response to the Re-evaluation of the Colonial Past," *Práticas Da História: Journal on Theory, Historiography and Uses of the Past*, 15, 2023.
　"Formation of Diaspora Network and Reconstruction of Collective Memory: The Case of Indo-Fijians," *Risks, Identity and Conflict: Theoretical Perspectives and Case Studies*, Palgrave Macmillan, 2021.

地域研究のファーストステップ

現代オーストラリア政治

2025年2月10日　初版第1刷発行

編　者　杉田弘也
　　　　　すぎた　ひろや

発行者　畑　　光

発行所　株式会社法律文化社

〒603-8053 京都市北区上賀茂岩ヶ垣内町71
電話 075(791)7131　FAX 075(721)8400
customer.h@hou-bun.co.jp
https://www.hou-bun.com/

印刷：㈱冨山房インターナショナル／製本：㈱吉田三誠堂製本所
装幀：白沢　正

ISBN978-4-589-04382-5

Ⓒ2025 Hiroya Sugita Printed in Japan

※本書第3章、コラム4、コラム5についての著作権は、
　株式会社朝日新聞社に帰属します。

乱丁など不良本がありましたら、ご連絡下さい。送料小社負担にてお取り替えいたします。
本書についてのご意見・ご感想は、小社ウェブサイト、トップページの「読者カード」にてお聞かせ下さい。

JCOPY　〈出版者著作権管理機構　委託出版物〉

本書の無断複写は著作権法上での例外を除き禁じられています。複写される場合は、そのつど事前に、出版者著作権管理機構（電話 03-5244-5088、FAX 03-5244-5089、e-mail: info@jcopy.or.jp）の許諾を得て下さい。

油本真理・溝口修平編
〔地域研究のファーストステップ〕
現代ロシア政治
A5判・264頁・2970円

ロシアの政治・社会についての入門書。ソ連の形成・崩壊の歴史を押さえたうえで，現代の政治制度や社会状況，国際関係を学ぶ。超大国でありながらも実態がよくわからないロシアという国家を，新進気鋭の研究者たちがわかりやすく解説する。

栗田梨津子著
新自由主義時代のオーストラリア多文化社会と市民意識
――差異を超えた新たなつながりに向けて――
A5判・232頁・5500円

新自由主義化するオーストラリア多文化社会。先住民性，難民性，白人性という概念の擬制的性格を念頭におきつつ各々の歴史的背景や市民意識の現状と課題を詳細に分析。都市部調査から浮かび上がった差異を超える連帯に注目し，日本の多文化共生にも示唆を与える。

関根政美・塩原良和・栗田梨津子・藤田智子編著
オーストラリア多文化社会論
――移民・難民・先住民族との共生をめざして――
A5判・318頁・3300円

多文化社会化する日本の今後も見据えながら，豪州が採用する政策の理念・経験・影響等を論じる。先住民族と非先住民族といった二項対立・分断を超えた共生社会を作るため政策の見直しも含め検証。

広瀬佳一・小久保康之編著
現代ヨーロッパの国際政治
――冷戦後の軌跡と新たな挑戦――
A5判・300頁・3080円

激動する現代ヨーロッパの国際政治を，「冷戦終焉後の新しい秩序構築の動き」，「2010年代以降の様々な争点の展開」，「ヨーロッパにとってのグローバルな課題」の3つの側面から，総合的に検討。ヨーロッパ国際政治の構造的変化を描き出す。

三浦まり編
ジェンダー・クオータがもたらす新しい政治
――効果の検証――
A5判・272頁・4620円

各国で導入されているジェンダー・クオータが実際にどのような効果を持っているのかを，女性議員の数だけでなく，女性議員の多様性，男女の議員行動の変容，政策の進展，世論の変化等を含めて包括的に論じる。役員クオータとクオータの経済効果の議論も収録。

――法律文化社――

表示価格は消費税10％を含んだ価格です